suhrkamp taschenbuch
wissenschaft 1845

Aurel Kolnai (1900-1973), ein deutschsprachiger Philosoph jüdischer Herkunft, der in der Tradition der Phänomenologie Husserls und Schelers groß wurde und nach seinem Exil in Nordamerika am Bedford College in London lehrte, ist mit seinen Studien zu Gefühlen der Aversion zu spätem Ruhm in der analytischen Philosophie Englands gelangt. Die hier versammelten Beiträge über den Ekel, den Haß und den Hochmut zeigen einen Autor, der die herkömmliche Kluft zwischen kontinentaler und analytischer Tradition spielerisch überwindet, indem er in phänomenologischer Einstellung die Struktur und den Gehalt feindlicher Gefühle skrupulös erkundet.

Aurel Kolnai
Ekel
Hochmut
Haß

Zur Phänomenologie
feindlicher Gefühle

*Mit einem Nachwort
von Axel Honneth*

Suhrkamp

Bibliografische Information der Deutschen Nationalbibliothek
Die Deutsche Nationalbibliothek verzeichnet
diese Publikation in der Deutschen Nationalbibliografie;
detaillierte bibliografische Daten sind im Internet
über http://dnb.d-nb.de abrufbar.

3. Auflage 2021

Erste Auflage 2007
suhrkamp taschenbuch wissenschaft 1845
© Aurel Kolnai
© dieser Ausgabe Suhrkamp Verlag Frankfurt am Main 2007
Alle Rechte vorbehalten, insbesondere das der Übersetzung,
des öffentlichen Vortrags sowie der Übertragung
durch Rundfunk und Fernsehen, auch einzelner Teile.
Kein Teil des Werkes darf in irgendeiner Form
(durch Fotografie, Mikrofilm oder andere Verfahren)
ohne schriftliche Genehmigung des Verlages reproduziert
oder unter Verwendung elektronischer Systeme
verarbeitet, vervielfältigt oder verbreitet werden.
Umschlag nach Entwürfen von
Willy Fleckhaus und Rolf Staudt
Satz: Hümmer GmbH, Waldbüttelbrunn
Druck und Bindung: C. H. Beck, Nördlingen
Printed in Germany
ISBN 978-3-518-29445-1

Inhalt

Der Ekel 7
Der Hochmut 66
Versuch über den Haß 100

Nachwort von Axel Honneth 143

Nachweise 176

Der Ekel

Einleitung

Das Problem des Ekels ist, soweit unsere Kenntnis reicht, bisher arg vernachlässigt worden. Verglichen mit dem wissenschaftlich-psychologischen und metaphysischen Interesse, das sich dem Haß und der Angst, von der »Unlust« gar zu schweigen, zugewandt hat, stellt der Ekel, obwohl ein gewöhnlicher und recht prägnanter Bestandteil des Gefühlslebens, ein unbearbeitetes, unerforschtes Gebiet dar. Allenfalls wird er abgehandelt als »gesteigerter Grad des Mißfallens«, als »Brechreiz« oder als »Reaktionsbildung im Gefolge einer Triebverdrängung.« Allein das Gefühl, die Haltung des Ekels besitzt eine derart eindeutig und einheitlich gekennzeichnete, wohl identifizierbare Qualität, die dabei so schwer begrifflich sich erläutern läßt und trotzdem so wenig als eine Urgegebenheit der Natur (wie etwa Anziehung und Abstoßung) angesprochen werden kann, daß hier ernstliche phänomenologische Nachforschung durchaus angebracht zu sein scheint. Das Interessante des Gegenstandes steigert sich dadurch, daß dem Ekel trotz seiner – etwa im Vergleich mit der Angst – spezielleren, zugespitzteren Tönung ein merkwürdig breites Erstreckungsgebiet eignet: in der physiologischen und in der moralischen Sphäre können wir mit geringem Färbungsunterschied denselben »Ekel« verspüren, schärfer ausgedrückt: kann uns nahezu dasselbe »Ekelhafte« gegenwärtig sein. (Wieweit jenes schon dieses einschließt, dürfte aus dem Späteren erhellen.)

An eine strenge Beschränkung auf das »Phänomenologische« soll indes unsere Anstrengung nicht gewandt werden. Gewiß treiben wir zugleich Psychologie, beschreibende Ästhetik, vielleicht gar Metaphysik. Das methodologisch Wesentliche ist nur die phänomenologische *Absicht*, welcher die unwillkürlich mit »unterlaufende« Aufhellung jener Hintergründe eher förderlich als hinderlich sein kann: die Absicht also, Wesen, Bedeutung, Intention des Ekels und gleichsam das Zusammenhangsgesetz seiner Gegenstandswelt zu erfassen. Dies werden wir nicht in letzter Linie an Hand einer Parallele mit der Angst versuchen. Endlich soll auch die Bedeutung des Ekels für die Ethik kurz untersucht werden.

I. *Zur Abgrenzung des Ekels*

1. Gesichtspunkte

Der Ekel gehört in die Reihe der sogenannten »Abwehrreaktionen«, man könnte auch zarter sagen der Ablehnungstönungen: – als da sind Mißfallen, Haß, Leid (an etwas), Schaudern (über etwas) usw. Begriffliche Unterscheidungen können von mehreren Gesichtspunkten aus vorgenommen werden. Wir möchten deren sieben herausgreifen, ohne zu leugnen, daß unter manchen von ihnen ein engeres Wechselverhältnis herrscht, und daß sie andererseits keineswegs die einzig möglichen sind.

a) *Der Gegenstandsbereich.* Ekel bezieht sich niemals (die Ausnahme des »Schmutzes« siehe III. 2d) auf Anorganisches, Lebensfreies; Angst oder Mißfallen kennen diese Bedingung nicht. Haß oder gar Verachtung engen den Kreis noch mehr nach »unten« zu ein; dabei gibt es trotz der eindeutiger-ethischen Bezugnahme der Verachtung eine Klasse der Verhaltungstypen, auf die sie gerichtet sein kann, der Haß aber im primären Sinne nicht. Läppisches Denken kann Verachtung, ja Unbehagen auslösen, aber keinen Ekel; das als »ungefährlich« Gekannte kann im allgemeinen nicht furchtbar, wohl aber ekelhaft sein.

b) *Die Intentionalität.* Sie steht im Vordergrund bei Haß und Verachtung, weniger schon beim Ekel, noch weniger vielleicht beim Zorn, sinkt auf ein Mindestmaß herab bei Unmut und gar erst Unbehagen. Die *Art* der Intendierung wird uns eigens beschäftigen. Ein weiteres Schwanken des Intentionalitätsgrades finden wir beim Leid (ein »echteres« Fehlen der Intentionalität ist für die bloße Unlust möglich) und, freilich wieder ganz anders strukturiert, bei der Angst.

c) *Die Zuständlichkeit.* Sie ist nicht restlos der bloße Reziprokwert der Intentionalität. Gewiß ist Haß mehr ein Zustand als Verachtung, Ekel mehr als Haß, Zorn mehr als Ekel. Aber Zorn ist gleichsam vollzuständlich, nicht minder zuständlich als Unmut. Leid ist zuständlicher als Unlust, weil es mehr eine Modalität der gesamten Aktualverfassung der Person ist.

d) *Die Unmittelbarkeit oder Ursprünglichkeit.* Im umgekehrten Verhältnis zu ihr kann die Abwehrreaktion mehr oder weniger durch Kenntnisse und feste Werthaltungen bedingt sein. »Verachtung« und »Unbehagen« sind auch hier die beiden Endpunkte der Reihe. Doch ist Ekel, obwohl schärfer intentional als Zorn, zugleich auch ursprünglicher als dieser, weil mehr am Eindruck und weniger an der Sachverhaltserfassung haftend. Ekel ist ferner unmittelbarer, sinnlicher als Abscheu, selbst physischer Abscheu, da dieser wesensmäßig mehr eine bewußte Begründung voraussetzt und mehr »anerzogen« ist (Abscheu vor Fliegen *als* Krankheitsträgern).

e) Damit nicht völlig gleichbedeutend ist die *Selbständigkeit*, als Gegensatz zu einer Fundierung durch anderweitige Abwehrreaktionen. Angst ist kaum ursprünglicher, wohl aber selbständiger als Ekel, da jeder Ekel, ohne Angst enthalten zu müssen, irgendwie auf Angst hinweist und, wiewohl irrig, doch nicht grundlos, mitunter als eine Abart der Angst aufgefaßt wird. Hingegen weist Verachtung, in ihren meisten Formen zumindest, unbestreitbar auf Ekel zurück. Umgekehrt kann auch Geistig-Moralisches zu einer mehr physischen Ablehnungstönung beitragen, z. B. Haß und Verachtung zum Abscheu.

f) *Die Leibgebundenheit*. Man denke im Umkreis des Ekels an die Gegenpole Verachtung und Brechreiz. Haß und auch noch Zorn sind weniger leibgebunden als Ekel; trotz der heftigeren körperlichen Begleiterscheinungen des Zornes spielen beim Ekel Sinneseindrücke und die Andeutung einer körperlichen Reaktion (vomitus), die viel spezieller und konkreter ist als Toben, Stoßen, Werfen, mehr eine Wesensrolle. Jeder – auch der moralische – Ekel ist, wenn schon nicht physischer, so doch physiologischer als der Zorn. Andererseits darf der Ekel weder mit dem Brechreiz selbst, noch etwa mit den ihn den Ekel vermittelnden Tastgefühlen (sei es des Klebrigen, Feuchten, Lauwarmen) verwechselt werden. Ja, in gewisser Beziehung ist sogar Angst leibgebundener als Ekel: jedes Furchtgefühl, das nun einmal physisch bezogen ist, intendiert im Gegensatz zum Ekel den eigenen Leib als solchen, seine »Unversehrtheit«.

g) *Der Antwortcharakter*. In dieser Hinsicht gleichen einander der hochintentionale Haß und das kaum-intentionale Unbehagen: beide sind relativ wenig antwortmäßig, mehr »spontan«, das eine suchend, wählend, verfolgend, das andere gleichsam »wachsend«, »aufsteigend«. Angst und Ekel hingegen sind echte »Reaktionen«, gewissermaßen »angemessene«, »angeschmiegte« Antworten auf störende Einwirkungen; sie sind es zumindest ihrer Intention gemäß. Es gibt zwar Angst ohne bewußten Anlaß (wie es Haß nicht gibt), dies aber ändert nichts am Wesen *jeder* Angst: es ist dies ebenso Angst vor »etwas«, das sich Angst erzwingt, in diesem Fall erst *in* der Angst seine

Gegebenheit, seine Prägung gewinnt, vielleicht in harmlosen Gegenständen vertreten ist (Phobien). Trotz der höheren Intentionalität des Hasses gibt es Furchtbar und Ekelhaft als objektive, eine eindeutige Reaktion »auslösende« Qualitäten ungleich eher denn »Hassenswert«: Haß geht unmittelbar auf das Feindliche, das Böse, das Fremdmächtige usw.

2. Ekel und Angst als Haupttypen der Abwehrtönungen

Ekel und Angst scheinen uns nach alledem ein Paar zu bilden, dessen gegenseitige Entsprechung es in Aussicht stellt, an Hand einer Herausarbeitung der Gegensätze das Wesen des Ekels näher kennen zu lernen, zumal da Angst eine vergleichsweise einfachere Gegebenheit darstellt. Angst und Ekel haben miteinander gemeinsam: die gleichzeitige Intentionalität und Zuständlichkeit, den ungefähren Grad der Ursprünglichkeit und den Charakter der Abwehreinstellung im engeren Verstande. Brechreiz und Schaudern usw. sind hingegen, wenn auch mit Psychischem verflochten, keinesfalls Gefühle im vollen Sinne. Gegenüber dem Mißfallen etwa kommt Angst und Ekel zugleich die Leibgebundenheit und – davon nicht unabhängig – eine psychische »Tiefe«, eine mindestens vorübergehend personausfüllende Macht zu. Endlich haben wir eine gewisse inhaltliche Beziehung angedeutet, wonach alles Ekelhafte in noch nicht näher umschreibbarer Weise angstverursachend sein könnte.

·Vor der Durchführung der Angstparallele soll indes noch der Sondercharakter des Ekels gegenüber einigen benachbarten Reaktionsweisen erhärtet werden.

a) Daß Ekel nicht nur im Gegensatz zur *Verachtung* in der Leibsphäre heimisch ist, sondern auch noch im Moralischen von der ihm hier allerdings nah verwandten Verachtung sich unterscheidet, wird im IV. Abschnitt unter 1. dargelegt werden.

b) Ekel ist kein gesteigertes *Mißfallen*. Wohl besteht der Zusammenhang, daß hoch gesteigertes Mißfallen dazu neigt, die Tönung des Widerwärtigen, ja Ekelhaften herbeizuführen. Es ist kein Zufall, daß vulgäre Übertreibung das Häßliche und Unangenehme leichten Herzens »ekelhaft« schilt, wie sie auch das Unangenehme, Beschwerliche, ja einfach Starke, Große, Wichtige »furchtbar«, »schauderhaft« nennt (vgl. II.). Doch an sich hat Mißfallen mit Ekel noch nichts zu tun; es gibt auch sehr heftiges und Ekel doch kaum oder gar nicht enthaltendes Mißfallen (das »Abstoßende«) und andererseits leisen Ekel, der aber doch waschechter Ekel ist (schwache Spuren von Fäulnisgeruch). Wir können sogar etwas ästhetisch gar nicht schlechthin Abstoßendes ekelhaft finden (gewisse Insekten). Überhaupt ist Ekel etwas mehr Leibgebundenes, vielleicht auch ethisch Bezogenes, weder eine so allgemeine noch eine derart aufs Ästhetische hingeordnete Kategorie wie Mißfallen. Er ist eben »*Abwehr*reaktion« in ganz anderem, engerem Sinne. Daß er aber ästhetischer gefärbt ist als Angst, soll bereits hier zugegeben werden. (Ästhetik betrifft *Sosein*; siehe II. 3.)

c) *Abscheu* ist durchaus ein Derivat höherer Ordnung, das Ekel, Angst und konkrete Werthaltungen voraussetzt.

d) Die Tönung des Widerwärtigen oder gar *Widerlichen*, Anwidernden läßt sich vom Ekelhaften schwieriger scheiden. Vielfach bedeutet sie einen Anlaß zu nicht vollständigem, irgendwie mehr formalen Ekel. Im engeren Sinne wird man nur angewidert von Dingen, die den festen Typen des Ekelhaften nicht angehören: z. B. von Speisen, die nicht verdorben und nicht persönlich verhaßt sind, vielmehr aus unbekanntem Grund gegebenenfalls »nicht schmecken wollen«. Die großen, objektiven Linien des Ekels – wenn man so sprechen darf – fehlen da. Mich kann ein Gegenstand aus einer bloßen flüchtigen assoziativen Verknüpfung heraus »anwidern«; ich finde ihn deshalb noch nicht »ekelhaft«. (Bezüglich des *Überdrusses* siehe III.)

e) Gänzlich verfehlt wäre die Deutung des Ekels als »abgeschwächter *Brechreiz*«. Von einer so schlichten Leiblichkeit und Funktionalität kann beim Ekel keine Rede sein. Trotz der klaren Andeutung von Brechreiz in jedem Ekel gibt es sehr heftigen Ekel mit bloß einer Spur aktuellen Brechreizes: namentlich wenn der Ekel nicht durch Geruchs- und Geschmackseindrücke vermittelt wird. Heftigen Brechreiz aber gibt es ohne ein überschäumendes Maß, ja ohne jeden nennenswerten Grad von eigentlichem Ekel, sei es bei Krankheiten – die somatische »Übelkeit« kann völlig ekelfrei sein! – oder auch bei gewissen äußeren, mechanischen Einwirkungen: scharfe Gase, in den Mund genommene ungenießbare (anorganische) Gegenstände können stürmische Brechbewegungen ohne Ekelgefühl auslösen. Wiewohl also Ekel Brechreiz voraussetzt (vgl. Angst und Flucht II.), stellt er weder eine Abart noch eine Dämpfung desselben dar. Die Annahme,

Ekel sei eine Mischung aus Brechreiz und Verachtung, wäre freilich nur eine unphänomenologische, wohlfeile Spielerei. Es gibt auch Ekel, der nach der physischen Seite hin mehr auf Schaudern als auf Erbrechen abgestimmt ist (angstähnlicher Ekel, meist über einen Anblick empfunden).

Indem wir nun Ekel und Angst voneinander sondern wollen, müssen wir auch der Frage Rede stehen, warum wir die entsprechenden positiven, lustbetonten Gefühlsreaktionen nicht mit heranziehen. Die Antwort wird lauten, daß es solche – nämlich wahrhaft entsprechende – gar nicht gibt. Lust, Gefallen, Bejahen, Sympathie spiegeln in der Tat Unlust, Mißfallen, Verneinen, Antipathie als symmetrische Gegenbilder. Dieses Verhältnis verschiebt sich jedoch, sobald wir jene mehr formalen, richtungbezeichnenden Gebilde verlassen. Liebe und Haß sind lange keine kongruenten Gegensätze mehr; der Konträrgegensatz von Liebe ist Ekel nicht minder als Haß, der ethischen Liebe zum Guten entspricht nicht einfach Haß zum Bösen. Wenn wir als Gegenteil der Angst etwa »Zutrauen« angeben, so ist aus diesem Bestimmungsversuch schon die Hinfälligkeit der Voraussetzung eines symmetrischen Gegensatzverhältnisses ersichtlich. Weder Begehren noch Gefallen noch Angezogenwerden sind ebenbürtige Gegensätze zum Ekel. Andererseits wäre die Tönung »appetitlich«, wiewohl inhaltsvoller, zu eng dafür. Es scheint sich so zu verhalten, daß während die unlustbetonten Reaktionen sich in große Sondertypen ziemlich scharf differenzieren (Haß, Angst, Ekel), im Positiven es eine einheitlichere Einstellung der Liebe gibt, die sich dann verschiedenfach (den Unlustformen nicht durchwegs parallel) abwandelt. Dessen metaphysische Ursache läßt uns vielleicht der Gedanke ahnen, daß der Bejahungsakt eine ungebrochenere, direktere Äußerung des personalen Gesamtlebens sei, deren Färbung sich erst »sekundär« den einzelnen Funktionen und Gegenständen angleiche (Liebe wird mehr vom Gegenstand gefärbt als Haß!), wogegen der schon *in statu nascendi* »dialektischere« Verneinungsakt schon in seiner allgemeinsten Form sich »begründen«, die Art des durch die Person erlittenen »Abbruchs« eigens ausdrücken müsse.

II. Angst und Ekel

1. Der Intentionsgehalt der Angst

Die Bezeichnung »Angst« soll hier keine strenge Unterscheidung zwischen Furcht und Angst andeuten und etwa die Furcht vor wirklich gefährlichen Gegenständen von der Betrachtung ausschließen. Zwar kann man unter Angst im engeren Sinne den unmotivierten, auf keinen Gegenstand streng bezogenen, mehr-minder freischwebenden Furchtzustand verstehen; wir aber gebrauchen das Wort im weiteren Sinne und ziehen ihn dem Terminus »Furcht« nur vor, um die Vorstellung des vollen, »redundanten« Furchtgefühls (»pavor«) aufrecht zu halten, zum Unterschied von Furcht als bloßem »Besorgen« eines unerwünschten Ereignisses oder Vermuten einer Gefahr (»timor«). Im allgemeinen haben wir sogar überhaupt nur die »normale«, wenn auch dem Gegenstand nicht proportionale, aber immerhin gegenständliche Angst *vor etwas* im Auge.

Die Intendierungsweise der Angst ist eine doppelte. Sie intendiert zugleich zwei völlig auseinandergehaltene Gegenstände: ihren Erreger und ihre Subjektperson. Ich habe Angst beim Anblick des Gefahrdrohenden, beim Gedanken daran; aber auch deutlich nur im Hinblick auf mich selbst, meine Person. Ob es sich des näheren um meinen Bestand, meine Interessen, mein Seelenheil oder aber um fremde, jedoch »mir« eben teure »Interessen« handelt, ist dabei vollkommen gleichgültig, nämlich für die Richtungseigentümlichkeit der Intention; insofern nicht gleichgültig allerdings, als der typischste Furchtzustand der selbstisch gegründete ist, während »Furcht um einer geliebten (fremden) Person willen« bereits eine verwickeltere Gefühlsart darstellt.

Sollte eingewandt werden, die eigentliche instinktive Angst kenne überhaupt keine Sorge um sich selbst, vielmehr nur ein unmittelbares »Erschrecken« vor dem Furchterregenden, die Furcht sei kein »abgekürzter Schluß« auf das Bedrohtsein der eigenen Wohlfahrt, – so halten wir diese Meinung für eine Ausgeburt des koketten modischen Irrationalismus, der in seiner Scheu vor aller »kausalen Bestimmung« und vor aller »utilitarischen Flachheit« nichts hören will von einem Zusammenhang zwischen Geschlechtslust und Zeugung oder zwischen Hunger und Speise. Gewiß ist die Angst nichts dergleichen wie die ungünstige Beurteilung der Gewinnchancen von seiten eines vorsichtigen Kaufmannes, aber *gemeint* wird in ihr das eigene Wohl und Wehe auf jeden Fall. Jede *Flucht* ist streng teleologisch intendiert; Flucht aber ist das Schlußglied, die triebmäßige Entladung der Angst. Untrennbar ist der Begriff der Angst von dem der Bedrohung, der Gefahr, des Rettungs- und Schutzbedürfnisses. Empirisch braucht dies gar nicht erst belegt zu werden. Nur ein Beweis: wissen wir uns vor etwas an sich Bedrohlichem in völliger Sicherheit, steigt auch die Angst auf die Ebene eines leichten Gruselns (das aber gar nicht mehr eigentlich »schwache Angst« ist) nieder. Wie glatt sich da der Instinkt durch das Wissen um den Sachverhalt meistern läßt, zeigt das meist jeder Spur von Angst entledigte Benehmen der Menschen vor Raubtierkäfigen. Die nach der Niederringung von Feinden verbleibende Angst aber, die bezeichnenderweise oft sich dem Typus der unklaren »Bedrücktheit« nähert, ist wohl selten mit der wirklichen Überzeugung gepaart, daß »in dieser Angelegenheit« wahrhaftig jede Gefahr vorüber sei.

Die vorbesagte Doppelintention besteht auch in gewissen weniger klaren Grenzfällen: z. B. wenn ich »vor mir selber« Angst habe. Nichts ist offenbarer als die intentionale Entzweitrennung des eigenen Selbst in diesem Falle; – und zwar gar nicht Trennung in ein ideelles oder formales und ein materiales oder Wesens-Ich, wie etwa in der Selbstverachtung, sondern Zweiteilung des materialen, »wirksamen« Ich selber, wobei der »obenauf« seiende, in den eigenen Wohlfahrts- oder Moralinteressen verankerte Willensteil vom anderen, etwa urleidenschaftlichen, bedroht wird. Nicht minder ist die »anlaßlose« Angst der Doppelintention unterworfen. Die Rückbeziehung auf das eigene Selbst ist in solchen Zuständen psychisch verstärkt, in ihrem Aktualbewußtsein gesteigert. Das Fremde, Drohende aber kann um so tiefer erlebt werden, als es »ungekannt«, unidentifizierbar, dem näheren Wesen nach nur geahnt wird. Solche unfixierte Angst ist von Lebensüberdruß, allgemeiner Unlust himmelweit verschieden; man denke nur an die Angst im Dunkel, die eine so lebhaft charakterisierte Angst vor etwas und doch offenbar weder Angst »vor dem Dunkel« noch auch gerade vor Räubern oder Gespenstern ist. Unzweifelhaft kann auch etwas Unbestimmbares – wohl nur in den seltensten Fällen vollends Unbestimmtes! – intendiert sein.

Wodurch aber wird diese zwiefache Intention zusammengehalten? Werden das Drohende und die eigene Person als eine Einheit erlebt, wie es bei den Gemeinschaftsgefühlen in gewissem Sinne zutrifft? Sicherlich nicht; das reale Band zwischen beiden Intentionspolen kann auch ein rein zufälliges sein. Die Intention geht vielmehr auf die *Sachverhaltsbeziehung*, und zwar nur auf die »reine«, aktuelle, nicht »wesensbildende«, wie es etwa die historischen Beziehungen – im weitesten Sinne – sind. Es haftet der Angstintention etwas Abstraktes, Wesensgleichgültiges an: das Gefährliche wird da vornehmlich nur als »Gefahr«, die eigene Person vornehmlich nur als »Daseins-Einheit« gemeint. Im Gegensatz zum Hasse »verfolgt« die Angst ihren Gegenstand nicht bis ins einzelne, wertet ihn nicht, durchzieht ihn nicht mit einem Intentionsgewebe. Im Gegensatz zum mißmutigen »Fürchten-um-etwas« greift die Angst nie an erster Stelle einzelne Interessenkreise der eigenen Person heraus: bei jeder echten Angst ist irgendwie das Ganze, besser gesagt der Bestand des Selbst in Frage, sei es nun das nackte Leben, das Seelenheil, der Lebensunterhalt, meinetwegen die gesellschaftliche Stellung oder die persönliche Freizügigkeit oder gar die Unberührtheit eines jungfräulichen Wesens, das gleichsam diesen Bestand »ausfüllt«, vertritt. Mag auch die Angst eine »schwache« sein, infolge Entfernung oder unwahrscheinlicher Wirksamkeit ihres Erregers: ihre Bezugnahme ist immer irgendwie »durchgeleitet« auf letzte und große Lebensinteressen, die gefährdet erscheinen. Wiewohl aber auf solche Weise Angst sich intentional rückwärts, auf das Subjekt hin zu wenden scheint, ermangelt sie doch nicht einer gewissen anschaulichen Erfassung des Gegenstandes. Angsterregend sind doch nicht Sachverhalte an sich – wie sie etwa unerfreulich, rätselhaft, unerträglich sein können, – sondern Objekte, Gebilde, Zustände, Ereignisse, in ihrer Sachverhaltsbeziehung zum Subjekt. Ein Tiger bleibt auch hinter Eisengittern ein »furchtbares« Tier, und wenn trotzdem sein Anblick keine aktuelle Angstentbindung hervorruft, so ist diese Ausfallserscheinung untrennbar von einem lebhaften – angsthemmenden – Sachverhaltsbewußtsein: »ein sicheres Hindernis schützt mich gegen ihn«. Die entscheidende Wirkung dieser Sachverhaltserfahrung gehört freilich nicht zum Wesen aller Gefühle, sondern speziell der Angst.

2. Der Intentionsgehalt des Ekels

Der Angst gegenüber verrät sich zunächst der grundsätzliche Unterschied bezüglich der Intentionsrichtung. Die Intention ist weit eindeutiger nach auswärts gewandt: trotz der stark angedeuteten physiologischen Wirkung entfällt die mächtige und tiefzielende Rückwärtsströmung der Intention, wie sie in der Angst stattfindet. In ganz anderer Weise bleibt der Ekel am verursachenden Gegenstande *haften*; ungleich weniger schematisch-dynamisch, in mehr »gesättigter« und minutiöser Weise erfaßt er ihn. Für den Gegenstand oder auch die Art seiner Gegebenheit ist nicht wie bei der Angst seine Sachverhaltsbeziehung zum eigenen Bestande konstitutiv, sondern seine Beschaffenheit an sich. Um diesen Unterschied voll zu verstehen, vergegenwärtige man sich den typischen *Ablauf* eines Angst- und eines Ekelzustandes. Im ersten Fall bleibt der Gegenstand, einmal »gesichtet«, intentional sich gleich und das Gefühl wühlt sich in das eigene Selbst und seine Zustände, sein künftiges Schicksal hinein: das Drohende bildet den konstanten Hintergrund und die eigene Person den bewegten Schauplatz der Intendierung. Umgekehrt im Fall des Ekels: sogleich ist Schaudern, Sichabwenden, Brechreiz real oder allenfalls intentional vorhanden, kann sich bei vorhaltender Gegenwart des ekelhaften Gegenstandes steigern und »dunkler« verfärben, doch die Spitze der Intention verbohrt sich in den Gegenstand, analysiert ihn gleichsam, versenkt sich – trotz wesensmäßigem widerstrebenden Zögern dabei, das freilich auch zu »sofortigem« Abbruch des Kontaktes und Schwinden des Ekels führen kann – in seine Bewegung oder sein Dauern. Demgemäß kommt dem Ekel eine kognitive Rolle zu, die der Angst fehlt: Angst kann zum Erkennen des Gefährlichen anleiten, Ekel aber vermag unmittelbar eine Teilerkenntnis seines Gegenstandes – und, mag sein, eine recht anschauliche – zu vermitteln.

Zugleich ist die Intendierung auch eine einheitlichere. Nicht sind hier ein gegenständlich-bildhafter und ein erlebnisresorbierender Pol durch eine bestimmte Sachverhaltsbeziehung verbunden, sondern ein Gegenstand in seiner »Bildfülle« wird intendiert, der eigentlich dadurch, daß er überhaupt (aus gegebenem Anlaß) intendiert wird, zum »Umkreis« des hintergrundmäßig vorausgesetzten Subjekts gehört. Jener Anlaß ist nunmehr nichts als die *Nähe* des betreffenden Gegenstandes. Ein Begriff, der in der Problematik des Ekels eine zentrale Stelle einnimmt. Denn die Nähe ist eben nicht lediglich Anlaß, sondern zugleich ein Mit-Objekt des Ekelgefühls. Sie bildet als Sachverhaltsbeziehung die Brücke zwischen Erreger und Subjektperson des Ekels. Doch diese Sachverhaltsbeziehung ist es in weit weniger prägnanter Weise als die kausal-dynamische Sachverhaltsbeziehung zwischen Erreger und Subjektperson der Angst. Die Bildhaftigkeit des Gegenstandes, die Soseins-Einheitlichkeit des ganzen Phänomens bleibt dabei weit mehr gewahrt. Ein anschaulich »Ekelhaftes« gibt es in ganz anderem, vollerem Sinne als ein anschaulich »Furchtbares«. Wie sehr aber das Moment der Nähe in die fragliche Qualität mit eingeht, zeigt die Beobachtung, daß sogar objektiv unveranlaßte, phantasiemäßige Ekelgefühle – seien sie nun obsedierend oder willkürlich hervorgerufen – den vorgestellten ekelhaften Gegenstand womöglich betonterweise in die »Nähe« des Subjekts, in das unmittelbarste Erfahrungsbereich seiner Sinnesorgane verlegen. Das Sachverhaltsmäßige schmiegt sich hier alles in allem enger dem Bildgehalt der Intention an. Indes die Sache liegt nichts weniger als einfach, und ein weiteres Nachforschen führt auf merkwürdige Verwicklungen hin.

Die größere Einheitlichkeit der Intention erweist sich auch als dadurch bedingt, daß das Ekelgefühl im Gegensatz zur Angst ein peripherisches ist, daß es die Subjektperson selbst gleichsam an seiner Oberfläche, seiner Hautdecke, seinem Sensorium intendiert, in anderer Form – etwa als Nachintention – an dem oberen Digestivtrakt und, *cum grano salis*, dem Herzen, nicht in ihrem Dasein, nicht in ihrem Gesamtbestande. Äußere Lagerung der Subjektperson und ekelauslösender Gegenstand fließen sohin, sei es auch lästerlich ausgedrückt, gleichsam »harmonisch« ineinander. Dazu tritt noch die materiale Seite des Ekels. Denn nicht nur soviel kann gelten, daß die Nähe des Ekelhaften seine Wirkung in hohem Maße bedingt, sondern es verhält sich damit so, daß gerade ein Zug der Nähe, des Naheseinwollens, der Nichtabgeschlossenheit, ich möchte sagen: des schamlosen und wie aufgelösten Sichdarbietens den Ekelcharakter des Gegenstandes mit (keineswegs allein!) konstituiert. Das Ekelhafte grinst, starrt, stinkt uns »an«. Die Art dieses Affizierens und der sie beantwortenden Ekelreaktion ist nun geeignet, über das Nähemotiv weiteren Aufschluß zu bieten.

Die Art, wie das Ekelhafte an uns herantritt, ist anders als die Imponierungsweise des »Hassenswerten«. Es wurde schon gestreift, daß es letzteres als selbständige Qualität gar nicht gibt, vielmehr Haß erweckt werden kann durch einen Gegenstand lebhafter ethischer Mißbilligung, durch feindliches Betragen eines Wesens, durch Zurückweisung einer Liebesannäherung seitens ihres Gegenstandes usw. Unter ähnlichen äußeren Umständen könnten statt Haß auch

Verachtung oder Bessernwollen bzw. Angst bzw. Trauer usw. mit zentraler Betonung auftreten. Im Haß ist ein durchaus spontanes, gleichsam wählendes Aufsuchen des Gegenstandes enthalten. Der Ekel aber entsteht im allgemeinen mit voller Eindeutigkeit als einzig in Frage kommende, durch den Gegenstand unmittelbar herausgeforderte Reaktion. Das Verhalten des Gegenstandes darin ist provokativ, er drängt sich dichter heran als ein Gegenstand des Hasses (mag auch Haß gegen völlig fernliegende Dinge selten sein), ja es scheint fast, als würde der Gegenstand irgendwie das affizierte Subjekt intendieren, sich um es »kümmern«. Es liegt aber nicht eine Verfolgung oder Bedrohung vor, wie bei der Verursachung von Angst. Dies ist das Paradoxe des Ekels: er ist, gleichwie die Angst, eine echte passive Abwehrreaktion des Subjekts auf eine eindeutig darauf hingeordnete, gleichsam hinstrebende Affizierung, und doch sucht er – einmal hervorgerufen – dem Hasse ähnlich den Gegenstand in seiner ganzen Wesenheit auf, statt sich nach dem eigenen Personzustand hin zu entfalten. Bezweckt die Angst, von ihrem Gegenstand lozukommen, seiner ledig zu werden, der Haß aber, seinen Gegenstand zu vernichten oder doch in einem vernichtungsähnlichen Sinne zu schwächen oder umzuschaffen, so nimmt der Ekel hier etwa eine Mittellage ein: wohl ist ihm in bezug auf das *Geschehen*, das *Handeln* mehr daran gelegen, seinen Gegenstand aus der Umgebung der Subjektperson zu entfernen, der letzteren also vor ihm »Ruhe zu schaffen«, aber der »ordo exsecutionis«, die vorbereitende Handlungsintention, ist beim Ekel doch wesensmäßig anders geartet als bei der Angst. Während nämlich die Angst ihr Objekt als etwas Bedrohliches, etwas »Stärkeres als ich selbst« intendiert (mag ich auch der *Ansicht* sein, daß ich *nötigenfalls* den Angriff abzuschlagen, ja den Angreifer zu überwältigen vermöchte), ist in der Ekelintention eine gewisse Geringschätzung ihres Objekts, ein Gefühl der Überlegenheit enthalten. Das Ekelhafte ist prinzipiell etwas nicht Drohendes, sondern *Störendes*, wiewohl eine bloße Störung an sich bei keinerlei Steigerung Ekel erzeugen wird. Als ekelhaft wird immer ein Ding empfunden, das nicht für voll genommen, nicht für wichtig gehalten wird: etwas, das man weder vernichtet noch flieht, sondern vielmehr hinwegräumt. Mit anderen Worten: werde ich durch Angst zunächst dazu gedrängt, mich aus meiner Umgebung, meiner Verumständung, meiner Lage zurückzuziehen, so will mich Ekel vielmehr dazu bringen, meine Umgebung, meinen Nähekreis zu säubern und etwas daraus auszujäten. Immerhin ist dadurch schon eine Auswärtswendung, ein »Anpacken« des Gegenstandes bedingt.

Hinzu tritt noch ein Anderes, um die Paradoxie des Ekels heller zu beleuchten. Die im Ekel liegende *Herausforderung* heißt nämlich etwas ganz anderes als eine Bedrohung oder etwa eine kraftlose, lächerliche Drohung oder eine pure Störung (der Tätigkeiten oder der Lebensordnung). Unzweifelhaft steckt im Anekeln als *Teilelement* auch ein gewisses Einladen, ein ich möchte sagen makabres »Anlokken«. Dies klingt wohl recht unphänomenologisch und unverkennbar »psychoanalytisch«. In der Tat folge ich hier einem psychoanalytischen Gedankengang. Den phänomenologischen Boden hoffe ich aber trotzdem unter den Füßen zu behalten. Denn gegen nichts weiß ich mich gefeiter als gegen den trüben Zauber jener paradoxlüstern-psychologistischen »Ableitungs«-versuche, die jeden Haß partout als »verdrängte« Liebe, jede Liebe partout als »überkompensierten« Haß glauben »deuten« zu können. Allein es *gibt* doch so etwas wie Liebe, die durch Unterdrückung eines ihr objektgemeinsamen Haßimpulses an Stärke gewinnt, wenngleich sie dadurch auch einen besonderen Tonfall – sei es der Gezwungenheit, sei es eines gewissen edlen und herben Pathos – erhält. Daß namentlich dem Ekel eine Abwendung nicht nur von seinem Gegenstande, sondern auch von einem supponierten Angezogensein des Subjekts durch denselben eigen ist, wird sich bei Behandlung der inhaltlichen Seite des Ekelproblems klarer bestätigen. Sofort aber sei darauf hingewiesen – die Psychoanalyse dürfte es bereits ermittelt haben –, daß die Erbrechensintention des Ekels obigen Satz ohne weiteres zu belegen scheint. Denn, wie das Flüchtenwollen selbstverständlich voraussetzt, daß das Gefürchtete in meine Nähe kommen oder überhaupt mich mit seiner Wirkung treffen und mich beschädigen könnte, so setzt auch der Brechreiz voraus, daß das Verabscheute irgendwie in meinen Magen oder doch vor allem in meinen Mund gelangen könnte – und ebenso setzt das Schaudern beim Ekel, das, augenscheinlich weniger gesamtkörperlich und physiologisch bedingt, dafür intentionaler ist als bei der Angst, eine mögliche Berührung voraus, deren Urheber vielleicht der ekelhafte Gegenstand gar nicht sein könnte, sondern nur ich selber. Auch Angst kann freilich mit einem »geheimen«, »verdrängten« Wunsch zusammen bestehen, jedoch scheinen uns die diesbezüglichen Aufstellungen der Psychoanalyse maßlos übertrieben und wesensentfernt. Den reinsten Fällen von Angst könnte nur soweit eine Beimengung von Sehnsucht nachgewiesen werden, als angeblich eine allgemeine Sehnsucht nach Selbstpreisgabe, Selbstauflösung, Vernichtetwerden bestehe, – sonach nur mittels einer fragwürdigen, weit hergeholten und für die Sache selbst meist irrelevanten metaphysischen Annahme. Oder will man behaupten, die lähmende Wirkung der Angst verrate einen Willen zur Selbstaufgabe, ein Erleidenwollen der Gefahr? Beruht sie nicht einfach auf einer zwangsläufigen, von jeder »Lust« freien teilweisen Vorwegnahme der Gefahr? Wieviele Lustmomente auch sich sekundär an Angst und Gefahr heften mögen: in ihrem Wesen ist die Angst voll verständlich ohne jede Annahme eines mystischen Wunsches nach dem Gefürchteten.

Ganz anders der Ekel: in seiner inneren Logik ist bereits eine Möglichkeit positiver Erfassung des Gegenstandes – heiße es ihn berühren, verzehren, umfangen – enthalten. Schon hier unterstreichen wir die verhältnismäßige Enge des Objektkreises beim Ekel: darin finden zum großen Teil nur Gebilde Platz, die »sonst« eigentlich für einen positiven Gebrauch und Kontakt bestimmt worden wären (Speisen, lebendige Wesen). Psychoanalytisch gesprochen, Ekel ist unmittelbarer *ambivalent* als Angst. Ekel setzt sozusagen ex definitione eine – unterdrückte – Lust an seinem Erreger voraus. Damit ist keineswegs gesagt, Ekel sei schlechterdings Ausdruck oder Folge dieser Unterdrückung oder nichts als jene Lust selbst. Mit dieser Ambivalenz ist nur eine Seite des Ekels gekennzeichnet; gleich unten werden wir eines Umstandes zu gedenken haben, der das Wesen des Ekels wieder in anderem Lichte schillern läßt. Immerhin trägt die Aufdeckung des Ambivalenzmomentes – welches sich auch im Phänomen des Überdrusses äußert: vgl. das Ekelhaftwerden des *süßen* Geschmacks, III. – zum Verständnis jener merkwürdigen »Anlockung« bei, die den Ausgangspunkt des Ekels bildet und ihrerseits die Eigentümlichkeit der Ekelintention erklären hilft, daß sie vom Gegenstand wie eindeutig als Abwehr ausgelöst wird und sich doch dem Wesen des Gegenstandes – statt dem »Daseinskomplex« der eigenen »Rettung« – zuwendet.

3. Daseins- und Soseinsbeziehung in Angst und Ekel

Aus dem Bisherigen geht hervor, daß – roh gesprochen – die Angstintention vorwiegend auf eine Daseinslage, die Ekelintention vorwiegend auf eine Soseinsart gerichtet ist, wobei sogleich zu ergänzen wäre, daß einerseits jene Daseinslage sich z. T. im Sosein des gefürchteten Objekts verdichtet, zusammenballt, andererseits wieder die zweitgenannte Soseinsart durch den Daseinsfaktor der Nähe, der gegebenen Subjektumgebung festgehalten wird.

Für die zentrale Daseinsintention der Angst und Soseinsintention des Ekels sprechen manche einzelnen Tatbestände. Die Angst ist ungleich mehr personausfüllend, auf den Gesamtseelenzustand übergreifend, als der Ekel; die Sachverhaltsbeziehung ist dort eine echte Daseinsbeziehung, hier aber haftet sie an einem gleichsam zufälligen »Ausschnitt« des Daseins. Sowohl Angst als Ekel haben äußere Gegenstände zum Brennpunkt, aber nur der Ekel verweilt wirklich bei ihnen, ihrem Wesen, wogegen die Angst die Daseinsgestaltung der Subjektperson unter ihrer Wirkung weiter indentiert. Die Angst gleicht dem Hasse in bezug auf den »Daseinsanspruch«, das »Sachverhaltswollen« der Intention; der Ekel gleicht dem Hasse in bezug auf das »Eindringen« in den fremden Gegenstand. Die Angst reiht sich dem Befürchten, dem Nichtwollen und andererseits dem Erwaswollen, dem Selbstbehauptungstrieb an; der Ekel aber dem Mißfallen. Für die Angst ist die Sinnesempfindung primär eine Kundgabe, für den Ekel primär ein unmittelbarer Gegenstand; nur sekundär gibt es auf der einen Seite die einheitliche Qualität des »Furchtbaren« (im Anblick etwa), auf der anderen Seite die assoziative Entstehung oder Verstärkung des Ekels. Als Gegensatz zur Angst könnte der »Wunsch« gelten, als Gegensatz zum Ekel das »Gelüste« oder doch »Gelüsten nach«. Unwillkürlich aber empfinden wir hier als »Gegensätze« Beziehungen von verschiedener Struktur: wie etwa dem Haß gegen etwas die Liebe zu etwas objektiv Gegenteiligem (im großen und ganzen) entsprechen würde, so entspricht gegensätzlich der Angst vor etwas der Wunsch zu etwas subjektiv Gegenteiligem (nämlich Helfendem statt Bedrohendem), dem Ekel vor etwas jedoch vornehmlich das Gelüsten nach etwas dem Anekelnden irgendwie »Ähnlichem«, das eben nicht »ekelhaft« zu sein hätte (siehe Ambivalenz). Man merkt im ganzen Intentionskreis des Ekels – zumindest soweit es aufs Formale ankommt – die Ausschaltung des dynamischen Daseinsmoments. Dem entspricht die Rolle des ablehnenden *Geschmacksurteils* in der Anbahnung des Ekels.

Da Angst und Ekel eben Abwehrreaktionen sind, intendieren sie im wesentlichen weder fremdes Dasein (wie Haß, Kampflust usw.), noch eigenes Sosein (wie Reue, Scham usw.). Sie intendieren beide eine Störung des eigenen Daseins durch fremdes Sein: mit dem Unterschied aber, daß für die Angst die Daseinsumstände und -tendenzen jenes fremden Seins primär und soseinskonstitutiv sind, für den Ekel hingegen der ganze Soseinsgehalt des Gegenstandes primär bestimmend ist und nur einerseits an einem dünnen »Stiele« aktuellen Daseins (Nähe) hängt, andererseits freilich einen mehr »verschwommenen« Daseinshintergrund hat, dem erst die inhaltliche Ekelforschung wird nachspüren können. Die Intendierung fremden Daseins kann erst rein derivativ erfolgen in den ekel- oder angstfundierten Abwehrhandlungen – während die Haßintention mit einem Sprunge vom Sosein auf das Dasein des Gegenstandes übergreift, ja So- und Dasein des Gegenstandes gar nicht in diesem Sinne trennt; darum auch gibt es keine abgegrenzte Qualität des hassenswerten, darum kann es phantasierten Haß so viel weniger geben als ein phantasiertes Gefühl der Angst oder des Ekels. (Mehr als Angst oder Ekel setzt der Haß seinen Gegenstand »real«; ungleich ernster »nimmt er sich seiner an«.) Ebenso sekundär nur können die Erscheinungen der Angst und des Ekels vor sich selbst – der eigenen Artung – sein. Ungleich mehr handelt es sich hier um ein »Fremdes in mir« – ganz abgesehen etwa vom Ekel an einem körperlichen Eigengebrechen –, als bei Reue und Scham, deren Qualität überhaupt nicht »abgeleitet« werden könnte aus der Mißbilligung fremden Tuns und einer zusätzlichen Selbstintention.

Die merkwürdig enge Beziehung des Ekels zum positiven Kontakt und zur Möglichkeit bejahender Erfassung, seine Ambivalenz, die in ihm relativ hinausgeschobene Lage des Gabelungspunktes von Bejahung und Verneinung hängen alle damit zusammen, daß das formale Zentrum des Ekels ein Soseinserleben ist, also doch ein Zunächst-Angezogenwerden durch den Gegenstand, während die Angst von der Sorge um das eigene Dasein ausgeht, der sich das fragliche fremde Sein unmittelbarer, schon in statu nascendi, als Bedrohliches, zu Meidendes ankündigt. (Beim Hasse wieder entfällt die »initiale Bejahung«; eine unmittelbare Gefühlsreaktion besteht hier nicht, und die funktionale *Hinwendung* zum Gegenstand ist nicht, wie beim Ekel, im gefühlsbetonten Gegenstandsbild selbst vertreten. Haß enthält die ausgesprochene Aufsuchungs-, Angriffs-, Vernichtungsintention; Ekel aber nur eine Hinwendungsintention, die gleichsam einem Schatten von Vereinigungsintention aufgepflanzt ist.) Das Allgemeinere, zuletzt Fundamentale ist wohl auch beim Ekel eine *Daseins*intention: kraft ihrer kommt Ekel überhaupt erst zustande, denn »Störung« setzt Intendierung des eigenen Daseins voraus. (Nur ist diese Intention nicht primär und gestaltbestimmend wie bei der Angst.) Daher wurde Ekel häufig als eine bloße Abart der Angst aufgefaßt: auch vor dem Ekelhaften hätten wir demnach irgendwie Angst, nur mit dem Zusatz einer besonderen Qualität. Bekanntlich sind viele ekelhaften Gegenstände schädlich oder gefährlich, ohne jedoch diese gerade, offene Geste der Drohung zu enthalten, die den im engsten Sinne »furchtbaren« Dingen eignet, – also Naturgewalten, Lebewesen, Vorgängen, die den Menschen etwa »packen und zerschmettern« können. Vielmehr seien verdorbene Lebensmittel oder tückische Insekten ekelhaft. Diese Auffassungsweise ist nicht haltbar, denn es gibt eine wohlbekannte Gefühltönung der Angst vor verborgenen, schleichenden, verschwommenen Gefahren, die mit Ekel auch nicht das Leiseste zu tun hat, während andererseits zur Auslösung von Ekel noch ganz andere Momente erforderlich sind als das der heimtückischen Bedrohung, welches geradezu gänzlich fehlen kann, aus der Gegenwart des Ekelhaften. Immerhin darf aber soviel festgehalten werden, daß der Gegenstand des Ekels ebenso einen Hang zum Versteckten, Verborgenen, Mehrschichtigen, Undurchdringlichen und Unheimlichen hat, wie andererseits zu Schamlosigkeit, Aufdringlichkeit und Anlockung oder Versuchung. (Das englische Wort »*taunting*« gibt diese Tönung am besten wieder.) Alles Ekelhafte hat etwas zugleich Auffallendes und Schleierhaftes, einer giftigen roten Beere oder einer grellen Schminke Ähnliches. Diesem Ekelmotiv werden wir vielleicht bei der inhaltlichen Behandlung des Themas etwas mehr gerecht werden können. Hier handelte es sich nur um den Erweis dessen, daß auch beim Ekel eine gewisse, vielleicht auch nicht bloß ganz allgemeine Daseinsintention den Rahmen der Abwehrtönung bildet: »Störung«, Nähe, aus dem Sosein des Gegenstandes »quellende«, sich aufzwingende Nähe, dabei aber auch ein Begleitton der Reserve, der Lauer auf Seite des Objekts; daher die Tönung der Abwehr auch hier einer gewissen Rückbeziehung auf das eigene Dasein, die eigene »Sicherheit«, nicht schlechterdings ermangelt.

Umgekehrt wieder tritt das Soseinsmoment bei der Angst in seine Rechte, indem das Bild des gefürchteten Gegenstandes doch zum festen intentionalen Tragpunkt der Angst wird, wiewohl auch das Angstgefühl von Anfang an die Intention auf den eigenen Zustand umschwebt und nach den Gestaltungen desselben hin redundiert. Trotzdem verknotet es sich irgendwie um das Gefürchtete her, wird auch die zergliedernde Soseinsintention des Ekels nicht verwendet. Trotz der Paradoxien des Ekels erweist sich demnach seine Intentionsstruktur als die einheitlichere und geschlossenere; – zumal wenn wir die relativ weitgehende Einheit von physischem und moralischem Ekel beachten, können wir folglich hoffen, nun durch eine Gegenstandsphänomenologie des Ekels in sein Wesen tiefer einzudringen.

III. Das Ekelhafte

1. Die Sinne und der Ekel

Hauptträger der Ekelempfindung sind der Geruchs-, der Gesichts- und der Tastsinn. Was den Geschmackssinn anlangt, so läßt sich dieser bekanntlich auf den Geruchssinn reduzieren, wofern die vier Grundgeschmäcker (Sauer usw.) in Abschlag gebracht werden. Es gibt tatsächlich kaum einen ekelhaften Geschmack, der nicht eindeutig auf den entsprechenden ekelhaften Geruch beziehbar wäre. Allerdings kann die bitterliche, süßliche, säuerliche Tönung die betreffende Ekelempfindung noch spezialisieren. Auf jeden Fall bleiben Geruch und Geschmack innigst verbunden und, von physiologischen Gründen abgesehen, geht der Geschmack schon darum mehr im Geruch auf als etwa umgekehrt, weil der Geruchssinn – rein empirisch – eine ungleich weitere Gegenstandsklasse umfaßt und überhaupt mehr als »Sinn« im engeren Verstande, als gegenstandserschließende Funktion in Betracht kommt. Wohl besteht eine besondere Beziehung zwischen dem Ekel und der Geschmacksqualität des Süßen. Allein weder könnte man behaupten, daß Süß an sich ekelhaft sei, noch auch nur soviel, daß Süß in den ekelhaften Geschmacksgestalten in höherem Maße vertreten sei denn andere Grundgeschmäcker. Vielleicht ist dies sogar bei Bitter der Fall. Der Ekel am süßen Geschmack – ein Ekel, der durchaus abhängig ist von näheren Umständen des Genusses der betreffenden Speise, von assoziativen Elementen, – setzt irgendwie schon die Kenntnis des *bildlichen* Sinnes von »Süßlich« oder »Zuckersüß« voraus, er stellt einen Ekel »höherer Ordnung« dar und wir halten es für erlaubt, ihn im Abschnitt über »moralischen Ekel« zu streifen.

Vollends unerfüllbar ist die Vorstellung eines Gehörsekels – wenn man von mehr-minder subtilen Ausnahmen absehen will. Erklärt wird dies nicht nur durch die relative »Unkörperlichkeit« des Gehörsinnes, sondern überhaupt durch dessen mangelnde Wesens-Intendierung, dessen Gegenstands-Abgebundenheit. Töne und Geräusche »verraten« nur Gegenstände und »präsentieren« sie nicht in dem Sinne wie Gesichts-, Tast-, Geruchsempfindungen. Sehen, Tasten, Riechen erfassen die materiellen Gegenstände von verschiedenen Seiten her und jedes von ihnen unter einer unüberschreitbaren Wesensbegrenzung, doch alle mit einer dem Hören ganz fremden Unmittelbarkeit; Figur und Farbe, Oberfläche und Konsistenz, Geruch und Geschmack gehören in ungleich mehr konstitutivem Sinne dem Wahrnehmungsgegenstande an als seine »Stimme«, das von ihm »verursachte« Geräusch. Der Ton nimmt gleichsam nur seinen »Ursprung« vom Urhebergegenstande und bildet sodann ein eigenes »Wesen«, eine eigene Welt nahezu: damit hängen der »analytische« (weil des Gegenstandskonnexes enthobene) Charakter des Gehörssinnes, die Möglichkeit eines anintentionalen Sinnkosmos in der Tonwelt, die Möglichkeit »reiner Musik« zusammen. – Selbst eine Angst vor Tönen gibt es nur in recht bescheidenem Maße. Die Angst vor einer Gefahr, die durch mündliche Mitteilung erfahren wird, ist so wenig Hörangst, wie der Ekel an einer gedruckten pornographischen Erzählung Ekel an einem »Anblick« ist. Eine so vollkommene Hörangst wie die Angst vor dem Donner oder drohendem Brüllen setzt immer noch mehr den Gedanken an den Ursprung und die Gefahrmöglichkeit jener Phänomene voraus als eine Angst vor drohendem Anblick. Ekel aber kann durch das Gehör im allgemeinen überhaupt nicht vermittelt werden (denn es zählt nicht hierher, wenn die Nähe ekelhafter Gegenstände oder ekelhafte Charakterzüge eines Menschen mündlich mitgeteilt werden), da er niemals ein »fremdes Sosein« unmittelbar präsentiert, an das Subjekt »herandrückt«. Die erwähnten Ausnahmen umfassen den immerhin möglichen Ekel an süßlicher oder sinnlicher Musik, an besonders häßlicher oder »gemeiner« Stimme, an kribbelndem Geräusch. Aber wieweit ist wirklich das Ekelhafte eines lüsternen Geflüsters oder das Knistern eines von Ungeziefer bekrochenen Papierblattes etwas »Ekelhaftes für das Ohr«? Nicht in dem Sinne nämlich, wie das »Ohr« ein Lob gern hört, sondern wie es einen Wohlklang gern hört! Eine Kakophonie ist so wenig »ekelhaft« wie etwa ein Farbenwirrwarr – und für »geschene ekelhafte Gegenstände« gibt es keine Entsprechung im Gehörten. Aller Hörekel ist zum guten Teil »moralischer Ekel«, setzt ein Erkleckliches an assoziativ-konsekutiven Beziehungen des Gegenstandes voraus, die etwa beim Sehekel vielmehr in den Hintergrund der Intention gebannt sind. Finde ich etwa einen »Bierbaß« ekelhaft, so denke ich dabei recht lebhaft an das moralisch Ekelhafte des Rausches, an unreinen Atem usw., beim Schnalzen und Schmatzen an deren optisches Bild und an »gierige Gefräßigkeit«; finde ich eine »verführerische« Melodie ekelhaft, so empfinde ich dabei lebhaft die Tönung: es ekelt »mich« an, »eigentlich« ist das ekelhaft, das ist »wie« ekelhaft, in meiner jetzigen Stimmung »finde ich's« ekelhaft usw. Vergeblich würden wir aber im Bereich des Gehörs nach halbwegs ebenbürtigen Parallelen zu einem fauligen Geruch, einem sich schwabbelig anfühlenden Körper, einem aufgeschlitzten Leibe suchen.

Aber auch Geruch, Gesicht und Getast tragen den Ekel nicht im gleichen Sinne. Der Geruchssinn ist der eigentliche Stammesort des Ekels. Die ekelhaften Geruchstypen sind massivere Einheitsgegebenheiten als irgendwelche der sonstigen ekelhaften Gebilde und bedürfen des assoziativen Anhangs am allerwenigsten. Durch den Geruch (Geschmack immer mit inbegriffen, teils als Verschärfung, teils als Einengung) wird der obere Digestivtrakt am unmittelbarsten affiziert, Brechreiz am meisten hervorgerufen, das Motiv der Nähe am stärksten erfüllt. Durch den Geruch werden auch Partikelchen des Gegenstandes in das Subjekt hineingetragen, wird intime Erfassung des fremden Soseins ermöglicht. In der *Intimität* dieser Sinnesmodalität gründet ihre primäre Bedeutung für den Ekel; es hängt damit auch die Erbrechensintention des Ekels, die selbst auf Essensintention zurückweist, zusammen. Bereits hier sei überhaupt auf den Beziehungskreis Ekel-Geruch-Fäulnis-Verfall-Absonderung-Leben-Nahrung usw. hingewiesen. Ein gegenständlicher Beziehungskreis, wie es bei der Angst etwa ganz fehlt, beim Haß in solch naturalistisch-bestimmbarer Form gleichfalls nicht existiert. (Vgl. den intentionalen Grundcharakter: die Idee eines »allgemeinen ekelhaften Soseins«.) An zweiter Stelle scheint zweifellos der Tastsinn zu folgen: auch dieser ist noch intimer als das Gesicht, in gewissem Sinne noch mehr nähebetonend – obwohl nie eine so intime Nähe suggerierend – als der Geruchsinn. Man denke nur an das Motiv der Kontaktnähe, an das Sichandrücken, Sichanschmiegen des Ekelhaften. Allein es gibt hier doch nicht mehr derart eindeutige, derbe Ekeltönungen wie unter den Gerüchen. Es setzt schon eine gewisse Perversität voraus, daß man sich über das Ekelhafte alles Fauligen hinwegsetze und für zweifelhafte Eßwaren einen Geschmack bekunde; aber wer müßte eigens ein Ekelgefühl überwinden, um bei Aspik, Fruchtgelees, Pürees usw. kein Kostverächter zu sein? Und doch sollten im allgemeinen die Tasteindrücke des Schwabbligen, Schleimigen, Breiigen, im gewissen Sinn schon überhaupt des Weichen, für ekelhaft gelten. In Wahrheit sind sie vielmehr nur »prädisponierend« für das Zustandekommen von Ekelwerten. Es bedarf dazu beim Tastsinn schon einer gewissen Komplizierung, eines Hinzutretens weiterhin bestimmender Elemente. Dies erhellt weiter aus der Erwägung, daß schlechthin vorbildlich für alles Ekelhafte das Faulige, Putride zu sein scheint: denken wir an den Ekel bei Berührung (Geruch ausgeschaltet!) von Eiter, schwärenden Wunden, erweichten fötiden Fleisches; nun aber gibt es einen spezifischen »massiven« Fäulnisgeruch, jedoch nur vermittelnde, wiewohl charakteristische tastbare Konsistenzeigenschaften des Zerfallend-Organischen. Im übrigen weist die »Berührung« in die Richtung der zweiten Hauptdomäne der intimen Vereinigung neben der Nahrungsaufnahme: der Sexualität, welche ja gleichfalls eine ansehnliche Zahl von Ekelmotiven liefert. Daß ihre Verbindung mit dem Ekel trotzdem lockerer ist oder mindestens weniger vorbildlich, wird noch zur Sprache kommen. Für diesmal soviel, daß sexuelle Ablehnung immerhin kein Analogon des Erbrechens in seiner spezifisch-funktionellen Eigentümlichkeit (wenn nicht seine einfache Übernahme) aufzuweisen vermag. (Das Motiv »intime Berührung fremdlebendigen Stoffes« ist in der Sexualität zentral vertreten. Vgl. unten: »Beschmutzung« usw.)

Wieder anders steht es mit dem Sehekel. Der Gesichtssinn ist in anderer Weise gegenstandsvermittelnd als der Tast- und Geruchsinn: wenn er einerseits ein unvergleichlich vielseitigeres, umfassenderes, »konformeres« *Bild* des Gegenstandes zu liefern vermag – etwas »sehen« heißt in ganz anderem Sinne es »kennen«, als etwas »riechen«

oder »tasten« –, so führt andererseits *ein* Seheindruck, ein optisch einfacher Seheindruck, keineswegs derart in eine Wesensregion des Gegenstandes hinein wie ein Geruch oder eine Tastempfindung. Gibt es eine enge Beziehung zwischen Sehen und diskursivem Kennen, so gibt es auch eine solche zwischen Riechen-Tasten und jenem »Spüren«, »Fühlen«, das dumpf, einseitig, dem Gegenstandsganzen gegenüber »unverantwortlich«, aber doch tiefreichend genug sein mag. (Tasten steht dabei dem Sehen näher als Riechen.) Mit anderen Worten: die Gesichtsempfindung vermittelt den Gegenstand erst – oder doch ihrer hervorragendsten Funktion nach – in ihrer aufgebauten, gestalteten Mannigfaltigkeit samt Farben, Linien, Perspektiven usw., oder doch einigen von diesen. Daß eine Linie, eine Farbe schon »viel sage«, ist ein Grenzfall, bzw. eine abkürzende Redewendung: eine *neue* Linie (Farbe) ist dann vielsagend inmitten einer sonst schon gewohnten Mannigfaltigkeit. Oder aber handelt es sich um reine Schlußfolgerung: ein roter Laternenschein in der Nacht kann mir freilich einen ganzen Eisenbahnzug andeuten (keineswegs auch nur in rohester Form soseinsmäßig darstellen!). Etwas mehr Wesensausdrückendes ist freilich schon ein Phänomen wie »hektische Röte« oder »schlanke Linie«. Aber, um beim Ekel zu bleiben: es gibt zwar auch Farben und überhaupt »Aussehensqualitäten« der Fäulnis, aber lange nicht in so prägnant-eindeutiger Form wie Gerüche, ja sogar Tasteindrücke derselben. Das assoziative, ja vielleicht sogar syllogistische Element ist dort weit stärker in der Gesamtqualität vertreten. Nichtsdestoweniger besteht noch eine echte solche Gesamtqualität und damit ein echter Sehekel; nur ist dieser mehr in den anderen Ekelmodalitäten fundiert als umgekehrt. Auch genetisch knüpft sich die Herausbildung (und etwa auch Erziehung) des Ekelgefühls zunächst an den Geruch, wohl auch das Tasten, und dann erst – im weiteren Verlaufe – an das Sehen.

Dies alles kann auch so formuliert werden, daß der Geruchssinn das eigentliche Urorgan des Ekels, weil Urorgan der »intimen Soseinserfassung« ist; daß aber der Gesichtssinn eine um so viel umfassendere Soseinserfassung trägt, daß er trotz mangelnder »Intimität auf einen Schlag« doch noch eine eigene Ekelqualität sui generis, die freilich – durch das Inhaltliche hin – an der urwüchsigeren Geruchs-Ekelqualität orientiert ist, zu vermitteln vermag.

Wenn ferner schon im Tastekel die beim Riechekel noch geltende weitgehende Gebundenheit an den Gegenstandskreis der Fäulnis gelockert wird, so ist dies noch mehr beim Sehekel der Fall. Es gibt eine verhältnismäßig einfache Sehqualität des Ekelhaften, die mit Fäulnis schon recht wenig – wenngleich immer noch etwas – zu tun hat: der Seheindruck des »Gekribbels und Gewimmels«. Von einer so unbedingten Ekelhaftigkeit wie etwa beim Fäulnisgeruch kann hier allerdings nicht die Rede sein. Es hängt namentlich sehr viel von der näheren Beschaffenheit der fraglichen Gegenstände ab (siehe unten). Bezeichnend ist, daß der Gesichtssinn dort als Ekelsinn primär in Betracht kommt, wo der Gegenstand wesenhaft als Vielheit auftritt und gerade in dieser Eigenschaft Ekel auslöst.

2. Typen des physisch Ekelhaften

In diesem Abschnitt soll eine Überschau gehalten werden über die typischen Gegenstände jenes Ekels, der der Hauptsache nach unmittelbar durch Sinneseindrücke vermittelt wird, wobei wir freilich nicht mehr systematisch auf die verschiedene Rolle der einzelnen Sinnesorgane eingehen wollen. Das »Wühlen im Kote«, welches mit der Behandlung des gegebenen Themas unweigerlich einhergehen muß, dürfte durch das wissenschaftliche Interesse gerechtfertigt sein; es sei auch versucht, dasselbe doch auf das unvermeidliche Mindestmaß herabzudrücken. Auf Grund einer empirischen Einteilungsweise greifen wir neun Haupttypen heraus.

a) Der Urgegenstand des Ekels ist, wie schon angedeutet wurde, der Erscheinungskreis der *Fäulnis*. Dazu gehören auch: Verfall eines lebendigen Körpers, Verwesung, Zersetzung, Leichengeruch, im allgemeinen der Übergang des Lebendigen in den Zustand des Toten. Wohlgemerkt: nicht dieser Zustand selbst. Das Anorganische wird vielmehr überhaupt nicht als ekelhaft erfahren. Auch nicht ein Knochengerüst – denn »grauslich« ist nicht »ekelhaft« – oder eine mumifizierte Leiche. Die Note des Ekelhaften sitzt speziell am Vorgang des Verfaulens und ihrem Träger. Es gibt ein wiewohl kompliziertes, doch gestaltmäßiges Einheitsbild der Fäulnis als optisch-taktil-olfaktorischen Gebildes. Etwa zwischen fauligem Fleisch und fauligem Obst gibt es eine Ähnlichkeit auch der Färbung, von gemeinsamen Erscheinungen wie Erweichung usw. ganz zu schweigen. Überhaupt sei wiederholt, daß niemals das Tote als bloßes *nichtfunktionierendes* Lebendiges ekelhaft ist, denn dann wäre auch frisches Speisefleisch ekelhaft, ja sogar eine Statue, ein Bildnis hätten dann einen Stich ins Ekelhafte; dies ist jedoch mitnichten der Fall. Vielmehr bedarf es der substanziellen Auflösung, die mindestens intentional ein andauernder Vorgang, gleichsam selber noch eine »Lebensäußerung« sein soll. Bereits hier begegnet uns die Beziehung des Ekels zum *positiv Vitalen*, zum Bewegungshaften. Unzweifelhaft gesellt sich zum Erlöschen des Lebens in der Fäulnis auch eine gewisse – recht merkwürdige – Lebenssteigerung, eine erhöhte Kundgabe dessen, daß überhaupt Lebendiges »da sei«. Dies bezeugen der mit der Fäulnis auftretende oder *erstarkende* Geruch, die oft grelle Verfärbung, der »Fäulnisglanz«, das ganze Phänomen des »Stürmischen« in der Putrefaktion. Doch ist nicht jede krankhaft gesteigerte Tätigkeit ekelhaft: weder das Toben eines Irren, noch die Agonie eines Sterbenden ist es. Nicht das Lebewesen, die Lebenseinheit als Ganzes wird im Absterben ekelhaft, vielmehr der Leib in seinen Teilen, das »Fleisch« etwa. Also nicht die Totenähnlichkeit in irgendwelchem Sinne, auch nicht das Herannahen oder der Eintritt des Todes, – sondern sozusagen der beschließende Lebensabschnitt im *Tode*.

b) Mit dem Sichrichten des Ekels auf die Auflösung der konkreten lebendigen Materie hängt weiter das Ekelhafte der *Exkremente* zusammen. Ekelhaft sind im allgemeinen die Zersetzungsprodukte des Lebens, die vom lebendigen Körper ausgestoßen werden. Gewiß liegt hier nicht lediglich ein Spezialfall der Fäulnis selbst vor; keineswegs sind etwa die Exkremente die eigentlichsten Träger der Fäulnis, welche sogar an ihnen fehlen kann. Neben der Beziehung zur Fäulnis handelt es sich hier um eine eigene Art des Übergangs lebendiger in tote Substanz. Und dies wieder als »Lebensäußerung«, »Begleiterscheinung der Lebensvorgänge«. Der Ekel bezieht sich somit auch auf den *Abfall*-Charakter der Exkremente: den Umstand, daß verfallende organische Materie das Dasein oder Dagewesensein von Lebendigem anzeigt. Auch in den Zersetzungsprodukten des Lebens wirkt irgendwie nicht nur das Schwinden von Leben, sondern die Anwesenheit des Lebens selbst ekelerregend.

c) Von dem Vorherigen zu unterscheiden ist das Ekelhafte der körperlichen *Ausscheidungen* (Sekrete). Sie bezeichnen ein weiteres Entfernen vom Fäulniskreis, wohl verringert sich hier auch wieder die ausschlaggebende Rolle des Geruches. Gewiß sind die Grenzen zwischen Exkret und Sekret – ersteres ist bloße Schlacke, letzteres zu einer eigenen Funktion bestimmt, also wesensmäßig fäulnisfrei –, um ein naheliegendes Wort zu gebrauchen, »fließende«. Neben klaren Fällen gibt es verschiedene Zwischenstufen. Bei den Eiterungs- und ähnlichen Prozessen spielt freilich wieder das Moment der Fäulnis herein, und zwar in einer eigenen Abwandlung: das »Abfaulen bei lebendigem Leibe« trägt eine besondere Note des Ekelhaft-Grauslichen an sich. Denn diese Fäulnis ist, obgleich ebenfalls vorgangshaft und »fortschreitend«, zudem noch einer Ständigkeit, gleichsam Verewigtheit teilhaftig, welche der Fäulnis »sich selbst überlassener« Stoffe (Leichen, Abfälle) abgeht. Doch auch die Ekelbeziehung normalerer Ausscheidungen ist allgemein bekannt. Sie ist nicht ganz leicht analysierbar: mit dem bloßen Motiv »substanziell absterbenden Lebens« würde man da nicht sein Auslangen finden, selbst wo es überhaupt noch anwendbar wäre. Vielmehr handelt es sich zunächst um die allgemeine Ekelhaftigkeit des Klebrigen, Halbflüssigen, gleichsam zudringlich Anhaftenden. Die hier gedachten Stoffe (Schleim usw.) tragen, sofern sie sich zur Wahrnehmung aufdrängen – welcher Umstand immer eine »abnorme« Lage bedeutet oder doch andeutet –, das Motiv eines »ungehörigen Lebensplus« in sich; – ein Plus, das naturgemäß auch wieder auf Absterben und Fäulnis, auf sinkendes Leben hindeutet.

d) Der eben angedeutete Ekeltyp des *Klebens*, Anhaftens »am unrechten Orte« usw. tritt auch allgemein, in weniger materiebehafteter Weise, in Erscheinung. Schon früher wurde bemerkt, daß an sich, rein intentional genommen, alles Ekelhafte irgendwie dem Subjekt »anklebt«, es mit seiner Nähe, seinem Dunstkreis umfängt. (*Nicht* etwa: es in ein Netz einfängt, aus dem es kein »Entrinnen« gebe.) Besonders aber äußert sich dies im Phänomen des *Schmutzes*. Der Schmutz ist, soweit wir sehen können, der einzige typische Gegenstand des Ekels, der nicht eng auf zerfallendes Leben oder überhaupt Leben bezogen ist. Denn »schmutzig« ist meine Hand etwa auch, wenn sie nur rußig oder staubig ist; und »unappetitlich« wäre es, mit ihr Speisen zu berühren oder einem anderen – sollte dies sonst erlaubt sein – ins Gesicht zu fahren. Bei näherem Besehen freilich erweist sich auch dies als weniger einfach. Denn was ist eigentlich Schmutz? Das Element des »Schädlichen« ist hier gewiß nicht zentral; es ist eine durchaus sekundäre Kenntnis, daß das Essen mit ungewaschener Hand u. dgl. m. gesundheitsschädliche Wirkungen haben kann. Ja, wir werden vor einer Hand, die etwa in Gelatine mit Cholerakultur getaucht worden ist, gar nicht als vor einer »schmutzigen« zurückschrecken. Es gehört geradezu zum Wesen des Schmutzes eine relative Harmlosigkeit, bloß vage Schädlichkeit. Auch darin liegt aber ihr Wesen noch nicht, denn etwa einen Pilz, der ein klein wenig verdächtig erscheint, werden wir nicht mit dem Epitheton »schmutzig« beehren. Andererseits trifft auch die Definition nicht zu, wonach »Schmutz sei ein Ding, das sich am unrechten Orte befindet«. Wenn ich in einem Torflager Edelsteine verstreut finde, werde ich nicht sagen, der Torf sei von Diamanten verunreinigt, vielmehr noch, ich hätte Diamanten im Schmutz gefunden. Sogar eine berußte Hand ist nicht die typische schmutzige Hand. Wir denken bei »Schmutz« am ehesten an eine schwarzgraue Schicht von unbestimmter Zusammensetzung, überhaupt an »klebende Partikelchen«, für welche diese ihre Eigenschaft wesentlicher ist als die homogenen Stoffe, aus denen sie herstammen. Eine inhaltliche Beziehung besteht zu Kot (wieweit dabei physiologische Reminiszenzen mitspielen, bleibe dahingestellt), zu Fett und Schweiß. Soviel ist an der obenhin abgelehnten Schmutzdefinition richtig, daß der »Schmutz« nun tatsächlich an Orten auftritt, bzw. als Phänomen hervortritt, wo er nicht »hingehört«, d.h. störend, entstellend wirkt, und sich irgendwie »eingefressen« hat, d.h. nicht einfach mit einer Bewegung abgestreift werden kann. Diese Orte aber sind Körperoberflächen oder Gebrauchsgegenstände, die den Körper eng berühren sollen. Und da zeigt sich doch eine unverkennbare intentionale Beziehung zu dem Leben, seiner Kumulierung und seinem Niedergang. Durch manuelle Tätigkeit werden die Hände, durch Tragen wird die Leibwäsche schmutzig. Im Zustandekommen des Schmutzes spielt vielfach der Schweiß die agglutinierende Rolle. Schmutz ist zum Teil einfach das Vorhandensein, die Nichtverwischtheit von Lebensspuren. Dies aber entweder in einer rein formalen, nur die Tatsache andeutenden Weise, oder aber durch einen »Stoff« (eben jenes schwarzgraue Etwas), der ein ganz eigenes Gebilde und keineswegs einen der kompakten, wohlcharakterisierten »vitalen Stoffe« (Sekrete usw.) darstellt. Wenn darum die inhaltliche Ekel-Note beim Schmutz eine recht geringe ist, so bietet doch der formale Zug der Vermischtheit, Charakterlosigkeit, eben der »Unsauberkeit«, der betonten und wie verkörperten Distanzverneinung, einen eigenen Ekelsanlaß. Allerdings sind die formale Haupteigenschaft des Ekelhaften, dem Subjekt (dem Angeekelten) irgendwie zudringlich »anzukleben«, und das inhaltlich Ekelerregende des Klebens zweierlei. Über die Beziehung der beiden wird sich später noch etwas ausmitteln lassen. Aber durch den »Schmutz« wird das »Kleben überhaupt« sinnfällig an die Subjektperson herangebracht. Dieses qualitätslose Partikelgemisch heftet sich, indem es zustandekommt, zugleich dem Menschen im Verfolge seiner Tätigkeiten an die Haut.

e) Wir betreten jetzt ein wesentlich verschiedenes Gebiet: das der ekelerregenden *Tiere*, insbesondere *Insekten*. Am besten spräche man im weitesten Sinne von »Kriechtieren«, womit auch schon das Hauptmotiv des diesbezüglichen Ekels aufgewiesen erscheint. Höher organisierte Tiere erregen selten einen spezifischen Ekel, außer man denke an ihre zufällige Unsauberkeit, ihren manchmal peinlichen Geruch, ihre »tierische Wärme«, die einige Menschen anekeln mag – alles Dinge, die unter Umständen auch den Menschen zum Gegenstande des Ekels machen können. Ob die rituelle Verpöntheit einiger Tiere in gewissen Religionen zum wesentlichen Teile in echtem Ekel gründet, wäre schwer zu entscheiden. Es gibt eben einen Tier-Ekel, dem man kaum noch mit religiöser Sanktion beispringen müßte. Und, von dieser quantitativen Seite der Sache abgesehen: es gibt einen Ekel, der sich keinesfalls auf die Vorstellung des Verspeisens beschränkt, sondern den Anblick, die Nähe der fraglichen Lebewesen selbst betrifft. Manch einer, der das Fleisch des Pferdes in der heftigsten Weise zurückweisen würde, hegt ja sonst eine große Liebe für diesen edlen Kameraden des Menschengeschlechts. Nicht in diese Kategorie zählt der Ekel gegen Gewürm, Ungeziefer, ja auch sonst Weichtiere aller Art. Von den höheren Tieren muß wohl die Ratte besonders erwähnt werden: gegen dieses Säugetier richtet sich ein ziemlich allgemein verbreitetes deutliches Ekelgefühl. Vielfach verwebt sich indes ein Gefühl der unbestimmten Angst, des Unheimlichen darin. Auf jeden Fall spielt hier mit, daß es sonst kein Säugetier gibt, das sich in seiner ganzen Lebensform so *ungezieferhaft* geben würde wie die Ratte. (Unvornehm-schmiegsamer grauer, länglicher Körper, gehäuftes Auftreten, Aufhalten in Schlupfwinkeln, parasitäre Neigung, dumpf-tückischer Charakter, Beziehung zu Schmutz und Seuchen.) Was weiter die Schlange angeht, so scheint der Ekel gegen diese vielleicht noch mehr mit Angst (vor etwas Unheimlichem) vermischt zu sein. Nahezu alles Ekelhafte an der Schlange – das Kriecherische, Tückische, Wärmelos-Aktive – ist auch am Ungeziefer vertreten. – Nun zu diesem selbst: auch hier möchte ich mich nicht allzusehr in Einzelheiten vertiefen. Die individuellen Schwankungen des Ekelgefühls sind sehr beträchtlich. Allgemein tritt wohl der Ekel zurück oder er verschwindet ganz gegenüber Kerbtieren, die mit harten Schalen versehen sind und keine Herden bilden: die meisten Käfer gelten nicht für ekelhaft. Dasselbe gilt auch von Insekten, die mehr fliegen als kriechen (Bienen usw.). Was nun die Ekelhaftigkeit des Ungeziefers im allgemeinen bedingt, ist ein Zusammenwirken mehrerer Motive, die in weniger ausgeprägten Fällen zum Teil auch fehlen können. Es sind dies: Das Kriechen, Kleben, »Bekleben« der Umgebung sozusagen (bei den Wanzen durch die flache Körperform gesteigert); das Gewimmel und Gekribbel, das Phänomen eines zusammenhängend wimmelnden Gemisches (»Geschmeiß«!); die – teils scheinbare, teils auch reale – Beziehung der betreffenden Tiere zu Auflösung und Verfall (real vorhanden ist ihre häufige Vorliebe für faulende organische Stoffe, scheinbar – ohne vielleicht ganz bedeutungslos zu sein – der Eindruck, als wären sie selbst Teile eines solchen Stoffes, etwa aus ihm »entstanden«, als wäre ihre wimmelnde, tolle Aktivität eine Verfallserscheinung des Lebens); überhaupt der merkwürdig »kalte« Zug dieser ruhelosen, nervösen, sich windenden, zuckenden Vitalität, als wäre das alles ein abstrakter, irgendwie demonstrativer »Lebenstanz« ohne angemessene »Lebenswärme«, ohne inneren Gehalt des Lebens; endlich aber der tückisch-aggressive Zug bei den meisten der besagten Lebewesen. Die Rolle des letzteren wurde oft überschätzt; die Annahme klingt gewohnt, daß der Ekel vor Kerbtieren nur eine – etwa phylogenetisch eingelebte – Form der Angst sei. Damit ist der Kern nicht getroffen: es mag schon solche Furcht mit dabei sein, auch wo sie nicht klar bewußt wird, aber sie tritt erst zum Ekel hinzu, fernab davon, ihn zu gebären. Der Ekel aber geht weniger auf die sachverhaltsmäßige Gefährlichkeit der Tiere – warum können wir uns denn vor Bienen und Wespen ehrlich und im allgemeinen ohne Ekel fürchten? – als auf die (nur sekundär daseinsverankerte) Qualität des Heimtückischen, Versteckt-Böswilligen, dies eigentümliche Gemisch von Verstohlenheit und demonstrativ-frecher Aktivität, von Nichtigkeit und betriebsam-stechendem Eifer. Mag auch der Ekel ein teleologisches Warnamt erfüllen, sein intentionaler Sinn ist dies sowenig wie es etwa der Sinn des erotisch-ästhetischen Gefallens ist, weil manche den Verkehr mit auffallend schönen Frauen – mit der instinktiven Tönung »Vorsicht!« – meiden. Zusammenfassend läßt sich kaum mehr sagen, als daß es sich auch beim ekelhaften Getier um den Eindruck eines »sinnlos« wogenden, formlosen, das Subjekt irgendwie »anspringenden«, mit einem konkret fühlbaren Moderhauch des Verfalls, des Lebens-»Zerfressens« behafteten Lebens handelt. Das besondere Scharfe, Lebhafte dieser Ekelsart stammt wohl aus der Tatsache der Beweglichkeit, Aggressivität (nicht aber: Gefährlichkeit) des Gegenstandes, dem Bewußtsein »Es könnte leicht zur Berührung damit kommen«. Auch die Möglichkeit eines phylogenetisch verdrängten Wunsches, Insekten als Nahrung zu benützen, liegt nahe. Der Ekel würde dann durch die innervierte Abwehrgeste gegen solches Gelüste verschärft. Ebenso mag die allgemein sich einstellende Wunschregung, dies Ekelhafte zu zertreten, das Ekelhafte des Anschauungsinhalts noch vervollständigen.

f) Bei den *Speisen* drängt sich sofort eine wichtige Unterscheidung auf. Die Speisen sind nicht Dinge, die uns einfach begegnen, sondern funktional auf uns hingeordnete Dinge: Stoffe, die wir essen sollen. Es ist nun ein Anderes, wenn sie uns nur in dieser ihrer Eigenschaft, und wenn sie überhaupt als Dinge, als Stoffe schlechthin, Ekel bereiten. Letzteres ist der Fall bei verdorbenen Speisen; es wäre ekelhaft, solche in meinem Zimmer zu haben, auch wenn keine Rede davon sein könnte, sie essen zu müssen. Dasselbe kann aber auch sonst noch der Fall sein: etwa bei Speisen, gegen die ich einen starken spezifizierten Widerwillen empfinde; z. B. wenn jemand den Duft von Zwiebeln oder den Anblick einer Tunke nicht ertragen kann. Ja, es wird überhaupt ein gewisser, wenn auch gelinder, Ekel gegen *Speisereste*, von ihnen bedeckte Schüsseln empfunden. Im andern Falle aber tritt der Ekel erst auf, wenn die betreffende Speise aus irgendeinem äußeren Grunde tatsächlich gegessen werden soll. Es kann vorkommen, daß jemand nichts dagegen empfindet, den ganzen Tag über eine Kanne Milch auf seinem Tisch zu haben, jedoch unvermittelt die Herrschaft über seinen Magen verliert, wenn er versucht, einen Schluck davon zu trinken. Ähnlich verhält es sich beim zeitweiligen Widerwillen gegen sonst gern genossene Speisen. Der erste Fall berührt sich mit dem Ekel an der Fäulnis sowie an klebenden, mischmaschartigen, »schmutzigen« Stoffen (vgl. auch das Ekelhafte unpassender Speisenmischungen); der zweitbehandelte Fall weist hinüber teils ins Gebiet des schlechthinnigen Lebens- und »Funktions«-Ekels, teils des mehr abstrakt-formalen, in diesem Sinne »moralischen« Überdrußekels. Um so weniger gibt es einen einheitlich faßbaren Ekel über Speisen, weil hier allen typischen Fällen zutrotz die individuellen Verschiedenheiten zu groß sind. Durch die spezielle Bezogenheit auf Mund und Magen erscheint hier eben jede Aversion in Form des Ekels. So z. B. der Widerwille wegen »Fremdartigkeit« einer Speise; während etwa die »Fremdartigkeit« einer Landschaft oder dgl. nicht gerade mit Ekel wird empfunden werden. Immerhin sind die herkömmlichen Erklärungsversuche für Speise-Idiosynkrasien recht seicht und unzulänglich: so, daß jemand eine Speise verabscheue, weil er »gewohnt« sei, sie nicht zu essen; oder, weil er sich daran »einmal« den Magen verdorben hätte. Im allgemeinen wird es dabei bleiben müssen, daß in den meisten Speisen eine Möglichkeit des Ekelhaften steckt: durch den Anspruch, gegessen zu werden; durch klebrige, feuchte, irgendwie »schmutzige« Beschaffenheit; durch das Naheliegen verschiedenster Reminiszenzen; endlich infolge der oft vorhandenen scheinbaren oder realen Beziehung zur Fäulnis. Es kann ferner der Fall eintreten, daß eine Speise gerade als Ding ekelhaft, als Speise aber nicht ekelhaft gefunden wird! Die Sache ist allgemein und harmlos, solange es sich nur um frischen »Speisegeruch« oder irgend einen schärferen, charakteristischen Speiseduft außerhalb der Mahlzeit handelt, der freilich störend oder auch einigermaßen ekelhaft wirkt, wie schließlich alles in dieser Sinnessphäre, was sich unzeitmäßig aufdrängt. Es gibt aber auch eine perverse Vorliebe für leicht fauligen Beigeschmack, namentlich den *haut-goût* bei Wildbraten. Die Chinesen sollen gänzlich verfaulte Eier bevorzugen; dies würde ich weniger der von Relativitätsnarren so sehr überschätzten »Verschiedenheit der Geschmäcker« als der Raffinementssucht einer beispiellos überzüchteten Zivilisation zugute halten. Ob den Chinesen die Ekelhaftigkeit fauler Eier ebenso intentional gegeben ist (natürlich ohne aktuelle »Redundanz«) wie dem Liebhaber des »*faisandé*« die Ekelhaftigkeit faulen Fleisches, weiß ich nicht; irgendwie dürften da die Bewußtseinslagen verschieden sein. (Jener Hang zu übersteigerten Bizarrerien scheint doch auch wieder eine Art »flächenhafter« Naivität zu umschließen.) Ein verbreiteterer und – da es sich nicht um Fleisch handelt – harmloserer Fall betrifft den (scharf riechenden) Käse. Dieser enthält ja etwas, das zweifellos als Fäulnis wird angesprochen werden müssen. Die meisten Menschen, die gern Käse essen, halten wohl den Käsegeruch nichtsdestoweniger für ekelhaft. Sie würden vielleicht außerhalb des Mahlzeitsschlusses recht lebhaft darüber den Mund verziehen. Hier liegt offenbar ein Fall sekundär-positiver Bewertung, ich möchte sagen Erotik des Ekels vor, die in einem restringiertem Rahmen Platz greifen kann.

(Ein ähnlich eingezäuntes Gewährenlassen – offenbar als sekundäre, »außergewöhnliche« und doch »straffreie« Lebenssteigerung – gibt es auch sonst noch: z. B. die erotische Freiheit im Tanz, bei sonst »anständigem« Verkehr. Nebenbei, um beim Gastrischen zu bleiben: Wie gern wird Bier getrunken, obwohl sein Geschmack eigentlich schlecht ist! Man trinkt es eben, statt es – wie Wein – zu kosten, also gleichsam intensiv zu prüfen, »eingehend« zu beurteilen.)

g) Der menschliche *Leib* als solcher, seine Nähe, kann gleichfalls Ekel hervorrufen. Im allgemeinen wird man allerdings diese Erscheinung für pathologisch erklären und namentlich aufs Konto der Hysterie buchen – außer es handle sich um Zustände, Eigenschaften oder Produkte des Leibes, die in specie als ekelhaft anerkannt werden. Allein auch eine pathologische Ekeltönung ist eine Ekeltönung, zumal wenn sie Typisches darstellt; und überdies ist der Ekel vor dem Leibe zweifellos auch in der Gefühlswelt des gesunden Menschen vertreten. Der Ekel, den der Gesunde etwa gegen den Versuch gleichgeschlechtlicher Annäherung empfindet, richtet sich gewiß nicht nur gegen die Idee der sexuellen Inversion, sondern auch gegen den als Mittel jenes Versuchs intendierten fremden Leib selber. Oder auch: bei der Umarmung einer radikal ungeliebten Person des anderen Geschlechts. Oder harmloser noch: Wie viele Menschen erfaßt nicht ein gewisser Ekel, wenn sie in der Straßenbahn mit anderen zusammengepfercht werden, oder wenn sie sich auf einen »vorgewärmten« Stuhl setzen müssen? Es besteht eine (normale) Neigung zum Ekelhaftfinden des Leibes, die freilich nur unter gegebenen Umständen zur Geltung kommt: etwa dort, wo »der Leib« gerade als solcher, also ohne »menschliche« Rolle und Beglaubigung, hervortritt und andringlich wird, sich allzustark als Leib »spüren« läßt. Der Ekel, der hier gemeint wird, bezieht sich wohl auch auf Sexuelles: nämlich auf die Möglichkeit einer allgemeinen sexuellen Hemmungs-, Schranken- und Formlosigkeit, die durch ein »ungewohntes« oder besser unmotiviertes, für das Subjekt wenigstens unfunktionelles Aneinander von Leibern unvermeidlich suggeriert wird. Dieser Ekel aber kann sich den fremden Leib als »anschauliches« Objekt nur wählen, weil ja der Leib für Ekeltönungen anderer Art (die bereits besprochen wurden) den potentiellen Sammelanlaß abgibt. Allgemein gültig ist der Ekel gegen das – wahrnehmbar gewordene – Innere des Leibes, das Blut mitinbegriffen. Darin aber mischt sich Grausen, Angst, Bewegtheit usw. Die Beziehung des »geöffneten« Körperinneren – wie überhaupt jeder auffallenden Hüllenlosigkeit – zu Verwesung, Fäulnis, ungeordnetem »Zutageliegen« von Lebenserscheinungen, Lebens-»Gewirre«, bedarf keiner besonderen Erläuterung.

h) Vielleicht dürfen wir auch noch zum physischen Ekel rechnen: einen gewissen, gleichfalls ins Pathologische spielenden, und doch oft wiederkehrenden Ekel vor dem *wuchernden Leben*, der üppigen *Fruchtbarkeit*. »Alle *fécondité* ist nur ekelhaft«, sagt einmal mannhaft Otto Weininger, den man freilich von manichäischer Verirrung nicht wird freisprechen können. Vielleicht aber wird der Ekel beim Anblick quellender Brüste, »wimmelnder Brut« irgendeiner Tiergattung, Fischlaich, ja vielleicht sogar üppig ins Kraut geschossener Vegetation, doch nicht einzig und allein erdverlorenen Psychopathen *bekannt*, wiewohl gewiß nur für solche ein bestimmendes Lebensgefühl sein. Man denke nur an die Beziehung zum Ungeziefer; oder an das Geistig-Ekelhafte der Idee formlos schäumender Vitalität, qualitätsgleichgültiger Drauflosproduktion von Keimen und Brut, die so unabweislich auch die Idee schneller massenhafter Verwesung bei sich führt.

i) Endlich verweisen wir auf das Ekelhafte der *Krankheit* und der körperlichen *Verwachsenheit*. Dies ist schon einigermaßen durch die Ausführungen über Exkret und Sekret, Verwesung, Leib und Leibesinneres beleuchtet worden. Es handelt sich um eine »ungewöhnliche« und wie übertriebene Äußerung, »Wucherung« von Leben (Geschwulst, Geschwür!), die zugleich schon in Verfall übergeht. Die Andeutung des Todes für den Gesamtorganismus ruft freilich eher Grausen als Ekel hervor; je anschaulicher, stoffbehafteter das Grausen, um so mehr neigt es in Ekel hinüber. Beim Krüppel wirkt nicht die funktionelle Unzulänglichkeit ekelhaft, – z. B. Taubstummheit nie, Hinken wohl auch nicht – sondern die Deformation der Gestalt, indem jeder Mangel an einem sichtbaren Körperteil irgendwie auch ein sichtbares »Plus« bedingt: etwa einen blutigen Stumpf. Nicht der nackte Lebensmangel an sich, sondern das – etwa in ihm fundierte – Leben am unrechten Orte, die »abschüssige Bahn« des Lebens in ihrer Plastizität, fordert Ekel heraus. Ekelhaft scheint ja überhaupt die übersteigerte (nicht einfach »mechanisierte«!) Lebenstätigkeit, Lebensbetriebsamkeit »an sich« zu wirken, soweit sie aus dem Rahmen einer wirklich oder doch quasi »personalen« Lebens-*Einheit*, eines zweckvollen Gesamtorganismus, hinausfällt.

3. Typen des moralisch Ekelhaften

Unter »moralisch« verstehen wir hier nicht »ethisch« im strengen, qualifizierten Sinne, sondern etwa »geistig« – freilich auch mehr oder weniger ethisch bezogen – im Gegensatz zu »physisch«, wie man von moralischen Faktoren oder der moralisch wichtigen Seite der Sache usw. redet. Ein Versuch zur Einteilung der hier in Betracht kommenden Gegenstandstönungen des Ekels kann noch weniger auf Evidenz Anspruch erheben als die oben durchgeführte Gruppierung der immerhin schärfer umrissenen Gegenstandseinheiten des physischen Ekels. Wir wollen hier fünf Abarten unterscheiden.

a) Wenn die betreffende Materie dazu geeignet ist, kann das Unlustgefühl, das durch eine lästige Gleichförmigkeit erweckt wird, eine ekelähnliche Färbung annehmen (*Überdruß*ekel). Der Überdruß im engeren Sinne tritt nur ein, wenn jenes immerwährende Erlebnis ursprünglich oder an sich lustbetont war; nicht sowohl der Gegenstand als die Lust an ihm selbst wird ekelhaft. (Wenn ich sage, ich sei einer Plage als solcher schließlich »überdrüssig« geworden, so hat das mit eigentlichem Überdruß nichts zu tun, es bedeutet einfach: »Ich habe die Geduld verloren«. Ebenso sagt man bisweilen: »Genug von dem Spaß!«. Oder: Ich will es nicht länger »schlucken«.) Da ist wieder die Beziehung des Ekels zu einseitig übersteigerter, gleichsam in einem abgeschiedenen Gehege endlos wogender Vitalität ersichtlich. Ein Ekelgefühl hält einen davor zurück, in einem Genusse zu »ertrinken«. Man kann nicht einfach sagen, daß dieser Genuß es zu sein aufhöre; er wird nur schal, wüst, gerät in einen irgendwie fühlbaren Gegensatz zum Lebenswillen der Persönlichkeit. Es muß sich dabei nicht um einen ausgesprochenen Genuß handeln; wichtig ist nur, daß nicht der Gegenstand selbst, sondern das Phänomen seines endlosen Vorhaltens zur Ursache eines Abwehrgefühls wird. Der Gegenstand ist dann immerhin soweit lustvoll, als alles, »worin« man lebt, an sich und ceteris paribus »lustvoll«, positiv lebensbetont ist. Doch typischere Formen des Überdrusses knüpfen sich an eigentlich Lustvolles. Dazu gehört der Ekel, mit dem man auf einen überstandenen Rausch (nicht gerade nur alkoholischer Art) zurückdenkt: nicht als dauerte jeder Rausch eine Ewigkeit hindurch, sondern weil er eine jene Dauer ersparende Konzentrierung des Genusses, ein »Überlaufen«, »Sichüberschlagen« desselben beinhaltet. Ein ähnlicher Ekel kann auch auf jeden Genuß folgen, der zwar nicht ex genere suo rauschartig ist, aber konzentriert, »zusammengerückt« genug, um sich vom übrigen Leben als ein kontinuierlicher Sondergenuß abzuheben: so wenn man täglich denselben Leckerbissen vorgesetzt bekommt, oder überhaupt mit Freuden der Tafel durch lange Zeit überhäuft wird, oder sehr lange im Bett geruht hat. Kennzeichnend für alle diese Überdrußzustände ist – in Abweichung von der bloßen Langenweile – ein gewisser Verlust des Zeitgefühls, eine Note des Zeitlosen, In-sich-kreisenden, Sterilen, einer »ewigen« – endlos zunehmenden – Selbstsättigung des Zustandes, eine Art »Schwindel«, eine Desorientierung des Lebens, ein »Himmelreich«, aus dem man endlich in eine herbere und freiere Luft zurück möchte. Dies gilt für jedes ziellos gewordene lustvolle Verweilen und vielleicht noch für einige speziellen Gebilde. Ekelhaft in diesem Sinne kann für die meisten Menschen die dauernde, etwa noch mit Gesundheit und Wohlleben verbundene Untätigkeit werden (vgl. die Versumpfung nach Art des Oblomow, die freilich letzten Endes auch »ungesund«, ja physisch tödlich wird, von Ursprung aber sogar in einer recht robusten, unnervösen Gesundheit wurzelt). Gastronomisch ekelhaft können vor allem andern Süßigkeiten leicht werden, da gerade Süß den Grundton eines sozusagen widerspruchslosen, ungebrochenen, grenzen- und gestaltlosen, »faden« Wohlgeschmacks bildet. (Die tiefere Analyse der Geschmacksbedeutungen wäre eine reizvolle, hier unangebrachte Arbeit.) Endlich hat sicherlich mit dem Überdrußekel jener spezifische Ekel etwas gemein, den wir gegen die Blutschande – zwischen Geschwistern und noch mehr Agnaten – empfinden. Aristoteles hat es etwas ungelenk so ausgedrückt, daß eine Vereinigung der beiden mächtigen Zärtlichkeitsarten auf eine und dieselbe Objektperson höchst »unzweckmäßig« sei. Es liegt etwas ungewöhnlich Schales, grauenvoll-süßlich Anödendes in dem Gedanken, daß die ursprünglich, kindheitlich (bei Mutter und Kind vorgeburtlich!) familiäre Gemeinschaft noch das Sexualleben in sich aufnehme, ein Vorbild einknickender Lebensstrom-Verdickung. Zum Teil mag der Inzestekel sohin als Überdrußekel erklärt sein. (Ich muß beifügen: Keineswegs sollte hier die Unsittlichkeit des Inzests schlechthin behandelt, geschweige erschöpft werden. – Vielleicht könnte all dies cum grano salis auch auf die Ehe angewandt werden. Man vergesse aber nicht, 1. daß bei der Ehe die »Eintönigkeit« etwas vital Sinnvolles, wenigstens der Idee nach Zweckgerichtetes ist und kein bloßes in sich brodelndes Schwelgen; die Möglichkeit des letzteren halte ich tatsächlich für eine ethische Gefahr der monogamen Erotik, – 2. daß die normale Ehe keineswegs eine »Familiengemeinschaft« in dem Sinne erzeugt, wie jene Blut- und Extraktionsgemeinschaft es ist, zu welcher im Inzest noch die sexuelle Gemeinschaft, und diese natürlich als eine solche in demselben Sinne wie die eheliche, hinzutritt; Blutschande sexualisiert und resorbiert das Leben, Ehe verwertet Sexualität und begründet Leben.)

b) Als nächster Gegenstand des moralischen Ekels sei die *übermäßige* oder *am falschen Orte entfaltete Vitalität* angeführt. Nur unter der Voraussetzung kann diese indessen Ekel erwecken, daß sie sich eine gewisse *Nähe* zum Subjekt erzwingt, die Vitalität des letzteren wesensmäßig mitzureißen droht; meist ist die Ekelwirkung auch bedingt durch den irgendwie faßbaren lebensverratenden, im weitesten Sinne »verwesungshaften« Zug jener Überlebendigkeit. Wenn z. B. jemand sehr stark ist und außergewöhnliche körperliche Arbeiten verrichtet, so wird ihm dies kaum Ekel eintragen können. Vielleicht schon eher, wenn er dabei ein ausgesprochener »Muskelmensch« ist mit völlig vernachläßigtem Geistesleben: da kann schon eher der Eindruck einer Lebens-»Völlerei« samt Fragwürdigwerden des vitalen Gesamtwertes entstehen. Roheit, in allen Richtungen »tobende« körperliche Energie, ein konzentrierter »Duft« des Lebens können mitunter ekelhaft, wenn auch niemals typisch-ekelhaft anmuten: um so mehr, als in ihnen etwas Aggressives, Zwingendes, Verführerisches steckt, welches eben zur Ekelerzeugung unerläßlich ist. Jeder Ekel enthält einen »Widerstand« schlechthin und vorab die heftige *Ablehnung einer Zumutung*. Nicht nur, daß die Ekelentbindung aktuell wird bei bestehender Nähelage des sie veranlassenden Gegenstandes: der Gegenstand selbst bedarf, um schlechthin ekelhaft zu sein, eines in seinem Sosein vertretenen *Nähegehalts*, eines Nähemoments, das auch die Tendenz in sich trägt, auf die Situation des wahrnehmenden (erkennenden) Subjekts überzugreifen. In der Erfüllung dieser Bedingung wurzelt die überaus weitgedehnte Ekelrolle der *ungeordneten Sexualität*. Vertretung einer in sich brandenden und schwelenden Vitalität, Ausprägung des Nähemotivs und Drang zur Übertragung dieser Nähe auf die Lage des affizierten Subjekts selber sind in ihr vollauf vereinigt. Dazu kommt, daß bekanntlich der Sexualtrieb einer der großen funktionalen Grundtriebe des Lebens und auf ein bestimmtes, recht allgemeines Lebensziel hingeordnet ist, dabei aber – aus tiefen biologischen und metaphysischen Gründen, die hier unerörtert bleiben müssen – keineswegs rein mechanisch betätigt werden kann, vielmehr in seiner ganzen und teilweisen (initialen) Befriedigung auf überaus weitgespannte Weise sich ausbuchtet, abwandelt und von seiner letzten Bestimmung mehr-minder unabhängige Gebilde zeitigt. Es gibt kaum ein Element des Lebens, das die Sexualität nicht in ihren Dienst zu beugen trachtet oder doch irgendwie berührt, ergreift, anzeichnet. Die ethische Frage, wann dies als sittlich böse oder doch »ungeordnet« aufgefaßt und gehemmt werden muß, gehört nicht in unsere Betrachtung; im allgemeinen denke man dabei an perverse, polygamische, lebensfeindliche, lebensüberschwemmende Sexualität. Der Ekel hat hier ein weites Gegenstandsfeld, wobei aber gleich bemerkt sei, daß Ekel und ethische Verurteilung nicht etwa streng parallel gehen, sondern der Ekel einerseits sich auf bestimmte Seiten und Typen sexueller Unmoralität richtet, andererseits auch empfunden werden kann, ohne daß das eigentliche ethische Urteil ihm auf die Spur folgen würde. Der Ekel wird sich gegen die Unmoral soweit richten, als sie als »Beschmutzung«, »Besudelung« des Lebens und seiner Werte empfunden wird; weniger etwa gegen eine »satanische« oder eine mechanisch-oberflächliche Sexualität (vgl. auch die Unterscheidung von der Verachtung, IV. 1). Ekelhaft kann aber andererseits auch die Vorstellung einer nicht gerade »sündhaften« Sexualbetätigung durch ihre zufällige Nahelegung oder harmlose Geschmacklosigkeit wirken, so auf feinsinnigere Menschen die öffentliche Ankündigung der »Brautnacht« bei der Hochzeitstafel. In der Tat kann alles Sexuellbetonte für die meisten Menschen bald ekelhaft wirken: dies ist so gut wie immer der Fall, wenn trotz der im Gegenstand liegenden »Einladung« dazu die sexuelle Anziehung oder Anregung selber nicht zustande kommt; man kann aber auch zwischen letzterer und dem Ekel oszillieren. (»Abnorm« ist es, wenn das Ekelgefühl hier abgestumpft oder aber hypertrophisch ist; ferner auch, wenn es eine regelmäßige Kombination mit gleichanwesender sexuellen Erregung verträgt.) Warum doch der urbildliche massive Ekel nicht auf sexuellem, sondern auf gastrischem Gebiet besiedelt ist, hat seinen Grund teils in der größeren Einfachheit und Eindeutigkeit der Verhältnisse im letzteren Bereich, noch mehr aber im Vorhandensein des Erbrechens, der antiperistaltischen »Nein!«-Bewegung, wofür das Analogon auf dem Gebiete sexueller Verweigerung vollends fehlt. (Dies freilich hängt wieder damit zusammen, daß die geschlechtliche Vereinigung, von der Rollenzweiheit der Partner auch ganz abgesehen, »Einverleibung« in einem dem Essen analogen Sinne nicht kennt.) – So vertritt denn »ungeordnete Sexualität« für den Ekelsinn das ungeordnet, »unsauber«, »feucht« quirlende, vital »ungesunde« Lebensplus überhaupt. Allein auch *Geistigkeit am falschen Orte* mag nach unserem besten Wissen etwas wie Ekel hervorrufen. Es ist etwas Ekelhaftes daran, wenn alles auf Erden mit Grübelei, »Gedenke«, Rechnerei und Haarspalterei beklebt wird. Das unfruchtbar Selbstzweckhafte eines ewigen Gedankengeknisters, die dadurch erzeugte Stockung im Ablauf der Lebens- und wohl auch der Denkfunktionen veranlassen ein Schalheitsgefühl, das ganz zweifellos mit Ekel verwandt ist. Wenn ein Soldat den Befehl seines Vorgesetzten zunächst mit einer Untersuchung über dessen Richtigkeit beantwortete oder andere solche Fälle übel angebrachter Kritik und geistiger Verweichlichung werden wohl oft nicht nur als ungehörig, absurd, verderblich, sondern als irgendwie »ekelhaft« empfunden. Ebenso auch eine zwecklos-subtile, subjektivistisch-schwelgerische, im Herzensgrund gegenstandsgleichgültige Überverfeinerung oder Schwulstigkeit der Denk- und Darstellungsweise, jener unverantwortliche, ungerichtete »Gedankenreichtum«, den man besser die Geilheit des Geistes nennen würde. (Von einer Seite aus kann man dies alles durch Einführung in die Atmosphäre des Th. Mannschen *Zauberberg* nicht übel kennen lernen.) Oder nennen wir es so: Geistigkeit, Geistreichheit ohne Härte und Rückgrat. (Der »ekelhafte« Zug des Journalismus.) Mit einem Wort: wo das Flackern und Qualmen des Geistes die intentionale Beziehung, das schlichte Sagenwollen verdunkelt und erstickt. Ob da jeder die Note des Ekelhaften bestätigen wird, dünkt mir freilich zweifelhaft. Allgemeiner wird Ekel bekundet gegen eine allzu starke gedankliche Zerfetzung eben der sexuellen Dinge; darin soll gegenüber geradliniger Triebhaftigkeit etwas Unsauberes sein. Dies ist nun allerdings eine Sache der dabei obwaltenden Intention; an sich bedeutet keine intellektuelle Bearbeitung, auch nicht die des sexuellen Gebiets, irgendeine Unsauberkeit. Es besteht hier nur die Gefahr, daß das gedankliche Verweilen und Wühlen selbst allzusehr zu einem Stück Geschlechtsleben wird, kraft der ungeheuren Abwandlungs- und Amalgamierungsfähigkeit des Sexualtriebs; und dadurch entsteht so etwas wie eine zäh anhaftende »Schimmelkruste« am Gefühlsleben (vgl. IV. 1). Zur Ekelwirkung trägt bei, daß es sich hier um einen wesenhaft »fortschreitenden«, »infektiösen« Vorgang handelt, etwas auch im formalen Sinne »Haltloses«, alles »Angreifendes«, Fäulnishaftes: und dabei doch Ungerichtetes, Undynamisches, im eigenen Dunstkreis Strudelndes.

c) Zum moralisch Ekelhaften zählt weiter die *Lüge*, bzw. der Charakterzug der *Verlogenheit*. Wieder befassen wir uns nicht mit der Gesamtethik der ganzen Unkorrektheits-Phänomene, nur mit ihrer Beziehung zum Ekel. Der Abscheu, der uns bei der Feststellung »Lüge!« durchzuckt, scheint einen Bestandteil von Ekel zu enthalten; deutlicher aber ist das Ekelelement vertreten in der Abneigung, die wir gegen einen als verlogen bekannten Menschen bekunden. (»Verlogenheit« ist weder ein bloßes »Vorkommen« von Lügen bei einem Menschen, noch weniger ein Hang zur Selbsttäuschung oder pathologisches Lügenreden, sondern eine innere Gleichgültigkeit gegen Wahr und Unwahr, kraft welcher man wohl auch sich selbst belügt, mit sich selbst nicht ins Reine zu kommen müht, aber auch, bei Vorhandensein irgendeines inhaltlichen Motivs, ohne jede innere Erschütterung bewußt Falsches aussagt.) Was der Lüge die Note des Ekelhaften einträgt, ist zunächst ihre gleichsam wurm- oder schlangenartig verkrümmte, versteckte Aggressivität; es ist schon ein ganz robuster Ekel, der einen erfaßt, wenn man etwa Schmeicheleien aus jemandes Mund anhören muß, den man sich im Grunde nicht wohlgesinnt weiß. Also etwas mindestens formal Feindliches, mich bezwingen Wollendes, das zugleich in meine Nähe dringt, auch in eine Nähe, die einer drohenden Gewalt immer und von vornherein verwehrt bliebe. Dazu kommt nun noch die Seite der Lüge, die nicht *unmittelbar* den Angelogenen betrifft: der Tatbestand der beabsichtigt falschen Aussage, d.h. Eindringen des unmittelbar »Lebensmäßigen« (sei es »Interesse« im faßbaren Sinne, sei es Impuls oder sonst ein »Lebensmotiv«) in die Sphäre intentionaler Betätigung, die für die reine Sachbestimmtheit vorbehalten ist und gerade in *diesem* Sinne dem geistigen und dem vitalen Leben überhaupt dient. Gewiß gibt es beabsichtigt falsche Aussage, im Gegensatz zum Irrtum, nur im Hinblick auf einen – sei es noch so imaginären und abstrakten – Zuhörer; der aber ist von dieser Seite aus betrachtet nur ein Grenzfaktor: die Lüge selbst, als ein geistiges Gebilde, beinhaltet die obenerwähnte verbogene, »aufgeweichte«, mit sinnwidrigem Lebensstoff »angeschwommene« Sachintention. Bei der Verlogenheit drückt sich dies naturgemäß noch greifbarer, substanzieller, irgendwie fäulnishafter aus, da hier die Person des Belogenen sowie das (gleichfalls vorhandene) Sachliche des unmittelbaren Anlasses gänzlich zurücktreten, im Vordergrund aber die Erscheinung steht, daß der Betreffende dort, wo dies selbstverständlich wäre und durch die Sachlage selbst angekündigt wird, nicht sich selbst gibt, – daß er dort, wo er durch das System seiner Sachintentionen hindurch erfaßbar sein sollte, durch eine Schicht schleimiger, schmutziger »Lebenshaftigkeit« verdeckt wird. Dem ist hinzuzufügen: 1. daß selbstredend jene »Erfassung« einer Person, als Ganzes, auch sonst immer nur eine recht unvollständige sein kann und soll, dies aber die Forderung und Möglichkeit der sachlichen Schlichtheit und Offenheit, des Nichttäuschens, keineswegs berührt; 2. daß der im obigen Sinne ekelhafte Zug – mit einer gewissen Winkelabweichung – auch dem nur »innerlich« verlogenen Charakter anhaftet, also dem krummen, täuschungsvollen, feigen, durchgängig affektbeladenen Denken und Überzeugungsleben selbst.

d) Ähnlich ist der Ekel über jede Art von *Falschheit*, Untreue, Verrat usw. zu beurteilen; Abschattungen und Gradunterschiede dieses Ekels müssen uns nicht weiter aufhalten. Besonderer Erwähnung wert erscheint mir aber jene Spielart der Unkorrektheit bzw. Unechtheit, die im weitesten Sinne als *Korruption* bezeichnet werden kann. Der Menschheit Bewußtsein erachtet es für »schmutzig« und daher ekelhaft, wenn die Wertmannigfaltigkeit des Lebens und namentlich die Gruppe hochgewürdigter Werte auf die Ebene des Geldwerts gebracht, gleichsam in Geldwert eingeschmolzen wird. Zunächst liegt hier Lüge – Falschheit – vor, denn nicht um einen universal durchgeführten aufrichtigen Ökonomismus (ein Ding der Unmöglichkeit) handelt es sich hier, sondern um ein Vortäuschen von selbstgeltenden Werten, die nur mehr maskenhaft das Geldinteresse verdecken (z. B. von selbstlosem Dienst der Öffentlichkeit bei der Korruption im öffentlichen Leben). Damit aber ist die spezielle »Schmutzigkeit« der Erscheinung noch nicht gekennzeichnet; sie geht vielmehr auf die spezielle *Eignung* des Geldinteresses, andere Werte auszuhöhlen und auf ihre Stelle zu treten, zurück. Unwillkürlich steigt uns hier das Bild einer gestaltlos gewordenen, gleichförmig-breiigen, gleichsam »kariösen« Masse auf, welche sich an Stelle des gesunden Gewebes mit seiner lebensvollen Mannigfaltigkeit als ein lebennachahmendes Totes einfrißt. Gerade darin aber ist der Wesenszug der »Korruption« fest begründet, daß jene verdrängten Werte – Ehre, öffentliche Wohlfahrt, Überzeugung usw. – nicht einfach verschwinden und einem homogenen Kosmos des Geldwerts den Platz räumen (dies wäre eher als ein metaphysischer Absturz denn als »Korruption« anzusprechen), sondern teils als Masken, teils aber (denn nur so ist es in Wahrheit überhaupt möglich!) in abgeschwächter und entwurzelter Form auch als wirkliche Wertmächte fortleben. In dieser wesensmäßig fortschreitenden – oder doch immer notwendig vorzudringen scheinenden – Lockerung und Aushöhlung liegt gerade das Fäulnishafte der Erscheinung, das Bild einer verwesenden lebendigen Substanz. Es stimmt vollkommen dazu, wenn die Korruption meist auch einen Fäulnisglanz, eine Scheinblüte zeitigt: eine gewisse Art von Regsamkeit, Spekulation, eine buntschillernde Oberfläche von Qualitäten, Novitäten, Scheinwerten aller Art, die die dumpfe Allmacht des Mammons bedeckt. Ohne Zweifel liegt auch hier ein »Lebensplus« in seiner Art vor; und der sich dagegen richtende Ekel berührt sich eng mit dem Überdrußekel, dessen Gegenstand eben die »öde Fülle« ist. Erwähnenswert ist auch, daß der hier einschlägige Ekel so nah mit dem Ekel an der *Unvornehmheit* verwandt zu sein scheint. Unvornehm ist die gleichförmige, rohe, ihrer eigenen Durchsetzung und Verbreiterung restlos verhaftete, problem-, ideal- und schrankenlose Lebendigkeit; nun aber kann das Geld, der *nervus rerum*, einen ähnlichen rohen Lebensmonismus begründen, wie der ursprüngliche biologische Lebensdrang. (Die Soziologie dieser Erscheinung will in diesem Rahmen nicht untergebracht sein.) Es liegt indes auf der Hand, warum wir doch angesichts des Mammonismus weniger den Atem eines urwüchsig-physiologisch Ekelhaften und mehr den Geruch des Schmutzes, ja auch – trotz einer weitgehenden inhaltlichen Verschmelzung mit dem ur-unvornehmen rohen Lebensinteresse – die Atmosphäre der Wurmstichigkeit und des Niedergangs verspüren. Das hier drauflos drängende Lebensinteresse begreift zwar unter den obwaltenden sozialen Verhältnissen auch die biologischen Grundbedürfnisse in sich, bezeichnet aber seiner Gesamtstimmung und Intentionsfülle nach durchaus nicht einfach die Übertragung des biologischen Lebenwollens in »zivilisierte« Verhältnisse, sondern ein Wertstreben, das auch vom rein biologischen Standpunkt aus Verarmung und Verbiegung in sich birgt.

e) Wir beschließen diese Aufzählung mit einem Hinweis auf die Ekelbeziehung aller *moralischen* »Weichheit«: wir meinen Haltlosigkeit, Schwabbeligkeit, – Charakterlosigkeit nicht so sehr im Sinne der Treulosigkeit und Falschheit, als im Sinne der Formlosigkeit, der inneren, wesenhaften, unerzwungenen Rückgratlosigkeit. Die innere Unfähigkeit zu festem Wollen, Stellungnehmen, Ausharren gehört mehr in diesen Kreis als etwa die eigentliche Feigheit, die eher verächtlich als ekelhaft ist, da sie von der Person kein substanziell-anschauliches Bild bietet. Hierher gehören aber auch Rührseligkeit, Duselei, ja auch unklare Schwärmerei, die ganze Ungediegenheit des geistig-moralischen Lebens. Gegen all dies kann – ohne es immer zu müssen – ein Ekel im Betrachter aufkochen. Er ist ähnlich dem schon erwähnten Ekel gegen das selbstherrliche Schwelgen der Geistigkeit, nur betrifft er nicht die Gesamtanordnung und allgemeine Intentionierung des geistigen Lebens, sondern die nähere Beschaffenheit seiner Gebilde einschließlich aller seelischen Regungen. Einen Ekel dieser Art empfinden manche (mich inbegriffen) über jene Anhimmelung der Seele und der Gefühlszustände, die namentlich einen Teil der russischen Literatur und noch mehr die Ideenwelt ihrer Beweihräucherer auszeichnet. Es ist wieder das schmelzende und quellende, der festen Formung, Auswahl, Zweck- und Sinnhaftigkeit widerstrebende »Leben«, das dabei ekelhaft wirkt: das Mißverhältnis zwischen kargem Wertgehalt und betäubender Duftfülle des Lebens. (Im tieferen Sinne ist all dies seelische Treiben natürlich auch falsch und verlogen, da echte Lebenskraft, Seelengröße usw. immer auch Härte, Festigkeit, Formwillen bekunden; im einzelnen kann jedoch darum das Fühlen ein echtes und aufrichtiges sein. Letzteres ist wohl mehr der Fall bei den russischen als bei den deutschen Vertretern des russischen Seelentums.) Nicht ohne Grund fällt aller lebendige »Stoff«, der sich als solchen allzusehr spüren läßt, nur zu leicht in den Verdacht beginnender Fäulnis. Denn es ist ein höchst bedeutsamer Befund der Erfahrung, daß leichte Fäulnis den spezifischen Geruch und Geschmack des von ihr befallenen Stoffes noch nicht unterdrückt, ihn vielmehr noch charakteristischer (*haut-goût!*) hervorlockt, somit den im Stoff steckenden eigenartigen und irrationalen »Lebensgehalt« noch in die Höhe peitscht. Nur selten wird der Kundige an einer überaus gefühls- und tiefvoll in die Welt triefenden »Seele« – wo also in dieser selbst die Hauptbetonung liegt und sachliche, wenn auch tiefbegründete und schwer formulierbare Ziele fehlen, – den Beigeschmack der Auflösung und der Unsauberkeit vermissen.

4. Die Beziehung des Ekels zu Leben und Tod

Zusammenfassend stellen wir fest, daß der Ekel durch die Nähe, bzw. die in dieser Nähe liegende »anfechtende« Einwirkung von Gebilden, deren Seinsart in bestimmter Weise auf »Leben« und auf »Tod« hinweist, hervorgerufen wird. Was ist nun unter dieser »bestimmten Weise« und was ist unter jener »Anfechtung« zu verstehen?

a) Das Lebensplus im ekelhaften Gebilde bedeutet: »Unterstreichung«, »übertriebene Darstellung«, »überladene Ausprägung«, »aufgeschwollene Redundanz« der Lebendigkeit und Organizität – gegenüber Norm, Gerichtetheit, Plan des Lebens, gegenüber seinem *Gerüst*: ein Wort, in dem die Bedeutung des Anorganischen, des von Leben Ungesättigten, sozusagen des Skizzenhaften für das Leben im vollen Daseinssinne des Wortes angedeutet ist. Es mag sich in diesem Lebensplus um eine mehr oder weniger ausgebildete Seite des daseinshaften, zusammengehaltenen individuellen Lebens selbst (roher, unvornehmer, gleichsam »schwitzender«, »rauchender« Lebensdrang) oder aber um die *danse macabre* der Belebtheit bei Aufhören des eigentlichen »person«-mäßigen Lebens, bzw. der Teilnahme an ihr (Verwesung, Abstoßung und Ausscheidung von Stoffen) handeln; es mag auch die Frage verschieden zu entscheiden sein, wieweit dieser Erscheinung eine metaphysische Gültigkeit zukommt und wieweit sie durch das assoziative Denken der Subjektperson ergänzt oder erzeugt wird: im Phänomen des Ekelhaften ist dies Lebensplus notwendig enthalten. Nach unserer Meinung – die vielleicht durch Einiges in dem bisher Dargelegten gestützt wird – entspricht auch diesem Phänomen etwas metaphysisch Bestehendes; der Gegensatz »redundierender Lebensschwingung« und »gegliederten zweckhaften Lebens« selber ist eine metaphysische Gegebenheit und nicht der Alptraum empfindsamer Einbildungskraft. In jedem empirischen Fall freilich, wohl auch in jedem Ekeltyp, mag der Anteil der letzteren wechseln. Sein Mindestmaß dürfte er im reinen Fäulnisekel annehmen.

Die hier als Ekelmotiv gekennzeichnete »Lebensüppigkeit« steht weiter in Beziehung zum »niederen« Leben im Gegensatz zum höheren, durchgeistigteren; sowie zur »Verschmelzung« im Gegensatz zu Abgrenzung und Individualität. Das »nieder organisierte« Leben neigt nämlich mehr zu hemmungslosem, qualitätsgleichgültigem Wuchern; Geist bedeutet immer Spannung, Hemmung, Brechung und

Maßbestimmung. Niederes Leben ist gewissermaßen nackteres Leben, mehr Nur-Leben. Lediglich in diesem Sinne hat das »Niedere« etwas mit Ekelmotiven zu tun; Körperlichkeit, physische Kraftfülle, Robustheit, Erdhaftigkeit gehören keineswegs in diesen Kreis. Nicht das feste Wurzeln in den niederen Seinssphären, auch nicht diese selbst, nur ihr ungeordnetes, gleichsam anspruchsvolles, der Intention nach »unendliches« Aufschwellen kann Gegenstand des Ekels werden. Das schlüpfende, fast unterirdisch anmutende Ungeziefer nennen wir nicht etwa »erdhaft« (wie eine gewisse, so recht das Gegenteil von Ekelhaft vorstellende Menschensorte), vielmehr erweckt es die Phantasievorstellung eines bewegten, tobenden, ungehörig verlebendigten Erdbodens. Gierige Gefräßigkeit mag ekelhaft sein, nicht aber eine Vorliebe für tüchtige, substanzielle Mahlzeiten, usw. – Was die Vermischung und Undifferenziertheit angeht, so denke man etwa an die Fäulnis mit ihrem unendlichen Ausbreitungs- und Homogeneisierungsdrang; an die Ekelelemente der Feuchtigkeit, Breiartigkeit, Klebrigkeit. Auch die »Lebensüppigkeit« (im hier gebrauchten Sinne) überhaupt trachtet Grenzen zu durchbrechen, alles Umgebende zu durchdringen. Sie steht im schärfsten Gegensatze zu individueller Formung und Abschließung; man vergegenwärtige sich nur den Begriff der »Orgie«, der »Unzucht«, oder aber Dinge wie »Geschwulstwachstum«, wie »Plasmodium« usw. Indes Gemeinschaft in diesem Sinne soll nicht etwa mit Beziehungsreichtum oder mit Liebesgemeinschaft verwechselt werden. Nicht um ein Aufgreifen, Umarmen, Wesenserleben des fremden Seins handelt es sich, sondern um ein Dahinschmelzen, ein Aufhören – sei es ganz oder teilweise; letzteres ist für den Ekel wichtiger – der Sonderwesen. Die Art, wie uns der Gegenstand im Ekel anspricht und anzüngelt, ist nicht die einer – wenngleich unerwiderten oder sonst irgendwie irrenden – Liebe, vielmehr steckt darin etwas Ungutes, Liebloses, ein Trachten nach unserem Sein, ein höhnisches Grinsen über unsere unabstreifbare Affinität zu diesem »ekelhaften« Gebilde da. Es geht hier nicht um Vereinigung und feste Bindung, sondern um ein hemmungsloses Mit- und Durcheinander, dessen Kehrseite Zerfall, Verstauben, universelle *Gleichgültigkeit* sind (Gewimmel). Der vollen Intention nach ist es Tod und nicht Leben, was sich uns im Phänomen des Ekelhaften ankündigt.

b) Für die Todesintention im Ekelanlaß ist dies am bezeichnendsten, daß sie überall seiner Lebensintention selber innewohnt, als führte das an ihm hervortretende Mehr-Leben gleichsam kurzschlußmäßig in den Tod über, als entspränge dieses potenzierte und verdichtete Leben einer ungeduldigen Todessehnsucht, einem Verschwenden-, Verausgabenwollen der Lebensenergie, einer makabren Ausschweifungslust der Materie. Zunächst liegt hier ja immer ein trotz der Note überbetonter »Fülle« in seinen Dimensionen verarmtes Leben vor, eine Desertion aus dem Gesamtgefüge des Lebens, ein Überschäumen *eine* Lebenslinie entlang. Die intentionalen Hintergründe, die Blickperspektiven, der Ganzheitscharakter fehlen dabei, das Leben wird in ein wesenhaft gleichförmiges »Fluidum« des Lebens hineingepreßt. (Vgl. dazu die Lebenshaftigkeit der Fäulnis, des Abfallsstoffes, des Gewimmels, der unsachlichen geistigen Überschwenglichkeit.) *In* diesem Mehrleben selber wohnt das Nichtleben, der Tod. Freilich kann diese Vertotung auf dem Wege der Lebenskumulierung, die – etwa dem schlichten Sterben, Schwinden gegenüber – in ihr liegende sonderbare Verzerrtheit, etwa eine in den Rahmen der Totheit hineingezauberte Belebtheit, auch sehr »interessant« anmuten, was bei ekelhaften Gegenständen oft der Fall ist; das Ekelhafte in verdünnter, angedeuteter Form hat eine gewisse Beziehung zum »Pikanten«. Liegt doch im Ekelhaften – und zwar in seinem Sosein, nicht in seiner daseinsmäßigen Brauchbarkeit – eine zunächst fast wertneutrale »Einladung« zur »Befassung« mit ihm. Dies aber ändert nichts an seinem stets todesschwangeren Charakter. In den meisten und typischsten Fällen geht der Ekelsgegenstand mit sichtbaren Schritten seinem eigenen Zerfall entgegen, sei es in Form der fäulnismäßigen Zersetzung, der Desorganisierung, des Zerstiebens, der Erbeutung durch niedriger gelagerte, rohere Lebenskräfte (z. B. im Sozialleben Diktatur als Ende der Korruptionsepoche mit ihrer Sumpfblütenfülle). Eigens muß jene Art der ekelhaft sein könnenden Lebensüppigkeit erwähnt werden, die zwar Armut, Gleichförmigkeit und Linearität, nicht aber – will man sich gewagter metaphysischer Annahmen enthalten – pathologische Entartung in sich schließt: die Unbändigkeit der Fortpflanzung und des Wachstums. Darin ist das rasch eintretende Absterben, die Überbetonung des Auf und Ab des Lebens intendiert – man vergegenwärtige sich die Erscheinung »Eintagsfliegen«, »Mückenschwärme«. Für das Individuum, die eigentlich geformte Lebenseinheit, bedeutet hier das Leben nichts als den Tod. Gebilde dieser Art sind es, die der Lebensdrang-Idee Schopenhauers und der These, daß der eigentliche Sinn des Lebens der

Tod sei, recht zu geben scheinen. In all dieser Kurzlebigkeit und Abortushaftigkeit aber, gepaart mit Schnellebigkeit und wildem Lebenseifer, liegt etwas Ekelhaftes, wie zweifellos auch (für den Europäer) im tropischen Rhythmus des physiologischen, auch des Pflanzenlebens.

Die sich weiter ergebende Todesintention ist nun die daseinsmäßige: die »Schädlichkeit« der ekelhaften Dinge, ihre Aggressivität, – die Drohung, den in ihnen selbst wirksamen Zerfall auf alles, was sie berührt, zu übertragen. Das muß nicht heißen, daß der Zerfall sich in derselben Form, etwa wie eine ansteckende Krankheit, verbreitet, sondern daß er wieder Zerfall und Schwächung in irgendeiner Form erzeugt, und zwar nicht rein »feindschaftsmäßig«, wie schlechthin ein Gift, sondern doch in gewissermaßen ansteckender Art, auf Grund eines »Verkehrs« mit dem Angegriffenen. Keineswegs ist indes alles Ekelhafte auch »schädlich«, aber es ist doch in recht wichtigen Fällen eine solche Beziehung vorhanden: Giftigkeit faulender Stoffe, Bösartigkeit von Insekten, Verbreitungsdrang und boshaftes Streben sittlicher Verkommenheit. Nur freilich steht beim Bild des Ekelhaften – als solchen – die »Gefährlichkeit« und also überhaupt die Daseinsbedeutung niemals an zentralem Ort. Soweit dies der Fall ist, besteht Angst und nicht Ekel. In der Tat sind ekelhafte Gebilde sehr häufig vorwiegende Gegenstände der Angst, des Grauens, sind schrecklich oder unheimlich. Solange aber der Ekel vorherrscht, wird die *Beschaffenheit* des Gegenstandes einschließlich seiner Expansivität und Aggressivität, nicht aber die von ihm ausgehende Gefahr intendiert. Im allgemeinen ist ja Voraussetzung seiner Wirksamkeit eine mehr-minder freie Hinwendung und Annäherung des Subjekts, z. B. daß man die verdorbene Speise auch wirklich verzehrt usw. Auch wird die gefürchtete Wirkung des Ekelhaften mehr nur als eine peripherische, »lästige«, nicht als eine tödliche, lebensdurchdringende gemeint. Man fürchtet, sich mit dem Gegenstand zu *beschmutzen*, von ihm angeklebt zu werden, wohl auch, mit ihm in eine gewisse Gemeinschaft, ein dauerndes, auf einen selbst abfärbendes, die eigene Person beeinträchtigendes Verhältnis zu treten; – nicht aber, zu sterben, physisch schwer »beschädigt« zu werden (also überhaupt den eigenen Gesamtzustand intendierend), und auch nicht, mit jenem Gegenstand metaphysisch eins zu werden, sein Ich zu verlieren. (Auch der letzteren Intention entspricht vielmehr Angst.) Man denkt im Ekel überhaupt nicht an die »Folgen« einer näheren, etwa aktmäßigen Berührung, sondern an die dabei eintretende Verstärkung des Näheverhältnisses, die »drohende« Steigerung des Ekels selber durch Versenkung in den Gegenstand; und allenfalls noch an den aggressiven, störungslüsternen, Abwehr heischenden und eine Bejahung der Nähe schon allein »widerratenden« Charakter desselben schlechthin. Die oben erörterte *Todesintention* bezieht der Angeekelte nicht auf sein Sterben oder seinen Zustand nachher oder sein geistig-sittliches Ersterben, sondern – soweit überhaupt die eigene Person mitintendiert wird, und dies ist schon kraft der Nähevorstellung der Fall – auf sein Hineingestelltsein in Totes und Toderfülltes: allerdings mit Rückbeziehung auch auf seine eigene *Verwandtschaft* damit, nicht aber auf die Wendungen seines Schicksals. Hier sind wir bei der Frage nach der Art der »Anfechtung« im Ekel angelangt.

c) Die vom Ekelhaften ausgehende »Anfechtung« trägt – der im Kap. II beschriebenen »Ambivalenz« des Ekels gemäß – einen Doppelsinn. Sie ist Einladung und Abschreckung, Lockung und Drohung zugleich; die im Ekelhaften liegende »Koketterie« ist bereits von der dekadenten Dichtung erkannt worden. Gewiß überwiegt darin das Negative; das unterliegende positive Element steigert nur die Heftigkeit der Abwehrreaktion, indem ja diese sich einem Gebilde gegenüber, dem man auch zu nahen sich versucht fühlt, durchsetzen muß. Es ist natürlich nicht im entferntesten so, als würde einfach die Anziehung durch einen mystischen »Druck der Kultur und Erziehung« in Abstoßung umgestülpt; das Element der Abstoßung ist gleichfalls wurzelfest da. Allein es ist gleichsam erst die Einladung, welche die Abschreckung aktualisiert. Das Ekelhafte wird nur aktuell geflohen, weil es sonst aufgegriffen würde und das eben ganz ursprünglich nicht werden darf. Ursprünglich: nicht infolge nachteiliger Erfahrung hinsichtlich der Folgen, sondern kraft echter Soseinsbezugnahme auf den Gegenstand.

Grob gesprochen, stellt sich die Anfechtung im Ekel inhaltlich auf die Weise dar, daß der Gegenstand für das Subjekt zugleich Leben und Tod (letzteren im endgültigen, überwölbenden Sinne) bedeutet und beides dicht an dasselbe heranträgt. Das Angeregtwerden durch das sich hier präsentierende »Lebensplus« wird namentlich durch die Anknüpfung an funktionale Seiten der Subjektperson erklärt: in ihr entsteht die Versuchung, den Gegenstand zu essen, zu berühren usw. Aber auch die Todesintention trifft den Angeekelten unmittelbar;

das Angeregtwerden und seine innere Verneinung ist nur für die Aktualisierung und Redundanz der Abwehr, nicht für die Bildung der Abwehrstellung selbst verantwortlich zu machen. Dieser Kontakt beruht auf der »Verwandtschaft« des fühlenden Menschen selber mit jenem todhaften Leben. Letzteres »droht« nicht bloß, wie etwa ein gefährlicher Gegenstand, der andererseits schön ist und daher doppelt unheimlich berührt (z. B. ein schöner Tiger, ein großartiger Wasserfall sind nichts weniger als ekelhaft; ebensowenig eine schöne, aber als herrschsüchtig bekannte Frau oder eine schmackhafte, aber verbotene Speise!), – sondern es besteht auch hier eine gewisse intime, allerdings verneinte, Wesens-(Soseins-)beziehung. Die im Ekelhaften gegenwärtige Todesfratze mahnt uns an unsere eigene Todesaffinität, unsere Todesunterworfenheit, unsere geheime Todeslust: also nicht wie der Totenkopf mit der Sanduhr, an die rein daseinsmäßige Unentrinnbarkeit des Todes, ähnlich der erbarmungslos herannahenden Hinrichtungsstunde eines zufällig zum Tod Verurteilten, sondern an unsere *Wesens*botmäßigkeit dem Tod gegenüber, den Todessinn unseres Lebens selbst, unser Bestehen aus todgeweihter, man könnte sagen todestrunkener, verwesungsbereiter Materie. Das Ekelhafte hält uns keine Sanduhr, sondern einen Vexierspiegel vors Auge; und nicht den Totenschädel in seiner trockenen Ewigkeit, sondern gerade das, was am Totenschädel nicht mehr dran ist, in seiner triefenden Verwesung.

Dessenungeachtet aber bedeutet der Ekel nicht etwa Angst und Grauen vor der eigenen Auflösung, kein Verweilen bei der eigenen Brüchigkeit, vielmehr ein auf den Gegenstand bezogenes Übelsein, ein Durchhuschen seiner Beschaffenheit, seines Soseins, in einen entfernenden Stoß gegen denselben mündend. Erst wenn man über Ekelhaftes und Ekel nachdenkt, meditiert, der eigenen Bestimmung als »Fraß der Würmer« gewahr wird, verfällt man in jene erstgenannte Einstellung. Im Ekel selber greift sie nur soweit Platz, als man etwa von Teilen seines eigenen Leibes oder Lebens angeekelt wird. Im Vordergrunde des Ekels bleibt der Gegenstand mit seinem Sosein. Besser gesagt: mit seinem Sosein, samt dem speziell betonten Daseinsmoment der Nähe. Wir sagten »entfernender Stoß«; eine so heftige, gleichsam triebmäßige Abwehrreaktion wäre ja bei voller Ausschaltung des Daseinsmoments (deren maximalen Grenzfall in der ästhetischen Bewertung zutage tritt) gar nicht möglich. Nur richtet sich diese Daseinsintention nicht auf die eigene Lage schlechthin (den eigenen Bestand!), mit ihrer Bedingtheit durch die Wirksamkeit des Gegenstandes; sondern auf diese *Nähe* des Gegenstandes. Nähe als sinnliche Wahrnehmbarkeit, »Spürbarkeit«, Naheliegen funktionaler Beziehung, Verkehr und Gemeinschaft. Eine Nähe, die zwar aktuell wie jede Nähe zufällig-daseinsmäßig zustande kommen mag, aber eine »Nähe« im vollbetonten Sinne erst vermöge der eigenen Beschaffenheit, des eigenen »*Nisus*« der Subjektperson ist; wir möchten sagen eine »substanzielle Nähe«, ein »metaphysisches Milieu«. Es ist dies nicht der einzige Fall, daß eine Daseinslage durch eine Fülle von Soseinselementen bestimmt und gestaltet wird – und daß andererseits die Daseinslage selbst wieder in einem Sosein vertreten ist, dieses Sosein durchwaltet. Denn dies erst läßt uns die Angelegenheit gewissermaßen begreifen: daß – worauf wir einmal schon anspielten – diese substanzielle, auf unseren *allgemeinen* Seinseigenschaften mit beruhende Nähe im *speziellen* Sosein des ekeleinflößenden Gegenstandes verdichtungsweise vertreten ist. Der Ekel präsentiert der Subjektperson nicht sie selbst: dazu wird ihr Gesamtsein zu wenig aktuell berührt, ihre Seinsgestaltung zu wenig beeinflußt; im Erlebnis wird vielmehr die spezielle Lage, in der sie sich befindet, intendiert. (Denn das Erlebnis knüpft zwar an das menschliche Sein überhaupt, nicht aber – außer in inhaltlich besonders bestimmten Fällen – an die Sonderprobleme der betreffenden Person, noch auch an die organische Entwicklung der sie umgebenden, ihr bevorstehenden Ereignisse an.) Nun aber bildet diese spezielle Lage, die Nähe jenes Gegenstandes mit der eigentümlichen Lebens- und Todesintention, mit der Beschaffenheit des Gegenstandes selbst, mit seiner Lebens- und Todesdemonstration, eine Einheit. Im Gegenstand selbst ist eine »perverse« Nähe von Elementen, eine durchgängige Nähe, die zugleich Lebensschwüle und Verneinung der lebensformenden Spannungen bedeutet, enthalten: eine Nähe, die aus ihrer innersten Natur heraus auf Ausbreitung, auf lawinenartiges Anschwellen abgestimmt ist. Das bloße zufällig-daseinsmäßige »In-Sicht-Sein« eines in diesem Sinne nähehaltigen Gegenstandes tritt dem Subjekt gegenüber schon als eine vollgetönte, aggressive, »heiße«, anklebende Nähe auf. Der Gegenstand ist ihm einheitlich als »dieser näheerfüllte Gegenstand da« gegeben. Daher die wegstoßende Abwehrreaktion gegen ihn nebst seiner zentralen Soseinsintendierung. Und auf diese Art gewinnen wir augenscheinlich ein gewisses Verständnis des Zusammenhangs zwischen formalem und materialem Sinn des Ekels, seiner Gegenstands-Soseins-Intention und seinem Streben nach Abwehr des Todes und Verweigerung der Gefolgschaft an ein lebensverratendes Lebensschwelgen. Auch dem Verständnis jenes Sonderphänomens sind wir hierdurch näher gekommen, daß unter Umständen die Nähe eines Gegenstandes, der an sich der Beschaffenheit nach nicht ekelhaft wäre, ihn selber, sein Sosein »ekelhaft« erscheinen lassen kann: wie es beim Überdruß oder bei einer verabscheuten sexuellen Annäherung mit dem betreffenden Genuß, bzw. Körper der Fall ist. Der Ekel ist hier zwar primär ein »Sachverhaltsekel«, allenfalls ein subtilerer, moralischer Ekel; aber er konzentriert sich womöglich auf den anschaulichen, soseinseinheitsmäßigen Gegenstand, der Hauptträger jener moralischen Bewandtnisse ist. (Bei vielen anderen Gefühlsregungen geht eine »assoziative Übertragung« ähnlicher Art lange nicht mit solcher Wucht vonstatten; z. B. Angst vor gewissen Schicksalsmöglichkeiten wird noch lange nicht so selbsttätig zur Angst vor den Menschen, die an der Gestaltung derselben beteiligt sind.)

Zum Schlusse sei noch vermerkt, daß durch die Möglichkeit all dieser Erörterungen selber unsere Anfangshypothese von der Einheit des Ekels und – in gewissem Sinne – des Ekelhaften eine Bestätigung erfährt. Die Verwandtschaft des moralisch Ekelhaften mit dem physisch Ekelhaften ist keine bloße Kopie von Formverhältnissen, vielmehr eine – auch durch zahlreiche Übergangserscheinungen (vgl. Lebensdrang überhaupt, Sexualität, Überdruß usw.) bezeugte inhaltliche Wesensgleichheit. Diese Feststellung soll auch zur Würdigung der Bedeutung des Ekels als Lebensangelegenheit beitragen.

IV. Zur Ethik des Ekels

> Denn greulich vor uns, wildverschlungen floß
> Ein Strom von Aas, auf dem die Sonne tanzte.
> — — — — — — — — — — — — — — — — — —
> Ich nannt' mich Liebe, und nun packt mich auch
> Dies Würgen vor dem scheußlichsten Gesetze –
> — — — — — — — — — — — — — — — — — —
> Mein Vater du, so du mein Vater bist,
> Laß mich doch lieben dies verweste Wesen,
> Laß mich im Aase dein Erbarmen lesen:
> Ist das denn Liebe, wo noch Ekel ist?!
> — — — — — — — — — — — — — — — — — —
> Er neigte wild sich nieder und vergrub
> Die Hände ins verderbliche Geziefer:
> Und ach, von Rosen ein Geruch, ein tiefer,
> Von seiner Weiße sich erhub.
> F. Werfel: *Jesus und der Äser-Weg*

1. Die ethische Funktion des Ekels

Im vorhergehenden Kapitel wurde die Rolle des Ekels in der moralischen Ablehnung, in der Erkenntnis des Unsittlichen mit Heranziehung mehrerer Beispiele behandelt. Diese Rolle wird nicht widerlegt, vielmehr bestätigt dadurch, daß Ekel und ethische Verurteilung nicht parallel, sondern nur in einem uneindeutigen Zuordnungsverhältnis auftreten. Dasselbe gilt noch mehr etwa vom Haß und von ähnlichen Verneinungsgefühlen. Zu ihrem Charakter gehört die spezielle Inhaltsgebundenheit, der »irrationale Rest«, sozusagen ein irregulärer Dienst des Sittlichguten. Der Ekel ist kein primäres Erlebnis des Bösen, er deutet nur – soweit es sich überhaupt um Geistig-Sittliches handelt – auf Böses hin. Mit anderen Worten: er zeigt die Anwesenheit einer besonderen Qualität des Unsittlichen, nämlich des moralisch »Fäulnishaften«, »Angefaulten«, an. Um diese Qualität etwas näher zu umschreiben, vergleichen wir den Ekel mit einem ihm verwandten, allgemeineren moralischen Verwerfungsgefühl, der *Verachtung*.

Obwohl sie nicht jede Wertaberkennung gleichermaßen begleitet, ist die Verachtung ausgesprochen ein Urteilsgefühl. Sie setzt das ungünstige Urteil über ihren Gegenstand nicht nur logisch, sondern im aktuell-erlebnishaften Sinne voraus. Nur bei einem urteilsfähigen, urteilsgewohnten Menschen ist Verachtung möglich. Verachtung ist eine Stellungnahme, die nicht nur begründet werden kann, sondern die eigene Begründbarkeit leuchtend auf der Stirn trägt, im Falle einer wirklichen Widerlegung aber tatsächlich zum Erlöschen kommt. Andererseits aber scheint auch die Verachtung in ihrer schlichten Gefühlsmäßigkeit etwas über das ablehnende Urteil hinaus zu enthalten, einen Stich ins Biologische, einen Anflug vom Ekel selbst. Im einzelnen kann ein Gegenstand Verachtung ohne Ekel erwecken, im allgemeinen aber, scheint uns, setzt Verachtung die Ekeltönung voraus. In sehr vielen Fällen sind Ekel und Verachtung im moralischen Ablehnungsgefühl vereint; man pflegt auch jemand »wie einen Wurm zu verachten« usw. Nicht alles ethisch Verurteilte wird zugleich verachtet, und auch im außerethischen Wertleben gibt es etwas, das mit Fug Verachtung genannt werden kann. Die Verachtung richtet sich nicht sowohl schlechterdings auf das Wertwidrige als vielmehr auf das Geringe, Unvornehme, Unfähige und Versagende: und zwar namentlich dann, wenn dasselbe doch Wertansprüche erhebt, eine günstige Beurteilung erkämpfen will, um die Gunst des Subjektes buhlt. Auch darin zeigt sich die Analogie mit dem Ekel: als stäke in der Verachtung ein formalisierter, erkalteter, normierter Ekel. Verachtung und Ekel stimmen darin überein, daß sie beide dem Wertwidrigen gelten, das zugleich elend, brüchig, in der Niederlage befindlich ist, sei es auch nicht in jeder Hinsicht, aber von gewissen Wesensgesichtspunkten. Doch die Verachtung betrifft dabei mehr das Element der Unzulänglichkeit, ethisch-willensmäßigen Nichtbewährung, niedrig-armselig-animalischen Lebensauffassung, der Ekel mehr das Element einer irgendwie »schmutzigen«, der substanziellen Fäulnis entsprechenden Beschaffenheit. Etwa Kleinlichkeit wird oft verächtlich, niemals ekelhaft sein; raffinierte und mit Geist gespickte Wollust aber viel eher ekelhaft als verächtlich. Eine Tat als solche kann verächtlich sein, für den Ekel wäre aber dieser Gegenstand zu abstrakt; er wird sich niemals gegen den nackten Tat-Bestand als solchen, sondern gegen die darin vielleicht plastisch dargestellte Persönlichkeit des Täters oder gegen die in der Tat enthaltenen oder mit ihr verknüpften konkret-anschaulichen »Vorgänge« richten. Denn andererseits erstreckt sich der Bereich des Ekels auch auf Dinge wie »Lage«, »Angelegenheit«, »Materie« (man denke hinzu: »unappetitlich«, »unsauber«!), die keineswegs »verachtet« werden können.

Daher schreiben wir dem Ekel eine unersetzliche und legitime *ethisch-kognitive Funktion* zu, welche von der Verachtung allein nicht versehen werden kann. Stünde man freilich etwa auf dem Boden des kategorischen Imperatives, so ginge dies nicht an; denn dieses Ethos kennt nur Tunsmaximen und allenfalls noch den aus ihnen »gefolgerten« Charakter. Eine Wertethik aber, welche sich aller moralischen Tönungen und Abschattungen annimmt, wird die Leistungsfähigkeit des Ekels auf diesem Gebiet nicht verkennen dürfen. Gewiß kommt dem Ekel nicht jene normative Gewißheit zu, wie der Verachtung; eine innere Vermengung mit außer-ethischen Geschmacksregungen liegt bei ihm ungleich näher, überhaupt kann er für ein abschließendes ethisches Urteil nur Wegweiser, nicht aber unmittelbar bestimmend sein. Dafür aber eignet ihm eine Urwüchsigkeit und eine Intimität des Fühlens, des »Spürens«, welche der Verachtung gänzlich fehlt und welche die ethische Orientierung in konkreten Angelegenheiten unschätzbar festigt.

Welcher aber ist jener Typus des Bösen, besser der Beziehung des Menschen zum Bösen, der speziell geeignet ist, Ekel zu erwecken, und dann urteilsmäßig: die Feststellung hervorzurufen, daß ein Mensch »unsauber«, »angestochen« sei? Nehmen wir an, ein Mensch stehe ganz im Dienste einer bösen Sache oder Leidenschaft, oder zumindest soweit er böse ist, sei er es mit vollem Bewußtsein, etwa das »gemeinhin für böse Gehaltene« für das eigentlich »Gute«, Wertvolle, Unbekämpfbare erklärend. (Die Intentionslage kann da noch eine recht verschiedene sein.) Dieser Satanismus des großen, harten Verbrechers, erstrecke er sich auch auf Regionen des Trieb- und Interessenlebens außer dem Machtwillen im engeren Sinne, ist weder im primären Sinne verächtlich noch ekelhaft; um ihn als solchen zu sehen, bedürfte es schon einer metaphysischen Perspektive, für die freilich der Teufel letzten Endes als der Betrogene figuriert u. dgl. m.; schlicht phänomenologisch ist hier weder Verachtung noch Ekel die angemessene Eindrucksantwort. Hat nun jemand, der mit seiner ganzen Überzeugung am Guten hängt, Elemente des Bösen in sich, etwa Leidenschaften und Schwächen, denen er hin und wieder oder in gewissem Sinne sogar dauernd unterliegt, so mag dies wie alle Schwäche im sittlichen Leben verächtlich sein, nicht aber so recht ekelhaft, denn dieser Mensch lebt nicht eigentlich im Bösen. Ein anderer Typus des Verächtlichen ist die kleinliche, triviale Gemeinheit, wo kein Unterliegen im inneren Kampfe stattfindet, sondern der Mensch etwa bereits im voraus sein Kompromiß mit dem Bösen schließt, das ihm leichter über die Klippen des Lebensweges hinweghelfen soll: also eine ethische Anspruchslosigkeit der Lebenseinstellung. Auch hier ist die eigentliche Domäne des Ekels nicht: die Erscheinung ist zu abgeschlossen, stabil, farbenarm, wohl auch in gewissem Sinne zu »gesund«, um wirklich ekelhaft sein zu können. Die Unsittlichkeit, die vor allem Ekel erweckt, weist eine andere Struktur auf. Sie tritt an solchen Charakteren auf, die 1. eine gewisse Distanz zum Bösen haben, nicht einfach und fest mit ihm verbündet sind, sich nicht einfach von den ethischen Kategorien lossagen; 2. mit dem Bösen aber nicht im (etwa aussichtslosen) Kampfe, vielmehr in einer immer wieder erneuerten, immer wieder aktuell werdenden Umarmung liegen, sich stets von ihm »erobern« lassen; 3. demnach auch das Böse »erleben« und, soweit dies darin vorausgesetzt ist, doch auch einen innerlichen Kampf »pro forma« ausfechten, überhaupt aus ihren moralischen Bewandtnissen ein gewisses »Geschehen« herausholen, mit ihrer Gestaltung einen »Lärm« entwickeln. Hier bietet es sich gleichsam auschaulich dar, wie eine Personsubstanz in Fäulnis übergeht, im Gegensatz zu den Typen der satanischen Hochaktivität eines einheitlichen Personstrebens (ziele auch dies auf eine metaphysische Selbstvernichtung hin), des doch noch irgendwie äußerlichen Bezwungenwerdens durch das Böse und der bloßen bequemen Tributpflichtigkeit an das Böse. In der moralischen Fäulnis wird das Innerste, Erlebnismäßige, gleichsam das Wertvollste der Person mitgenommen und erglänzt im Schimmelgischt: nicht eindeutig herrscht da ein geschlossenes böses Streben, vielmehr neigt das »ursprünglich«, mindestens *einer* Möglichkeit nach Güte- und Adelshältige ins Verworfene, in die Attitüde unverantwortlichen Lustschwelgens hinüber. Eine gewisse *Zweifelhaftigkeit*, eine oft täuschende Mehrdeutigkeit des sittlichen Vorzeichens gehört zum Wesen dieses »angefaulten« Typus, des moralischen »*haut-goût*«, wie man eine nicht mehr frische Speise, die man vorgesetzt bekommt, zunächst als »zweifelhaft«, »verdächtig« empfindet. Die Tönung des »nicht mehr«, bzw. »schon«, ist hier gleichfalls wichtig; der behandelte Typus befindet sich »fäulnishaft-schicksalhaft« in einer permanenten Hinbewegung zum Bösen. Solche Menschen geben auch zuweilen vor, einem »übermoralischen« und doch »werterfüllten« (nicht *bloß* zwingenden) »Schicksalslaufe« zu gehorchen. – Beim eigentlichen Verbrechertyp jedoch läßt die Vergleichbarkeit mit »Fäulnis« nach, da hier von einer empirischen »Zersetzung« der Person, wie sie beim verfaulten organischen Stoff der Fall ist, nicht die Rede sein kann. Geisteskrankheit aber ist wieder insofern nicht fäulnisähnlich, als in ihr nicht Lebensplus und Todesintention im Rahmen gegebener funktionaler Lebensstruktur, sondern eine Umbiegung dieser Struktur selbst zutage tritt, als in ihr überhaupt nicht Leben und Tod als substanzielle Vorgänge, sondern Zustände der gesamten (geistigen) empirischen Lebenseinheit berührt werden. Es können freilich auch Gebilde der Geisteskrankheit, ähnlich der körperlichen Verwachsenheit, »ekelhaft« wirken. Ekelhaft im zentralen Sinne aber ist nur die »moralische Fäulnis«, indem sie die etwa »pervers«, »hysterisch« unterfärbte *Auslieferung* der Wertelemente der Seele an böse und personzersetzende Strebungen und Erlebniskomplexe zur Schau trägt. Der Seeleninhalt selbst wird da »verdächtig«, »nicht einwandfrei«, seiner ganzen Bedeutung nach »verlogen«, mitsamt seinen Werten selber »angefault«, des Fäulnisprozesses schwanger. Daß dieser Typus etwas »Reizvolles«, Anlockendes haben kann, gehört mit zu seiner Ekelbeziehung; daß er dabei faktisch eher zu täuschen vermag als das physisch Ekelhafte, liegt an der geringeren Unmittelbarkeit, geringeren Dringlichkeits-Eindeutigkeit moralischer gegenüber physischen Reaktionen: auch eine reine Verbrechernatur täuscht noch mehr als ein wildes Tier oder ein unmittelbar »gefährlicher« Mensch.

Mit dem hier stattfindenden Mißbrauch positiver seelischer Werte einerseits, mit der Soseinsbetontheit des Ekels andererseits hängt es zusammen, daß das moralisch Angefaulte und Ekelhafte in besonders naher Beziehung zur *erotischen* Sphäre und ferner zum Habitus der *Rede* der betreffenden Menschen steht. Eine nähere Beschreibung dieser Phänomene und ein weiterer Ausbau der Typisierung des Bösen, wie sie hier versucht worden ist, müssen wir uns versagen.

Ein Wort noch über die ethische Bedeutung des physischen Ekels. Daß körperliche Sauberkeit und Ordentlichkeit sowie die Betätigung gewisser sozusagen gesellschaftlich geeichter Ekelgefühle eine sittliche Relevanz haben, ist allgemeine Anschauung. Sie stützt sich nicht einzig auf die hygienische Bedeutung der Sauberkeit, die wohl heutzutage auch übertrieben wird. Wenn behauptet wird, daß der äußerlich schmierige Mensch es auch meist innerlich sei, so muß dagegen das Vorhandensein eines Typus erwähnt werden, welcher peinliche körperliche Nettigkeit mit Immoralität verbindet. In jedem Grade von Sauberkeit und Ekelbereitschaft kann eine qualitativ verschiedene Intention stecken: Nachlässigkeit ist noch nicht Unempfindlichkeit, – und Sauberkeit kann aus echtem Reinheitsbedürfnis, aus erotischem Raffinement, ja auch aus Wunsch nach irgendwelcher Beschäftigung mit beschmutzenden Stoffen erfließen. Auf jeden Fall dürfte der echte Mangel an physischer Ekelfähigkeit auch eine Atrophie des ethischen »Ausschlußerlebnisses«, eine ungenügende Entwicklung der Abgrenzungs- und Distanzgefühle verraten.

2. Das Problem einer »Überwindung« des Ekels

Die Idee, die dem von uns auszugsweise als Motto verwendeten schönen Gedicht *F. Werfels* zum Thema dient: daß Ekel ebenso wie Angst überwunden werden könne und daß dies ethisch verdienstlich sei, ist bereits in mehreren Variationen verfochten worden. Ohne auf eine Parallele mit der Beurteilung von Mut und Feigheit einzugehen – eigenes Dasein, Gefahr usw. einerseits, fremdes Sosein, Verkehr, Berührung usw. andererseits sind ethisch die denkbar verschiedensten Dinge! –, versuchen wir in dieser Sache noch Einiges klarzumachen.

Zunächst einmal zwei grundlegende Unterscheidungen. Es gibt vom praktisch-funktionalen Standpunkt aus zweierlei ekelhafte Gegenstände: solche, die sozusagen schon von Natur wegen ekelhaft sind, und solche, die es nur unter ganz bestimmten Umständen werden. Zur ersten Gruppe gehören namentlich die Exkremente und die schlechthin fauligen Stoffe. Das sind »Abfälle« der Natur, die aus dem Mechanismus des Lebens ausgeschaltet, entfernt werden. Die in ihnen sich regende »Einladung« wird eindeutig durch die von ihnen ausgehende Abstoßungswirkung überwölbt. Das Ekelgefühl gegen sie ist etwas »Natürliches«, Gegenstands-Angemessenes im strengsten Sinne, »ekelhaft« ist hier ein Charakteristikum wie die Farben- oder Konsistenzbezeichnung. Anders verhält es sich mit Gegenständen, die irgendwie noch »funktionsfähig« sind, im Leben stehen: Speisen, Tiere, Lebensgebilde. Hier ist das Ekelgefühl stets – sei es auch wie allgemein immer – »mutwilliger«, mehr auf einer »Entscheidung« des Subjekts zugunsten der Abwehr beruhend. Eine Revision der Ekeleinstellung wird in diesbezüglichen Lagen grundsätzlich mehr am Platze sein. Die zweite Unterscheidung betrifft den im verabscheuten Gegenstande fallweise wohnenden »Anspruch«. Gewisse unter ihnen sind uns gegenüber vollkommen passiv; solange wir sie nicht »aufsuchen«: nichtexistierend. (Z. B. viele Insekten.) Oft aber liegt eine Aggression, eine aufgezwungene – etwa dauernde – aktuelle Nähe vor, – z. B. »Schmutz«, – ja mehr als Nähe: eine aufgenötigte Beziehung, ein Wertanspruch des Gegenstandes, ein Versuch seinerseits, in unserem Leben sich festzusetzen. Dies ist der Fall, wenn etwa die Annäherung einer Person als ekelhaft empfunden wird oder wenn sich eine ekelhaft dünkende Seelenart äußert und vorwagt. Die Beurteilung des Ekels selbst ist hier so zu denken: Einerseits besteht zwar im zweiten Falle (beim anspruchsvolleren Gegenstand) mehr die Gefahr einer voreiligen und blickbeengenden Verschanzung in der Ekeleinstellung sowie der Nichtbeachtung vorhandener Werte; andererseits aber ist die Berechtigung des aktuellen Sichekelns eine größere, und es kann sich weniger um ein mutwilliges, gleichsam lüsternes Schwelgen, eine Ekelsucht handeln.

Auf Grund all dessen wird nun die entscheidende Dinstinktion leicht zu verstehen sein. Diese bezieht sich auf die *Art* der im Ekel enthaltenen *Verwerfungsintention*. In der Tat kann sogar in zwiefachem Sinne eine Unterdrückung des Ekels gefordert oder doch nahegelegt werden. Einmal in dem Sinne, daß ein Ekelgefühl noch keine schlechthinige Zerstörungsintention gegen das betreffende Objekt begründen darf; es muß im Ekel noch nicht heißen: »Dieses ist zu zerstören«. Ekel allein kann unsere Einstellung zu einem Gegenstand noch nicht erschöpfend bestimmen – und gerade dort am wenigsten, wo er am meisten mit »Resens« verbunden ist: also im Gegensatz zum Fall des Eindeutig-Ekelhaften, dabei aber Naturnotwendigen (Abfallsprodukte) etwa im Fall des »ekelhaften Menschentums« am wenigsten. Der Ekel darf die Liebe zur Person überhaupt oder zu den kulturvertretenden Dingen überhaupt nicht einfach auslöschen; neben der bloßen Abwehr, Verneinung und Bekämpfung muß immer auch zumindest die Möglichkeit eines Änderns oder aber eines Bejahens »um des wertvollen Teilelements willen« erwogen werden. Sodann ist eine Unterdrückung des Ekels im zuständlichen Sinne prinzipiell forderbar: daß also die Nähe ekelhafter Gegenstände oder die Hantierung mit ihnen im Falle der Zwecknotwendigkeit tapfer und mit einer gewissen technischen Gewöhnung (»Abstumpfung«) ertragen wird. Wie im früheren Fall um eine intentionale Beschränkung und Relativierung, so handelt es sich hier um eine aktuellpsychische Überwindung des Ekels; naturgemäß eine allgemeine Bereitschaft dazu, gegebenenfalls eine Routine derselben mit eingeschlossen. Es gibt auch Materien, wo beide Forderungsarten sich verbinden: z. B. im karitativen Dienst, etwa in Abweichung von der bloßen wissenschaftlichen Forschung, wird der Ekel einesteils rein zuständlich als tätigkeitsstörender Faktor, zugleich aber auch im Sinne der tieferen Einstellung aus Menschenliebe überwunden.

Mit aller Entschiedenheit aber wenden wir uns *gegen* die Überwindung des Ekels, wenn dieses Ideal die Form annimmt, daß der Ekel als eine Art »engherziges Vorurteil«, eine »krankhafte Einbildung«, eine »Beleidigung der Natur« usw. schlechterdings zu bekämpfen sei. (Ich las einmal den Aphorismus: »Nichts ist ekelhaft außer dem Ekel selber!«) Auch mit der Forderung einer universalen Abstumpfung des Ekels bis zur Unfähigkeit, ihn zu verspüren, sind wir keineswegs einverstanden. Eine solche Stellungnahme wurzelt teils in dem erbärmlichen erkenntnistheoretischen Subjektivismus, welcher die Schichtenmannigfaltigkeit und den Spannungsreichtum der Welt nur als ein »Produkt der Einbildungskraft« anzuerkennen wagt und gar erst vor der Annahme von objektiven Wert- und Unwertcharakteren als einer angeblich »unwissenschaftlichen« zitternd zurückschrickt, teils aber in jener naturalistisch-pseudooptimistisch-immoralistischen Stupidität, welche in Anbetracht jeder kräftigeren Verneinungstönung von Naturfrevel, Vorurteil, Mönchsfanatismus usw. winselt. Demgegenüber unterstreichen wir nochmals die unverlierbare *kognitive und selektive Aufgabe des Ekels* vom Standpunkte der Biologie, Metaphysik und Ethik. Den Ekel im Sinne der Leugnung dieser grundsätzlichen Berechtigung und Sinnhaftigkeit »überwinden« zu wollen, ist von der einen Seite aus gesehen gewaltsamer, distanz- und keuschheitsfeindlicher Naturalismus, von der anderen Seite aus gesehen aber – dem Subjekt des Ekels gegenüber – ein gleich gewaltsamer, wirklichkeitsmißachtender, gleichgespannter, im übelsten Sinne »idealistischer« Manichäismus. Nicht dieser mechanische und tönungsverwischende Standpunkt, vielmehr eine christliche Leitidee »gipfelhafter« sittlicher Vollkommenheit wird in dem – den Geist des Evangeliums wahrhaft erfassenden – Gedicht »Jesus und der Äser-Weg« gestaltet. Das Ekelhafte erscheint darin als durchaus real; der Heiland wird selbst, seinen Jüngern gleich, beim Anblick des Aasstroms von würgendem Ekel erfaßt. Er aber, Verkünder einer Liebe, die keine absolute Schranke (wiewohl die mannigfachsten Abstufungen!) kennt, fleht vom Gott-Vater Liebe herab, die stärker sei als der Ekel: *stärker als* der Ekel, nicht etwa *an Stelle des* als bloße »Einbildung« erkannten Ekels, und nicht etwa im perversen Anschluß an den Ekel. Dieser Liebe teilhaft geworden, taucht er ins Aasgewimmel; und er, der Heiland, der Scheitelpunkt des Göttlichen im Menschen, wirkt ein Wunder. Mit sicherer Hand wählt der Dichter dieses Wunder aus: ein Wohlgeruch von Rosen verkündet den Sieg der Liebe über den Ekel, die Nichtendgültigkeit und bloß relative Herrschaft der Verwesung; – nicht aber wird da plötzlich der Aasgeruch selber als angenehm empfunden und auch verwandeln sich keineswegs jene abscheulichen Gebilde in anziehende Gestalten, um den Ekel etwa Lügen zu strafen:

> Er aber füllte seine Haare aus
> Mit kleinem Aas und kränzte sich mit Schleichen –
> –
> Und wie er so im dunkeln Tage stand,
> Brachen die Berge auf und Löwen weinten
> An seinem Knie – – – – – – – – – – – – – – – –

Nicht eine Verirrung darf man also in der Erscheinung des Menschenlebens, der wir diese Betrachtung gewidmet haben, erblicken, sondern etwas an sich Sinnvolles und Legitimes, das indessen bei unkontrolliertem Gewährenlassen uns auch von manch Wertvollem im Leben absperren und an manchem edeln Werk hindern würde, und dementsprechend einer vielfachen Überprüfung, Abschleifung und Durchbrechung bedarf.

Literarische Schlußbemerkung

Unser Gegenstand ist nicht dazu geeignet, dem Laster bibliographischer Akribie Vorschub zu leisten. Das Wenige, was sich darüber in der Literatur verstreut findet, ist nicht gerade aufschlußreich. W. Wundt (*Physiologische Psychologie*, 5. Aufl., Leipzig 1902, II 5, S. 54 f.) weiß in Verbindung mit dem Ekel nur von »bitteren und salzigen Geschmackseindrücken« zu reden. Dies ist ungefähr, als würde man das Problem des religiösen Erlebens mit einem Hinweis auf »Bergriesen« erschöpfen wollen. Allzu lakonisch überhebt sich auch O. Külpe einer näheren Untersuchung: »Der Ekel, den man früher zu den Geschmacksempfindungen rechnete, ist wahrscheinlich eine in Verbindung mit Muskelempfindungen auftretende Unlust, die dem Erbrechen vorangeht« (*Grundzüge der Psychologie*, Leipzig 1893, S. 102). – Das »Grausen« als Synthese von Ekel und Schrecken erwähnt J. Volkelt (*System der Ästhetik*, 2. Aufl., München 1925, S. 160). – Wichtige Motive des Ekels entdeckt hingegen der Hegelianer K. Rosenkranz (*Ästhetik des Häßlichen*, Königsberg 1853, S. 312 ff.): »Entwerden des schon Toten«, – »Ausscheidungen«, – Die unorganische Natur ist nur durch Analogie ekelhaft, – Das Oberste zu unterst gekehrt, – usw.

Der Hochmut

I. Zur Abgrenzung des Hochmuts

1. Seit der Heiland gegen das Pharisäertum und dessen moralischen Dünkel auftrat und die Erlösungshoffnungen der Schwachen, Hilflosen und Gedemütigten mächtig aufleuchten ließ, seit Augustinus den Hochmut als Erzsünde des Geistwesens und Urverderbnis aller geistig-sittlichen Werte geißelte, gehört der Gegensatz Hochmut-Demut zu den herrschenden Motiven unseres Denkens. War der hl. Franziskus von Assisi der wahre Held und Ritter der Demut, so hat vielleicht keiner den menschlichen Hochmut in seiner ganzen Tragik so tief und leidensvoll erlebt wie Pascal: Der Mensch in seiner Doppelstellung als »milieu entre rien et tout« war wohl *das* Problem für diesen großen und leidenschaftlichen Bekämpfer seines eigenen Hochmuts. Die wahrhaft schlichte und ursprüngliche Demut war freilich dieser Zeit nicht mehr eigen; selbst Geulincx' merkwürdige, weitgetriebene Lehre von der Nichtigkeit menschlichen Wollens – »Ubi nil vales, ibi nil velis« – hat etwas Gekünsteltes, hat etwas von dem Versuch, durch das Stratagem einer plötzlichen Waffenstreckung die letzte und tiefste Hingabe an Gott zu ersparen. In unserer Zeit verdanken wir u. a. Solovjeff und Scheler besonders schöne philosophische Neuerweckungen des Demutserlebnisses; wir haben ferner gelernt, in dem erkenntnistheoretischen »Subjektivismus«, in den »liberalistischen« Gesellschaftstheorien und in anderen kulturgeschichtlich damit zusammenhängenden Strömungen vor allem auch das Element des *Hochmuts* abzulehnen. Allein es kommen nicht selten Mißverständnisse über das Wesen des Hochmuts vor: bald wird mit ihm zusammen auch jeder Stolz, jede angemessene Distanz, jede vernünftige Ordnung des Lebens verworfen; bald wird der Hochmut als bloßer »übertriebener« Stolz aufgefaßt und dadurch gewissermaßen gerechtfertigt; bald wieder wird er fälschlich auf den inneren oder moralischen Hochmut allein eingeschränkt. Die folgenden Zeilen dienen dem Zwecke, in diesen Punkten einiges aufzuklären.

Es gibt mehrere Einstellungsweisen, die mit dem Hochmut irgendeine Ähnlichkeit der Richtung, der Intention, der »Geste« aufweisen und doch mit ihm nicht identisch sind. Die tatsächliche Verbindung mit dem Hochmut kann dabei vorhanden sein oder auch fehlen. Zunächst gehören hierher alle jene Gefühle und Eigenschaften, die primär auf den »Eigenwert« der Subjektperson bezogen sind: Stolz, Selbstgefühl, Eitelkeit, Hoffart, Dünkel (»Einbildung«) und noch andere Nüancen. Weiter aber auch anderweitige Allgemeinformen der geistigen und sittlichen »Stellungnahme« oder »Entscheidung«, für die ihre Beziehung zum Hochmut wesentlich ist: wir meinen insbesondere den erkenntnistheoretischen und denkerischen Subjektivismus einerseits, die Erscheinung des »Bösen« überhaupt andererseits.

Begriffsunterscheidungen wie etwa die zwischen Hochmut und Selbstgefühl etc. finden immer ihre Grenze an dem beschränkten und eigenartigen, gleichsam »soloecistischen« Ausdrucksvermögen jeder einzelnen Sprache. Den Klang von »Selbstgefühl« gibt das englische »selffeeling« keineswegs wieder. Mehr noch: »Stolz« und »Hochmut« heißen lateinisch beide »superbia«. Der Franzose kennt, konform dem Deutschen, »fierté« und »orgueil«, der Engländer aber kann wieder »pride« – trotz des Vorhandenseins von »haughtiness« – für beides gebrauchen. Dies braucht uns an den notwendigen Differenzierungen um so weniger zu hindern, als wir ja auch etwa zwischen verschiedenen Typen des Hochmuts, die doch alle Hochmut heißen, werden unterscheiden müssen. Die Mannigfaltigkeit der Ausdrücke bezeichnet eben nie eine grundlose »Laune«, vielmehr eine spezielle auf jenen Punkt bezügliche Vollkommenheit der betreffenden Sprache.

2. Daß Hochmut schlechthin die Verlängerung des *Stolzes* sei, ist leicht zu widerlegen. Es wird zunächst immer über Stolz »auf etwas« gesprochen; man kann aber nicht »auf etwas«, ja nicht einmal so recht »wegen etwas« (eines Besitzes, besessenen Wertes nämlich) hochmütig sein. Mögen die Bürger eines Städtchens noch so »stolz« auf ihre kleine kommunale Bildersammlung sein, mag sich dieser Stolz ins Lächerliche steigern und verzerren, dies deutet gar nicht in die Richtung des Hochmuts. Ist es Hochmut, wenn eine Frau auf ihre Schönheit, oder wenn ein Mann auf seinen Verstand stolz ist? Es mag dem recht viel Hochmut beigemischt sein, er gehört aber nicht zum Kernbestand der Sachlage. Selbst der Moralstolz ist noch nicht notwendigermaßen Hochmut. Ein freudiges Feststellen der eigenen Tüchtigkeiten, auch an einem sozialen oder überhaupt mitmenschlichen Maßstab gemessen, *kann* noch im Zeichen der Demut, der Einsicht in die eigene Gebrechlichkeit und Unvollkommenheit ste-

hen. Ja, der pharisäische Hochmut dürfte selbst noch gar nicht den Gipfel stoffreinen Hochmutes bedeuten! Der Stirnersche Ichmensch, der sich gar nicht mehr mit anderen auf Grund ichfremder Wertkategorien vergleichen würde, ist zweifellos hochmütiger als der in typisch hochmütiger Form moralstolze Pharisäer. Es scheint sich demnach so zu verhalten, daß Stolz in dem Maße in Hochmut übergeht, als an Stelle der objektiven Werte, sofern sie das »Substrat« des Stolzes bilden, die Betontheit des »eigenen Selbst« als höchster Wertverkörperung tritt. Damit ist noch lange nicht alles erklärt. Stolz ist doch auch nicht bloß Liebe zu Werten, auch er intendiert unverkennbar das eigene Selbst mit. Ich bin zwar stolz auf »Sachen«, aber eben auf *meine* Sachen. Gewiß: hochmütig bin ich nicht in demselben Sinne »wegen« dieser meiner Sachen; sondern vielmehr wirkt sich mein Hochmut konkret in »Anknüpfung« an dieselben aus. Man könnte formulieren: der Stolze genießt den Lichtglanz, der von seinen »Wertsachen« ausgestrahlt wird und auf ihn zurückströmt; der Hochmütige lebt in sich selbst als Lichtspender, ob nun auch dieses Licht von manchen äußeren »Gegenständen« besonders blendend reflektiert wird. Zu jenen Gegenständen gehören auch seelische und körperliche Qualitäten der Person, gehören auch ihre Leistungen; all dies kommt für den Hochmut nicht primär in Betracht. Der Hochmütige meint nicht: »Ich bin es, der dies und dies zu eigen hat, der dies und dies bewirkt hat ...«, vielmehr nur soviel: »Ich bin Ich«. Qualitäten und Erfolge sind nicht Konstituentien davon, vielmehr nur Zeichen für die Werthöhe dieser Ichheit.

Gewiß kommt der Stolze, indem er die ihm gehörigen oder zugänglichen Wertgegenstände überschätzt, dem Hochmut näher; aber nicht in solcher Überschätzung selbst liegt der Hochmut. Dieser wird vielmehr erst da gegenwärtig, wo sozusagen die Überschätzung die Schätzung erdrückt. Nehmen wir an, daß ich auf eine von mir geleistete Arbeit in überschätzender Weise stolz bin: in erlebnishaft-perspektivischer Weise schätze ich dann Thema, Bedeutung, Gelungensein der Arbeit – etwa im Vergleich mit anderen ähnlichen – höher ein, als sie es objektiv verdiente, ich schätze die Arbeit gleichsam mit unverhältnismäßiger »Konzentrierung«; ich selbst blicke zu der Arbeit »empor«, betrachte sie als ein gnadenhaftes »Mich-selbst-übertreffen« u.s.w. Anders, wenn ich jene Arbeit in Hochmut überschätze: die Höherbewertung gegenüber anderen analogen Leistungen nimmt dann einen wie mystischen Charakter ein, als handle es sich eher um eine Art Inkommensurabilität, die jede wirklich sachliche Vergleichung von vornherein ausschließt; der Wert der Arbeit ist nur eine selbstverständliche Bestätigung meines Personwertes; nicht mir wurde ein Geschenk zuteil, indem ich solches schaffen durfte, sondern ich gönne damit der »unwürdigen« Welt ein Geschenk, einen Abglanz von mir selbst.

Diese beiden Typen sind in den wenigsten Fällen klar isolierbar, im allgemeinen aber deutlich *vorfindbar*. Worauf es in erster Linie ankommt, ist nur der Nachweis, daß Hochmut kein bloßes Übermaß an Stolz, vielmehr trotz aller Verwandtheit damit ein qualitativ Anderes ist, ja im gewissen Sinne einen Richtungsgegensatz einschließt. Der Stolze mag seine Bedeutung für die Welt übertreiben; der Hochmütige erkennt der Welt nur eine Bedeutung für ihn selbst zu. Der Stolze will sich ein würdiges Dasein sichern; der Hochmütige kennt das Dasein nur als sein Dasein. Stolz mag verletzen, kann aber ebensogut befeuern; Hochmut vernichtet. Der Stolze »weiß, was er sich schuldig ist«; der Hochmütige weiß, daß er keinem Wesen etwas schuldig ist. Der Stolze hält auf seinen »hohen« Platz in dieser und jener Ordnung; der Hochmütige fügt sich innerlich in keine Ordnung ein. Um auch den Abstufungen gerecht zu werden: der Hochmut des Stolzes ist, daß er »auf sich hält«: der Stolz des Hochmütigen aber, daß er darauf hält, auf nichts halten zu müssen.

3. Es versteht sich, warum der Stolz auf »innere Güter« und auf die »Seinsqualitäten der Person« am nächsten in die Nachbarschaft des Hochmuts rückt, bzw. dem Einfließen von Hochmut am meisten ausgesetzt ist. (Auf die spezielle Beziehung des Hochmuts zu Macht und Reichtum kommen wir später zurück.) Je mehr es sich nämlich um unabtrennbare innere Qualitäten des personalen Seins handelt, um so näher liegt die Gefahr der Verwechslung, als sei »man«, das abstrakte Ich gleichsam, der eigentliche Urheber und Schöpfer dieser Werte. Das Gute, das »in« mir, »in« meinem Sein ist, fühle ich als mein Selbst und sehe darin eine Ausstrahlung meiner Ichheit. »Ich« als solcher, »bin« diese Wertfülle. *Ich* bin wertvoll, – nicht etwa meine Besitzgegenstände, meine Körperfigur, meine »Fertigkeiten« etc., – folglich bin ich und der Wert Eins. Dies ist die Intention des Hochmuts. Sie besteht also nicht in dem bloßen Erleben des eigenen Wertes, auch Seinswertes (zum Unterschied von Leistungs-, Besitz-, Beziehungswerten). Faktisch wird der hier immer noch klar feststellbare Unterschied zwischen Stolz und Hoch-

mut darin zum Ausdruck gelangen, daß der auf seinen Wert Stolze seine Mängel und Wertwidrigkeiten gleichfalls mit ganzer Tiefe und Leidenserfülltheit erlebt, während für den Hochmütigen, mag er auch seine Unwerte empirisch genau kennen, solches schlechthin nicht in Betracht kommt. Es trifft somit nicht zu, daß etwa Stolz zu Hochmut sich verhielte wie die Leistungswerte zum Seinswert der Person; obwohl ein Vorzugszusammenhang in diesem Sinne vorhanden sein mag, kann auch der Hochmut an »Leistungs«- und »Umstands«-Werten haften und kann andererseits der Mensch seinen innersten Personwert mit bloßem hochmutfreien »Stolze« fühlen. Denn der Seinswert der Person, so wenig er etwa in potentielle »Brauchbarkeits«-Werte auflösbar ist, bedeutet dessenungeachtet keinen in sich geschlossenen, gleichsam in sich selbst »endigenden« Wert des Subjekts als solchen, der also nicht *auf ein objektives Reich der Werte bezogen* wäre! Dies aber ist gerade die Grundvoraussetzung des Hochmuts, mag er auch objektive Werte, schon um sich überhaupt empirisch entfalten zu können, »gelegentlich anerkennen«.

Daß Hochmut nicht mit »Individualismus« oder »Persongefühl« verwechselt werden darf, erhellt auch aus dem Umstand, daß es auch »kollektiven Hochmut« und »sachlich begrenzten Hochmut« unzweifelhaft gibt. Es gibt nationalen oder Parteihochmut und es gibt Hochmut bezüglich der denkerischen Überzeugung. Unter Hochmut verstehen wir dabei die ausschließliche und wie »automatische« Werthaltung des »eigenen« Standortes, handle es sich um soziale Zugehörigkeit dieser oder jener Art oder um eine bestimmte Methode oder Akzentrichtung des Denkens. Aber Hochmut ist auch nicht einfach »kritiklose Parteinahme«, »dogmatische Starrheit«; er ist mehr und weniger als das. Weniger, indem er im einzelnen gar nicht »befangen«, »blind« oder »undurchdacht« sein muß. Mehr, indem er nicht beim Glauben an die »eigene« Überlegenheit oder Richtigkeit (sei diese auch ganz unbewiesen) haltmacht, sondern das Fremde und Entgegengesetzte als irgendwie »irrelevant«, an das Eigene nicht heranreichend, bedeutungsleer, erlebt. (Man denke an gewisse Spielarten des Chauvinismus oder an das verklärte und unzerstörbare Lächeln mancher Diskussionsredner über die merkwürdige Tatsache, daß es ein Andersdenken gibt.)

Nicht die Personwertbetonung kennzeichnet demnach den Hochmut, sondern ein gewisser eigentümlicher *Apriorismus* des Selbstwertgefühls. »Meine« Person, meine Gemeinschaft, mein sachlicher

Standpunkt ist als solches, als »meines«, einzigwertig. Im einzelnen wird sich dies freilich noch empirisch »bestätigen«; – ohne diese »hinschielende«, nachträgliche Objektwertintention, die dem Nicht-Selbst doch ein schattenhaftes Dasein zubilligt, wäre konkrete Hochmuthaltung so gut wie gar nicht möglich. Der Stolz, selbst der perspektivischen Täuschung zugunsten des Eigenen und Selbstnahen unterworfen, ist doch in ganz anderem Sinne »empirisch« werterlebend; die Heiligung des »Selbst« erscheint hier vielmehr als ein sekundäres frohes und – wenn man will – vielleicht auch »frommes« Gewinnerlebnis. Hingegen besteht für den Hochmut ein »Apriori« der Selbstheit: nicht Apriori im Sinne von unbedingtem und für sonst alles maßgebendem Glauben an einen nun einmal »objektgerecht« erfahrenen, erwählten oder erschauten »Wert« (Wert irgendwelcher Art, irgendwelcher Gegenstandssphäre), sondern Apriori im Sinne von ewiger und undurchbrechlicher Selbstwerthaltung des wertenden Selbst: gleichviel welche Personseite und welche sachliche Beziehung in diesem »agierenden« Selbst gerade vertreten bzw. von ihm aufgegriffen wird. Man könnte geradezu sagen: erst im Akte des Hochmuts selbst wertet das Subjekt »sein« konkretes, personales und sachlich bestimmbares Eigensein – wogegen umgekehrt der Stolz erst aus solchen Wertungen erwächst –; worauf der Hochmütige recht eigentlich »stolz« ist, ist sein Hochmut selbst: seine traglose und nicht einmal »evidente«, sondern jenseits jeder sachlich intuitiven Evidenz stehende, jedweden Erkanntwerdens unbedürftige Wert- und Bedeutungsüberlegenheit, – das Festhalten am Anspruch des Subjekts, als Subjekt alles zu sein.

Nichts ist für diesen Apriorismus des Hochmuts so bezeichnend wie seine Unzugänglichkeit gegen jede Relativierung. Der echte Stolz gestattet nicht nur, er begünstigt geradezu – in recht typischen Fällen zumindest – das Erleben der Kleinheit und Begrenztheit seines Gegenstandes; denn jede sachliche Bindung intendiert an hervorragender Stelle die konkrete Eigengestalt und somit die Eingegrenztheit ihres Gegenstandes. Der Hochmut aber muß seinen Gegenstand, oder besser: seinen Inhalt, immer als ein Höchstes und Absolutes meinen. Nicht als ob schon jeder »Hochmütige« größenwahnsinnig wäre. Aber wo überhaupt Hochmut wohnt – sei es in der Behandlung von Nebenmenschen, in einer Mimik oder Geste, in einem Gedankengang oder einem Kunstwerke, – da ist auch soweit ein absolut feierlicher »Ernst« vorhanden, ein »Keinen-Scherz-verstehen« im letzten Sinne, eine majestätische Zwecklosigkeit und Ablehnung jeder Frage, Verantwortung, Diskussion, Einordnung und Abgrenzung. Aller Hochmut ist *satanisch*: will sein eigener Gott sein. Darin unterscheidet er sich von dem – der Ableitung und ins einzelne gehenden Rechtfertigung gleichfalls unzugänglichen – schlichten massiven »Dasein«, wie gesunde, robuste, »erdhafte« Menschen es zu offenbaren pflegen: dieses nämlich bezieht seine »Selbstverständlichkeit« aus seinem Charakter als Geschöpf Gottes, in tiefem – nicht ohne weiteres zu schematisierenden – Seins- und Sinnzusammenhang mit der übrigen Schöpfung; und seine behäbige Drolligkeit entspricht genau so dieser Note der gleichsam »bodenständigen« Gebundenheit, wie die kristalline Gravität des Hochmuts der Idee völliger Beziehungs-Enthobenheit und apriorischer Selbstgeltung. Dies meinen wir, wenn wir von der »Eisigkeit« des Hochmuts sprechen, die in den an sich geringsten Angelegenheiten hervortreten kann, – z. B. wenn jemand eine kleine Belehrung, die nicht etwa offenbar unsinnig oder überflüssig ist, mit bedauerndem Mundverziehen zurückweist, – und die natürlich mit Kaltblütigkeit oder bloßer Zurückhaltung nichts zu tun hat. – Einen wesentlichen Detailgegensatz zwischen Stolz und Hochmut werden wir noch unten zu berühren haben.

4. Die Grenzziehung gegen die übrigen analogen Einstellungen ist weit einfacher vorzunehmen. »Selbstgefühl« (Selbstbewußtsein) ist Stolz »auf« die eigene Persönlichkeit und wurde als solcher bereits vom Hochmut geschieden. »Eigendünkel« bezeichnet mehr die spezifizierte Überschätzung des eigenen Wissens oder Könnens, also etwas vom Hochmutsapriorismus doch einigermaßen Verschiedenes. »Selbstverliebtheit« gehört gleichfalls in den näheren Umkreis des Hochmuts und unterscheidet sich von ihm wieder durch das Haftenbleiben an etwas Konkret-Gegenständlichem, sei es auch die eigene Person. Für den typischen Hochmütigen wird weder seine Person selbst, noch auch – wie etwa für den Engstirnigen, Beschränkten oder Monomanen – eine bevorzugte Sache oder Beziehung, zum explicite erfaßten und erlebten, etwa alles andere verdrängenden Wertgegenstande; seine Thematik muß gar nicht im empirisch-mengenmäßigen Sinne »eingeengt« sein. Im »Akte« selbst, gleichviel welche seine unmittelbare Intentionsrichtung sei, steckt der Hochmut, jene merkwürdige, ideell »zerstörerische« Rückbiegung der Intention auf ihr »Subjekt«, gleichsam ihren abstrakten Ausgangspunkt, ihre dem Gegenstand gegenüber eingenommene »Blickhöhe« hin; – jener in-

nere Widerruf der oberflächenhaft vollzogenen Gegenstandsintention. Gewiß wird sich der Hochmut faktisch auch in der gefühls-, überzeugungs-, handlungsmäßigen Bevorzugung subjektnaher konkreter Gebilde ausprägen; er geht aber darin nicht auf und läßt sich von deren sonstigen Formen der jeweiligen Betonungslage nach wohl unterscheiden. Es ist z. B. ein Anderes, wenn ich mich in einer Angelegenheit aus Drang nach Befriedigung gewisser Bedürfnisse und aus »robuster« Hartnäckigkeit selbstsüchtig benehme, – und wenn ich es aus jener tiefen Gleichgültigkeit gegen Menschenschicksale heraus tue, die dem Hochmut eignet, und die naturgemäß vor allem als Nichtbeachtung »fremder« Menschenschicksale in die Erscheinung tritt. Denn es gibt immerhin einen »topischen« Zusammenhang von Ichsubjekt und »eigenem« konkreten Schicksal, während das Kümmern um fremde Schicksale eine ungleich weiter gespannte intentionale Auswärtswendung voraussetzt. Doch ist auch die Selbstvernachlässigung aus Hochmut keine unbekannte Erscheinung. Es sind auch zwei verschiedene Dinge, wenn ich etwa an einer Überzeugung infolge Tradition, Neigung, Belehrung hänge, und wenn ich sie nur im Sinne des Hochmuts nicht »erschüttern lasse«. Auch dann muß ja der Inhalt meiner »Überzeugungen« irgendwie konkret bestimmt sein, – schließlich besteht kein Mensch nur aus Hochmut, – aber auf diese Seite wird es mir innerlich viel weniger ankommen. Ja, es gibt auch hochmütige Geisteshaltung mit inhaltlich immer wieder *wechselnden* – und nicht nur im Sinne einer historischen Entwicklung »sich wandelnden« – Standpunkten. Und diese Haltung des Hochmuts wird in die Einzelheiten meines Benehmens eingezeichnet sein: ein jeder kann den Menschen, der »etwas« unbedingt zu verteidigen und durchzusetzen strebt, von demjenigen unterscheiden, der seine Stellungnahme von jeder Beeinflussung freihalten will. So wird etwa im Gespräch der erste Mann dann am meisten »dabei sein«, wenn es um Sinn und Kern seiner Idee oder die sachliche Überlegung einer Gegenidee geht, der Hochmütige aber dann einen inneren Nachdruck verraten, wenn er die Irrelevanz »störender« Gedankengänge, ihr Nichtheranreichen an seine Position, den törichten oder minderwertigen Charakter der fremden Meinung dartun zu können glaubt. Man darf ihn dabei ja nicht mit dem Demagogen oder Ehrgeizling verwechseln: auf die Erreichung äußerer persönlicher Zwecke kommt es ihm nicht oder nicht zentral an. (Auch nicht unbedingt auf eine innere »Durchsetzung« seiner Persönlichkeit. Vgl. unten die Typen Herrschafts- und Abschließungshochmut). Distinktionen dieser Art mögen dem simplifikatorischen Philosophen »spitzfindig« erscheinen, der Alltagsmensch wendet sie in flüchtiger und bruchstückshafter Form ständig an.

Beachtenswert ist die Beziehung unseres Gegenstandes zur *Eitelkeit*. Obwohl auch diese eine »Selbsterhöhung« der Umwelt gegenüber in sich schließt, scheint sie sich innerhalb dieses Rahmens gegensätzlich zum Hochmut zu verhalten, indem sich der Eitle gerade ganz auf die Umwelt einstellt und seinen eigenen Wert im günstigen Urteil der Mitmenschen zu finden trachtet. In der Tat gibt es typische Hochmutsformen mit dem Schwunde aller »normalen Eitelkeit« und eitle Charaktere, die sich jeder durchschnittlichen »Menschenwürde« zu begeben scheinen. Nichtsdestoweniger schließen Hochmut und Eitelkeit einander nicht aus. Auch die Eitelkeit birgt einen Hang zur *abstrakten, inhaltsentbundenen Höhestellung*; und der Hochmut führt in seiner praktischen Auswirkung nur zu leicht zu einem *Andeuten- und Fixierenwollen* der Subjekthöhe in »sichtbaren Zeichen«. Der Kyniker ist nicht nur hochmütig: »seine *Eitelkeit* guckt aus ihm durch die Löcher seines zerfetzten Mantels«. Lebt andererseits die eitle »Schauspieler«-Natur nur für ihr »Publikum«, so bedeutet dies auch, daß sie die Umwelt eben zum bloßen Publikum herabwertet und in diesem Sinne zum Hintergrund der eigenen Subjektgeltung macht. (Diese Subjektgeltung ist trotz der funktionalen Abhängigkeit von fremden Urteilen in sich »absolut«, ohne Intention auf objektive Werte.) Die klassische Hochmutsethik der Stoa wird in sekundärer Bearbeitung »für den täglichen Gebrauch« zu unverkennbarer Eitelkeitsethik: Epiktets »Schauspieler«-Ideal des Weisen. Immerhin sind Hochmut und Eitelkeit »zunächst« immer aufs schärfste zu trennen.

Auch Hochmut und *Hoffart* (Reihe Arroganz, Hochnäsigkeit usw. Adjektive hautain, haughty) trennt die Sprache nicht ohne Grund. Hoffart ist eine Modalität des jeweiligen Betragens gegen andere, nicht eine Haltung der Seele wie der Hochmut. Sie ist zwar ohne Hochmut nicht gut denkbar, aber der Anteil eigentlichen Hochmuts am hoffärtigen Benehmen – namentlich im einzelnen Fall – kann sehr verschieden sein und überdies fundiert keineswegs jeder Hochmut Hoffart. Im Hoffärtigen (»hochfahrend«) steckt ein Element der »Hinwendung« zu fremden Dingen, des Sichkümmerns um Angelegenheiten, welche stets eine gewisse Spannung gegenüber dem

Hochmut mit sich bringt. Zudem setzt auch die Hoffart im allgemeinen eine Beziehung auf soziale, also doch verhältnismäßig objektive Wertmaßstäbe voraus. Dies schließt den Hochmut natürlich lange nicht aus; zwar hat einer, der die Wichtigkeit sozialer Ordnungen anerkennt, schon ein Stück Hochmut aufgegeben, aber andererseits kann das eigene soziale »Hochgestelltsein« dem Hochmut zur geeigneten *Betätigungssphäre* dienen. Wenn jemand einen sozial Niedrigergestellten hoffärtig behandelt, so liegt darin echter Hochmut, denn der objektive Werthintergrund dient ihm nur zur Formgießung für die aprioristische Selbsterhöhung. (Dies namentlich, wenn er nicht nur »nach unten grob« ist, seine Position oder Überlegenheit egoistisch oder »sadistisch« mißbraucht, sondern den gesellschaftlich Klasseninferioren, gleichsam ohne nach Näherem zu fragen, als menschlich »a priori« minderwertig, als im höchsten Sinne »irreal« behandelt. Vgl. noch unten.) Nicht aber ist Hoffart einfach die äußere Seite oder die konkrete Erscheinungsweise des Hochmuts.

5. Nun wollen wir noch einen Blick werfen auf die Hochmutbeziehung des *Sittlichbösen* überhaupt und des *denkerischen Subjektivismus*. – Offenbar ist nicht nur der Hochmut selbst böse, sondern allem Bösen haftet eine Tönung des Hochmuts an. Dieser Ansicht müssen wir insbesondere sein, wenn wir der Lehre beistimmen, wonach das Böse keine schlechthin homogene, etwa als solche substantiell zu denkende Macht sei, vielmehr in allen seinen Formen eine Verkehrung und ungeordnete Ergreifung an sich guter Elemente, wirklicher Werte, einschließe. Der Hebel der Wertperversion ist ja der Hochmut, der den einzelnen und gleichsam »isolierten« Wertbesitz zur Kündigung des Lehensverhältnisses zu Gott und zur Auflehnung gegen die objektive Ordnung der Werte aufstachelt. Das Vorbild solchen Wertbesitzes ist das unverlierbare, an sich »absolute«, von aller realen Gestaltung unabhängige »Subjektsein« der geschaffenen Geister; dieses ist der Ausgangspunkt allen Hochmuts, zugleich aber, eben in seiner Verabsolutierung, im Gewährenlassen der in ihm liegenden Versuchung, der Urquell des Bösen. So ist Satan durch seinen Hochmut – und bezeichnenderweise sofort auch Hochmut »nach unten«, gegen den Menschen – gefallen. Nicht nur die Sünden der Überhebung, sondern auch die der Begehrlichkeit und der Bestialität setzen Hochmut im weiteren Sinne, als allgemeine Bedingung, voraus. Das »Ich möchte« kann das »Für mich objektiv gut« nur verdrängen, indem die Einfügung in das objektive Wert-

reich verweigert wird (im Sinne allgemein mitschwebender Intention) und das Subjekt sich der *Verpflichtung*, oder überhaupt der objektiv verankerten Funktion, dem Ansturm der Triebe und Konkupiszenzen zu steuern, entzieht.

Der nähere *Inhalt* des Bösen steht jedoch nicht mehr in solch enger Beziehung zum Hochmut. Auch hängt der Grad der Unsittlichkeit keineswegs einfach vom Grad des darin mitspielenden Hochmuts ab. Wenn einerseits der Hochmut die Sünde überhaupt bedingt oder doch notwendig mitbedingt, – eine allgemeine Theorie des Bösen ist hier nicht zu entwerfen, – so verkörpert er sich auch gleichsam geradlinig in den eigentlichen Hochmutssünden, welche selbstverständlich lange nicht die irgend »einzigen« schweren Sünden sind. Der Hochmut differenziert und gestaltet sich nach den verschiedenen »Überhöhungsverhältnissen«, die ich zwischen mir und den Werten und Wirklichkeiten außer »mir« (nicht immer außer »meiner Person«) intendiere; das Böse aber nach den konkreten Werten, die ich in meinem Verhalten verneine, und den damit *zusammenhängenden* Arten dieser Verneinung.

In ziemlich ähnlicher Weise tritt der Hochmut auch als intentionalpsychologische Vorbedingung des Denksubjektivismus, der naturgemäß nicht nur in gewissen (indischen, neuzeitlich-abendländischen, aber auch griechischen und mittelalterlichen) philosophischen Systemen zur Ausgestaltung kommt, sondern auch in recht alltäglichen und banalen Denkwendungen (z. B. »Die Welt ist das, was wir in sie hineinsehen«, u. s. w.). Die ausschließliche und urbildliche Realitätsforderung des Ich als Denksubjekt ist eine charakteristische Abwandlung des Hochmuts; ihre vorzügliche Möglichkeit beruht auf der besonderen Bedeutung der – zunächst inhaltsfremden – Denkfunktion für das Subjekt im formalistischen Sinne von »Nichts-als-Subjekt«. Ansonsten aber ist der Ausbau meiner denkerischen Einstellung und meiner »Weltdeutung« wieder wesensverschieden von meinem »persönlich«-subjektiven Höhenanspruch den Dingen gegenüber. Ein erkenntnistheoretischer Idealist und Formalist muß keineswegs persönlich prononziert hochmütig sein, obschon er unbedingt dazu neigen muß. Denn falsch wäre zu glauben, daß etwa die Abänderung des solipsistischen Weltbildes zu einem »unpersönlich«-idealistischen (im Sinne eines »Bewußtseins überhaupt« oder einer pantheistischen Weltvernunft) einen wirklichen Objektivismus und eine Lossagung vom Hochmut des Subjekts als »Denkprinzips« gegenüber den »inhaltsbeschwerten«, »trägen«, als bloßer »Stoff« des Denkens dienenden Dingen und Werten des Daseins bedeutete.

Indem wir auf eine Vervollständigung dieser Darstellung der Beziehung zwischen Hochmut und ihm analogen Haltungen verzichten, gehen wir nun daran, die möglichen Strukturen der Hochmutsintention etwas näher zu beleuchten.

II. Formen des Hochmuts

1. Ein allgemeiner Zug des hochmütigen Verhaltens geht dahin, das Subjekt von den Gegenständen der Umwelt und speziell von seinen Mitmenschen in gewissem Sinne *abzuschließen*. Die apriorische Selbsterhöhung kommt zum Vollzug nicht in einer empirischen Vergleichung meines Werts mit dem der anderen, sondern in einer generellen Wertentblößung letzterer. Je unbedingter der Hochmut das Gesamtverhalten beherrscht, um so eher werden nicht etwa nur die Leistungen der Umwelt, sondern auch ihre ganze Problematik verworfen, für nichtig »erklärt«. Der Hochmut verneint Wertgehalt und Wirklichkeitsgewicht des Außer-Ichs; der Hochmütige »genügt sich selbst«. Dies ist zumindest das Grundstreben des Hochmuts; seine konkrete Ausprägung kann verschieden sein. Es gibt aber zweifellos eine Form, wo dieses Streben sich in der folgerichtigen Form der Selbstisolierung und der allgemeinen Interesselosigkeit für die Angelegenheiten der Welt äußert. Der Abbiegungen von einem so strengen Negativismus gibt es mehrere: bald die Fixierung des Interesses auf einige wenige irgendwie »ichvertretende« Personen oder Gegenstände bei Ausschluß aller übrigen, – ein Typus, welcher von dem der bloßen sachlichen »Einseitigkeit« oder »Eingeengtheit« wohl zu scheiden wäre, – bald sogar eine recht allgemeine (etwa »praktische«) Befassung mit den Dingen, jedoch ohne wirkliches letztes Anteilnehmen an ihrem »Schicksal«, vielmehr sei es nur der »Betätigung« selbst, sei es der Durchführung gewisser vollends »ichgerechter« oder *abstrakter Zwecke* halber.

Die Erscheinungen des Abschließungshochmuts sind genügend bekannt: die Bereitschaft zur Einnahme des Standpunktes »au-dessus de la mêlée«; die allgemeine Verachtung der Menschen und Unterschiebung rein mechanischer, wertfremder Motive; die nihilistische Leugnung der Werte und Wertmaßstäbe; die Angst, durch Beziehungen »entheiligt« oder »verbunden« zu werden; das Nicht-Suchen, Nicht-Bitten, Nicht-Annehmen; die Verweigerung jedes Offenseins für anderes als »man selbst«. Es kann da immer noch bezeichnende Strukturunterschiede geben. Z. B. in bezug auf die Intendierung von Wert und Wirklichkeit: gröberer Hochmut betont die Wertfremdheit der Wirklichkeit (alle scheinbar widersprechenden Phänomene beruhten auf Heuchelei, Geschwätz, Hysterie, Übertünchung), während der subtilere und vollkommenere Hochmut über alle formulierbaren Werte (etwa die moralischen) die Achsel zuckt und ihnen selbst – nicht nur ihrer Wirklichkeitsmacht – die Anerkennung versagt, ihnen sozusagen jenen intimen subjektiven »Werthauch« vorenthält, der sie erst wirklich zu »*Werten*«, wert der Hingabe und des Kampfes, stempeln sollte. (Wir sehen, daß die pharisäische Moralaufgeblasenheit noch lange nicht der Gipfel des Hochmuts ist.) Auch diejenige Spielart des Hochmuts dürfte nicht ganz unbekannt sein, welche die konkreten formulierbaren, angeblich ganz und gar »wirklichkeitsfremden«, und »ideologischen« Werte noch »mehr« verachtet als die Wirklichkeit selbst und sich eher mit dieser letzteren »verträgt«, weil sie von ihr weniger innere Störung, Affizierung, Beanspruchung befürchtet. Da aber letzten Endes – metaphysisch – Wert und Wirklichkeit untrennbar und tausendfältig ineinander verwoben sind, sind sie im allgemeinen auch zusammen *das*, woran der Hochmut »leidet« und das er abstoßen möchte: das »Objektive«, das »Gegenständliche«, womit eine Auseinandersetzung nötig ist, was die herrliche kristalline Absolutheit des Subjektes trübt und zum *Aufsplittern* nötigt. Je reiner und subtiler der Hochmut, um so eher werden auch die Interessen und Angelegenheiten der eigenen Person – als »Glied« der Welt – zu jenem Reich des Objektbannes gezählt. Dies freilich bezeichnet auch eine weitere Abwendung vom »Bösen« im konkret-moralischen Sinne, wiewohl diese Gleichgültigkeit gegen das »eigene Leben« nicht nur zu einem Verdorren der Selbstsucht, sondern auch zur Enthaltung von jeder moralischen Anstrengung und zu dem – mindestens potentiellen – Abbau der einschlägigen »Hemmungen« führt.

Mit alledem soll nun nicht gesagt werden, daß jeder Akt der Abschließung, der Distanzsetzung und der Interesseverweigerung hochmütig wäre. Wir müßten denn sonst annehmen, daß das gestaltete, auf Rangordnungen, Entscheidungen und Grenzziehungen beruhende Leben überhaupt hochmuterfüllt sei. Allein derlei pseudochristliche Schwärmereien (vgl. Sektierertum) dürfen nicht ernst genommen werden. Sie wollen, nebenbei, die Welt gerade zu dem machen, als was sie vom Hochmut betrachtet wird: zu einem sinnlosen, ungegliederten Brei, in dem das Subjekt untertauchen kann, ohne sich »verpflichten« zu müssen. – Hochmut ist also nicht zu verwechseln mit Kontakteinschränkung, Gegenstandsauswahl, Scham, Distanz – ja Distanzstolz – überhaupt. Weder die Ordnung und Ökonomie der Beziehungen, noch das »Meiden« gewisser Menschen oder Gegenstände *an sich*, noch das »Verbergen« von Dingen, die normalerweise nur verborgen am richtigen Platze sind (vgl. körperliche Scham), noch die Absonderung von Beziehungstypen (vgl. amtlichen Verkehr) haben etwas mit Hochmut zu tun. Es ist nicht Hochmut – auch nicht ein »erlaubter« – wenn ich außerstande bin, den Tag so einzuteilen, daß mir auch Muße bleibe, sämtliche Familiensorgen meines Schneiders zu teilen. Gerade jene – gleichsam die ganze Welt durchwaltende – Teilung, Abstufung und hierarchische Unterscheidung der Beziehungen ist es, was den Hochmut *ausschließt* und das Subjekt in die Welt und ihre Wertfülle eingliedert, statt es irgendwie darüber »hinauszuheben«. Sogar der Distanzstolz (»Ich weiß, was ich meinem Stande schulde«) und der Selbständigkeitsstolz (»Ich will auf eigenen Füßen stehen«, »Ich will aus eigener Kraft mein Leben aufbauen«) bedingen noch nicht notwendigerweise Hochmut. Denn sowohl die Standesehre, der eine gewisse jeweils qualitativ angemessene, aber offenbar auch quantitativ nirgends für jeden Stand schlechthin-gleiche – Achtung gebührt, als auch eine gewisse Selbständigkeit der Lebensführung und -stellung, sowie die Vermeidung einseitig fesselnder und unproportionierter Abhängigkeiten, sind *objektive Werte* und enthalten Subjektsabsolutismus auch nicht in angedeuteter Form. Gewiß liegt aber die Gefahr des Hochmuts nahe: mag nun der Mensch seinen Standeswert, obwohl er ihn mit anderen teilt, als metaphysische Ausstrahlung seines Subjekts empfinden und den Schranken gegenüber Niedrigergestellten irgendwelche »Undurchdringlichkeit« (nach Art des Ich-Nichtich im strengen Hochmut) beimessen – oder mag er jedes Verschuldetseins an andere »ledig«, mag er aller Gnade, Güte, Hilfe und Unterweisung »ledig« erscheinen wollen. Und der Unterschied zwischen Hochmut und Nichthochmut ist nicht einfach der, daß bei einem gewissen »Höhegrad« der Hochmut anfange, denn auch sehr weitgehende Ablehnungen und Grenzsetzungen können noch ohne Hochmut sein, und wiederum kann eine einzige Geste oder eine Absage in scheinbar geringfügiger Sache schon echten Hochmut verraten. Hochmut liegt vor, wenn eine *Unabänderlichkeit* und *Undurchbrechlichkeit* jener Schranken und Abteilungen, wenn eine »*Unendlichkeit*« der fraglichen Distanzen, geschehe es auch in leiser und flüchtiger Form, intendiert wird. (Hochmut ist nicht allein eine Erniedrigung anderer, sondern immer auch eine – wenngleich versteckte und im aktuellen Sinne geringfügige – unmittelbare *Anzweiflung und Herausforderung Gottes*.) Ein Schimmer von »Unendlichkeits«-Intention enthält mehr Hochmut als die Aufrechterhaltung noch so großer und vielfacher Distanzen. Irgendein absolutes Sichversagen einem Menschen gegenüber, der mich gegebenenfalls wirklich und wahrhaftig »brauchte« (wenngleich nicht, um sein Leben oder ein ähnlich fundamentales irdisches Gut zu retten), verrät mehr Hochmut, als wenn ich mich von einer ganzen Anzahl von »Bekannten«, aus gegebenen Gründen, fernhalte. Und wieder andererseits: ein kühles und allgemeines, apriorisches Nichteingehen auf die Menschen überhaupt spiegelt mich mehr in einer »unendlichen« Höhe und ist hochmütiger, als wenn ich bestimmte Menschen aus bestimmten Gründen in weit schärferer Form ablehne und mir vom Leibe halte.

2. Aber nicht nur Abschließungsstreben, sondern auch *Herrschafts- und Leistungsansprüche* können im Zeichen des Hochmuts stehen. Wir haben schon angedeutet, daß eine Bearbeitung der Welt noch nicht ihre innere Anerkenntnis voraussetzen muß. Die aprioristische Subjekthöhe in sichtbaren Verhältnissen zu versinnlichen, stellt einen wohl weniger folgerichtigen, aber nicht minder natürlichen Weg des Hochmuts dar, als die schlechthinnige Interesseentziehung. Die Meinung wäre durchaus irrig, daß »empirische« Herrschaft und Unterdrückung, anspruchsvolle Forderungen, Gewaltsamkeit u. s w. mit Hochmut unvereinbar seien, da sie auf konkreten Genuß- und Gestaltungszwecken beruhten, denn in Wahrheit gibt es eben auch empirische inhaltliche »Vertretungen« – Anlässe, Behältnisse, Ableger – des Hochmuts. Sein Anteil am Verhalten wechselt je danach, ob mehr die sachlichen Besitz-, Aufbau-, Zerstörungs- und Betätigungszwecke, oder mehr der Wille, die abstrakte eigene Höhestellung zu umwallen, umgürten und verklären, im Vordergrunde sind. Jedermann kennt z. B. den Typus des »Tyrannen« im engsten Sinne: seine innere Einsamkeit, seine Menschenverachtung, seine – wir dürfen wohl sagen – strenge »Transzendenz« den Unter-

tanen gegenüber, die für ihn nur die »Menge« sind; indem er das Volk auf diese Art »beherrscht«, glaubt er ihm ferner zu sein, als führte er das Leben eines Höhleneremiten. Gewiß steht auch hier noch ein gewisser eiskalter Ehrgeiz, steht eine aschfahle Eitelkeit dem absoluten Obsiegen des Hochmuts im Wege; allein dieses Sichgefallen in der Erhebung über die Anderen, die doch ganz beziehungslos und inhaltsleer, eben *nichts als* »Erhebung über die anderen« ist, – denn der eigentliche Fürstenehrgeiz bezeichnet schon eine Abbiegung vom reinen Tyrannentypus, – ist nur insofern mehr denn ein *Organ des Hochmuts*, als dieser hier eben noch eines »Organs« bedarf und damit doch die Existenz der Gesellschaft und einer konkreten Rangordnung in ihr, als eine einmalige, flüchtige Gegebenheit, murrend zur Kenntnis nimmt.

Doch gibt es sogar weit plebejischere Gestalten des »In-der-Gesellschaft-lebens«, die deutlicherweise vom Hochmut mitbewegt werden: wir rechnen, den Anschein der Paradoxie nicht fürchtend, den Typus des »Strebers« dazu. Wir meinen natürlich den echten, abstrakten, sachfremd nur auf »Vorwärtskommen«, »Anpassen« und »Erfolge« bedachten Streber, nicht etwa den, welcher einen bestimmten ideellen oder interessemäßigen Zweck verfolgt und dabei skrupel- und würdelos vorgeht. Jene selbstentwürdigende, innerlich vollkommen wahl- und distanzlose »Nähe« den Menschen gegenüber, in die der Streber sich begibt, schließt echte Nähe und Gemeinschaft fast ebenso wasserdicht aus, wie das Herrschaftsamt des Tyrannen. Auch für den Streber ist die Welt, trotz aller Unsauberkeit der empirisch-psychischen Vermischung, die er mit ihren Elementen eingeht, nichts als ein Grenzwert des Nichtichs, ein zu bezwingender Widerstand en bloc, eine »Ebene«, der *gegenüber* eine »Höhe« eingenommen werden soll; nur daß in diesem Falle die Ebene zugleich das »Medium« des Sichemporhebens bildet, indem der Streber zur Ausgangsbasis seines Hinaufgelangens die Schultern seiner Mitmenschen wählt. Das Strebertum beinhaltet den Hochmut der Kleinen und Unvornehmen, wo über den leeren Platz persönlicher Distinktion und Würde hinweg eine empirische Dirnen-Bereitwilligkeit mit der frostigen Einsamkeit des beziehungslosen Subjekts sich verbindet. Hochmut steckt übrigens auch in anderweitigen Äußerungen und Systemen des *Anpassungs*-Ethos. Der allgemeine und sachferne Wille zur Anpassung, – seine formulierte Idee entstammt der untermenschlichen Biologie, freilich einer solchen, die als Biologie fragwürdig und mit Recht ein Gegenstand kulturgeschichtlich orientierter Kritik ist, – entwürdigt und entwertet das Ziel der Anpassung mehr als ihr Subjekt; woran ich mich vor allen Dingen »anzupassen« habe, ist für mich ein Bündel von »Umständen«. Darin liegt der Hochmut hinter der Kriecherei der Anpassungsidee verborgen. Nicht ohne Grund wird »Anpassung« vielfach auch als der Weg zur »Störungsabwehr« ausgelegt. Ich passe mich gleichsam nach *mimicry*-Art den Dingen an, damit ich wirklichem Kontakt mit ihnen in weiterem Maße vorbeuge. (Man vergleiche die stoische Ethik: Weltdienst als sekundäres, Bewahrung innerer Gleichgültigkeit gegen die Dinge der Welt als primäres Prinzip.)

Wenn also Hochmut unzweifelhaft auch mit Tätigkeit, äußerem »Sicheinlassen«, Willensentfaltung und Stellungnahme betreffs empirischer Dinge vereinbar ist, so muß um so mehr betont werden, daß vom eigentlichen Hochmut nur die Rede sein kann, solange die fraglichen »Pseudowerte« und »subjektvertretende Gesichtspunkte« wirklich der Funktion dienen, die Subjektüberlegenheit an Hand einer konkreten Höhengegebenheit oder Höhenmöglichkeit darzustellen und etwa in die Welt hineinragen zu lassen. Nicht jede Eigenschaft, jeder Besitz, jede Vorzugstendenz kann den Hochmut gleich gut vertreten, sondern nur solche, die schon an sich zur Begründung eines universalen Höherseins geeignet sind; daher namentlich die, welche am wenigsten sachlich spezifiziert sind, z. B. die gegenständlich indifferente »souveräne« Geistesschärfe oder die »flotte« Gewandtheit im Verkehr geben für den Hochmut einen günstigeren Boden ab als große, aber gegenständlich abgestimmte Begabung oder die Fähigkeit, persönlich stark zu wirken. Andererseits verbindet sich auch oft der Hochmut mit an sich begrenzten »einseitigen« Begabungen oder Leistungen, die indes zu Universalwerten überdehnt und aufgebauscht werden. Doch auch hier sind in der Regel ursprüngliche universalgerichtete Kräfte bzw. Intentionen gegenwärtig, so etwa die Gabe scharfer Deduktion, – die auf einem Spezialgebiet zu wirklich achtenswerten Ergebnissen geführt hat und nun von hier aus das Geistige überhaupt »erobern« möchte, – oder eine allgemein ästhetische Haltung, ein nur-ästhetischer Blick, wodurch auch die Hinwendung zu einer bestimmten Kunst mitbedingt gewesen ist etc. Jedenfalls kann irgendeine Fähigkeit oder Einstellung desto eher zum Vehikel des Hochmuts werden und die dazu notwendige Wertverkehrung – die Umfälschung einer objektiven Wertigkeit ins Wertderivat der absoluten Subjekthöhe – gestatten, je weniger sie eine eigentliche »Qualität« der Person und ihre Hinordnung auf ein »Werk« verkörpert, und je mehr sie ihre an sich, gleichsam magisch bestehende »Überlegenheit« der Umwelt gegenüber ausdrückt.

Mit der behandelten Möglichkeit einer Veräußerlichung des Hochmuts hängt auch das Vorhandensein nichtpersönlichen »kollektiven« Hochmuts (nationaler, Standes- und Kastenhochmut) zusammen. Die reale Bedeutung des kollektiven Körpers oder der betreffenden Gruppenüberlegenheit erleichtert hier die reale Ausprägung der Abschließungs- und Selbsterhöhungsattitüde. Da der Hochmut am Subjekt, nicht aber an der konkreten inhaltserfüllten Person haftet, ist der kollektiv-hochmütige Einzelne gleichsam »im Namen« seiner Gruppe hochmütig, ohne der Vergötterung seines Ichs, das hier überhaupt als »ein Ich« des »Adelig-seins«, des »Das-und-das-seins« etc. auftritt, Abbruch zu tun. Der Standeshochmütige verhält sich gegenüber dem Standesfremden nicht wie der bloße Egoist oder Genießer: die aus seiner Standeszugehörigkeit ihm als einzelnem erfließenden Vorteile wahrnehmend, auch nicht wie der Legitim-Stolze, seinen Stand in den sachlich gegebenen Grenzen repräsentierend; sondern als wäre er, »er« schlechthin, dieser Stand selbst, wie er leibt und wandelt. Selbst im internen Verkehr Gruppenhochmütiger kommt dies zum Ausdruck; die Anerkennung des »anderen Ichs« ist nur ein empirisches Zugeständnis, wodurch die Intention der *Absorbierung* des Gruppenwertes im eigenen Ich nicht angetastet wird. Das tatsächliche Sich-abfinden mit der Vielheit der Iche – etwa auch im Schema der liberal-atomistischen Gesellschaftsauffassung – hebt den Hochmut noch lange nicht auf. Die Regelung der gegenseitigen Rechte der Einzelnen ist nur eine empirisch-technische Vorrichtung zur möglichsten Sicherung der »Weltsouveränität« jedes Ichs, als wäre das Dasein der »übrigen« gleichsam nur eine »notwendige Fiktion«. (In seinem Aufsatz »Versuch einer Klassifizierung etc.«, Archiv für systematische Philosophie 1928, versucht der Verfasser den strengen Liberalismus als Ausdruck des Prinzips »Es gibt nur Herren« – und nicht »Weder Herr noch Knecht« – darzustellen.) Dessenungeachtet bleibt die Vielheit der Iche ein schweres Problem für jeden Hochmut, sobald er eben eine folgerichtig solipsistische Stellung nicht auszubauen vermag und auf den Weg eines ausgedehnten – wiewohl nur vorbehaltlichen, äußerlichen, mehr oder weniger mechanischen – Kontakts mit der Umwelt gerät.

3. Eine der weltanschauungsmäßigen Auswege des Hochmuts ist eine gewisse Art von *Pantheismus*, der in diesem Fall etwa ein Kompromiß zwischen Solipsismus und Realitätsanerkennung zustande bringt. Es liegt hier eine der möglichen intermediären Intentionsebenen vor, auf welchen der Hochmut das Außer-Ich gelten läßt. Der Pantheismus – man denke an den der Stoa oder des Spinoza, weniger vielleicht an Plotin oder Bruno – nimmt zunächst den einzelnen Dingen, Personen und Angelegenheiten ihre »letzte«, allein *entscheidende* Wichtigkeit, und befreit daher das Subjekt von jedweder konkreten »Hingabe« an sie. Die Streichung der persönlichen Gottheit enthebt der Bindung, Verpflichtung und Relationsintendierung im innersten und tiefsten Sinne. Vielmehr kann das Subjekt in der pantheistischen Weltintendierung selbst »Gott« sein; wenn alles eigentlich »Gott ist«, bin *ich* es doch ohne jeden Zweifel. Und wenn ich in allen Dingen bin, darf ich in keinem von ihnen sein. Die Substanzeinheit der ganzen Welt gibt den geeignetsten Hintergrund ab, von dem sich mein Ich, das aller Evidenz nach »im Geheimen« *doch* nicht in jener Weltsubstanz aufgeht, in großartiger Einsamkeit abheben könne. Es ist mir leichter, »mich« zu isolieren, wenn »sonst« alles Eins ist, als wenn es in der Welt *echte Näheunterschiede* gibt und gar noch ein gesonderter Schöpfer und Weltregierer von mir Verantwortung heischt. Wie günstig der strenge Pantheismus für die »Stimmung« des Hochmuts ist, vermag jeder einzusehen, wenn er denselben etwa mit der zuweilen pantheisierenden christlichen Liebesmystik vergleicht. Es ist doch nur eine eisige Absage, wenn ich die Dinge der Welt so anrede: Wie ihr auch seid, was ihr auch tut und leidet, ihr seid und bleibt Eins und Gott.

Eine besondere Antinomie des Hochmuts liegt im »Problem des Teufels«, oder allgemeiner und empirischer, auch im Problem des Bösen überhaupt. Setzt das Böse, also zunächst die Wendung Satans, einen hochmütigen Abfall von Gott voraus, so besteht sie doch weiterhin aus einer eigentlichen Auflehnung gegen Gott, und Auflehnung ist schon ein beginnender Widerruf des Hochmuts. Diese Haltung steigert sich in der »irdischen«, »materiellen«, »tierischen« Bedeutungsfülle des Bösen, kraft welcher ja der Teufel »Fürst dieser Welt« ist. Der Teufel spielt den Gegengott und Antichristen; es gibt organisiertes Böse. Dies beruht darauf, daß – wie schon gesagt worden – das Böse keineswegs Hochmut »ist« oder aus solchem »besteht«, vielmehr konkrete Materie, ja sogar Wertgehalt besitzt und nur durch einen Akt des Hochmuts *bedingt* ist. Damit haben wir natürlich nicht erklärt, wieso der Hochmut, einmal gesetzt, einer solchen zumindest teilweisen Selbstaufhebung zusteuern kann. Vielleicht offenbart dieser Umstand eine Seite der göttlichen Weltordnung und die metaphysische Unvollziehbarkeit des Hochmuts; vielleicht könnte man auch gerade aus diesem Punkt heraus ein gewisses Verständnis des konkreten Bösen als »Schutzschicht« der geistigen Welt gegen den absoluten Nihilismus gewinnen; vielleicht äußert sich auf diese Weise schon im kleinsten »Teilchen« des Bösen sozusagen das Mißlingen seiner letzten Intention. Der Ur-Hochmut Satans strafte sich selbst Lügen, indem er gegen Gott auch »aufstand«. Andererseits aber ist auch das Hochmutselement innerhalb der »bösen Gemeinschaften« der Feststellung wert. Satan »liebt« etwa nicht seine »Vasallen«, mit denen er im Hasse gegen Gott »vereint« ist. Die Wahrscheinlichkeit dessen soll hier zumindest angedeutet werden, daß auch rein empirisch-psychologisch »unterm Zeichen des Bösen« Hingabe, Liebe und Interessenahme in jenem umfassenden und – von jeder berauschten Schwärmerei frei – »durchdringenden«, »transitiven«, »zentralen« Sinne nicht möglich ist, wie in guten Gemeinschaften. Wer die Treue zu Gott – dem Sein und dem Guten überhaupt – abschwört, bei dem wird auch jede andere »Treue«, namentlich im Zusammenhangskreis jenes entscheidenden Treubruchs, der letzten Wahrheit und Sinnvollendung ermangeln.

4. Verschiedene Färbungen des Hochmuts entstehen aus seiner Beziehung zu innerer *Sicherheit* und *Unsicherheit* der Person. Einerseits scheint der Hochmut geradezu unmittelbar und sinngemäß aus der unbeirrbaren Seinssicherheit herzufließen, der eine völlige Unabhängigkeit von der Umwelt und Entbehrlichkeit jedweder Rücksichtnahme auf sie zu verdanken sei; andererseits wäre anzunehmen, daß gerade Unsicherheit und Angst zu krampfhafter Abschließung und der Fiktion einer absoluten, mechanischen, unstörbaren und apriorischen Sicherheit hinführten. In der Tat dürfte auch soviel des scheinbar Paradoxen zutreffen, daß jede Allgemeinattitüde mit besonders betonter »Sicherheit« zum Hochmut hinneigt, ob nun jene Überbetontheit aus einem wirklichen Überfließen eines »kraftstrotzenden« oder »satten« Sicherheitsgefühls, oder aber aus der Überkompensierung eines »krankhaften« Sicherheitsmangels herrühren mag. Näher besehen, liegt die Sache ungleich verwickelter, da es recht verschiedene Arten der Sicherheitsbetontheit gibt. Wir wei-

sen nur auf das Korrektiv der oben gekennzeichneten Zweifel hin: 1. Auch die wirkliche massive, robuste Seinssicherheit ist noch lange nicht gleich der apriorisch-weltverachtenden »Nichtaffizierbarkeit« des Hochmuts. Dieser kann demnach nicht als schlichte »Verlängerung« jener Sicherheit verstanden werden. Oft begegnet uns jener Typ erdhafter Seinsfestigkeit ohne jede Spur von Hochmut: weltoffen, hingebend, ja demutsvoll. Vielmehr ist es wohl möglich, daß noch ein Stück heimliche Unsicherheit beim »Sicherheitshochmut« mitspielt: ein versteckter Riß, ein Schatten innerer Leere oder der Haltlosigkeit in »letzten« Dingen, der Unordnung in »gemiedenen«, aber nicht völlig ausschaltbaren Sphären; gerade bei sonstiger – auch innerer, etwa auf den allgemeinen Stand unter Mitmenschen bezüglicher – Vollsicherheit kann jeder Mangel quälend werden und der Entstehung des Anspruchs auf »unverletzliche Sicherheit«, der Hochmutkonstellation, Vorschub leisten. Es bedarf eben doch eines ganz bestimmten Schrittes, um von der auf Seinsstärke beruhenden positiven schlichten »Sicherheit« zu der negativen, auf dem generellen Bestreiten des ichfremden Seins beruhenden Hochmutsicherheit hinüberzugelangen. 2. Andererseits muß im Menschen eine – wie immer auch verbildete und gelähmte – innere Kraft vorhanden sein, damit die bloße Unsicherheit zum kompensierenden Sicherheitshochmut erstarrt. Der Anspruch auf Sicherheit, angesichts dessen die tatsächliche Ungefestigtheit so schmerzlich empfunden wird, kann doch nur auf Grund einer vorhandenen Kraft, eines gewissen Besitzes an Sicherheit aufrechterhalten werden. Nicht selten kommt dieser Typus krampfhaften, jeder Selbst-»Preisgabe« ängstlich ausweichenden Hochmuts gerade an sehr strebsamen und leistungsfähigen Personen vor. (Natürlich darf nicht gleich jedes schamhafte, zurückhaltende, schüchterne, naiv-eifrige Benehmen auf »Hochmut« zurückgeführt werden, so wenig wie ein »sicheres«, festes, gewandtes, gleichsam kräftig instrumentiertes Verhalten schon eo ipso »Hochmut« verrät.) Hier scheint – umgekehrt wie im ersten Fall – eine dumpf gefühlte, »unentfaltete« innere Sicherheit vorzuliegen, die durch den Anspruch ihrer eigenen Geltendmachung hindurch sich zum Hochmut entwickelt, gerade weil zu ihrer »normalen«, in den konkreten Lebensbeziehungen fundierten Auswirkung der Apparat fehlt.

Damit wollen wir natürlich nur jene primitive Schematik durchbrechen, wonach es Sicherheits- und Unsicherheitshochmut schlechthin, Hochmut als »übermäßige« Sicherheit und als »umgestülpte«

Unsicherheit gebe. Der empirische Typenbefund des »Härtehochmuts« und des »Krampfhochmuts« soll keineswegs geleugnet werden; auch nicht die verschiedenen Typen möglicher Überwindung des Hochmuts: »Brechung« im ersten, »Auftauen« im zweiten Falle. Überdies sind mannigfach Mischtypen denkbar und bekannt; z. B. der Moralhochmut beruht zugleich auf falscher Sicherheit (Überzeugung vom eigenen Gutsein) und falscher Unsicherheit (krampfhafte Abhängigkeit von der sittlichen »Norm«, Lebensarmut.)

Noch eine erläuternde Bemerkung sei gestattet. Wir sehen, daß es keineswegs angeht, den Hochmut einfach als einen Ausdruck der »Leere« – und etwa der aus ihrem Bewußtsein entspringenden Angst – aufzufassen. Andererseits aber wissen wir, daß der Hochmut auch nicht aus der »Fülle« stammt, nicht aus dem Sicherheits- und Überlegenheitsgefühl, das diese im »Stehen zu« der Umwelt gewährt. Das Absolutheitsstreben des abstrakten Ichs kann sich sowohl der Plus- als auch der Minusseiten der Person bedienen und gewisse Verhältnisarten der beiden zueinander dürften ihm besonders entgegenkommen. Allein weder gewisse ichvertretende konkrete Zeichen der »Überlegenheit«, noch auch ein gewisses Moment der Leere können beim Hochmut je ganz fehlen. Auch im Typus des Sicherheits-, Härte-, ja Leistungs- und Füllehochmuts ist der Hauch der Leere gegenwärtig: indem alles Einzelne, Konkrete, Beziehungshafte als minderbetont und zwerghaft intendiert wird gegenüber dem Subjekt – wiederum nicht im Hinblick auf dessen persönliche Eigenart oder Wucht, sondern sein gleichsam magisches Zentrum-Sein für all das »Gewimmel« von Werten, Kräften und Gegenständen. Wir empfinden dieses »Hineinstürzens«, »Hineingezogenwerden« der Wertdinge in ein kühles Vakuum an einem gewissen Hochmuttypus der Großgewordenen, Vielbeschäftigten, Schwerzugänglichen: wo die *Überfüllung* (und nicht nur quantitative!) der Welt eines Menschen in einer tieferen Schicht der Intention zur *Entleerung* wird, zur Bildung einer undurchlässigen Aura um die hochmutgetragene Ichheit her.

5. Erstreben wir einen Überblick über die *Anlässe (Wertgegenstände) des Hochmuts*, so können wir groberweise von »äußerem« und »innerem« Hochmut reden. Dabei ist es wichtig, festzuhalten, daß es auch den äußeren Hochmut wirklich gibt, daß also die richtige Erkenntnis des inneren, subtilen, verfeinerten Hochmuts, sowie die richtige Unterscheidung zwischen Hochmut einerseits und Stolz,

Willensstärke, Vordringlichkeit u.s.w. andererseits uns nicht dazu verführen darf, den Hochmut auf seine »luftigere« und »geheimere« Form einschränken und ihn aus allem präpotenten und auf äußere Güter pochenden Auftreten wegleugnen zu wollen. Zudem liegen auch noch bedeutsame Unterschiede derselben Richtung innerhalb des »äußerlichen« und des »innerlichen« Hochmuttypus vor. Z.B. der Geldhochmut ist »verfeinerter« als der in physischer Stärke fundierte; der Hochmut des völlig einsamen weltverachtenden »Zynikers« – richtiger »Nihilisten« – verfeinerter als das moralistische Pharisäertum. Ja, es besteht hier überhaupt keine reine Linearität; offenbar kann auch ein geistig orientierter Hochmut seinen Gegenstand plumper hervorkehren als etwa ein »unbewußterer«, weniger scharf vergegenständlichter Hochmut, der sich auf physische oder ökonomische Vorzugslagen stützt. Immerhin kann eingeräumt werden, daß die Vergeistigung und Verfeinerung des Hochmuts zugleich *auch* eine Annäherung an sein absolutes »Ideal« bedeutet, oder, weit besser gesagt: mehr echten, wesenhaft »absoluten« Hochmut verkörpert und durchscheinen läßt. Denn das Geistige kann nun einmal eher, denn das Materielle, das Subjekt als solches vertreten. Und trotzdem gibt es auch direkte Berührungspunkte zwischen dem Subjekthochmut und der völligen Nichtgeistigkeit. Die Abwesenheit allen geistigen Ringens, der geistigen Spannungen und Brechungen, der inneren Entzweiung, deutet irgendwie auf Hochmut: als wäre da hinter dem ganzen, »wohlfunktionierenden«, von innerem Widerspruch unberührten Erscheinungskomplex ein selbstgenügsames, gegen alle Affizierungen, Störungen, Anzweiflungen und Herausforderungen gefeites und verpanzertes Subjekt verborgen. Solches empfinden wir an klassizistischen und naturalistischen Kunstwerken, ja auch gewissen Erscheinungen der Natur selbst gegenüber. (Riesendimensionen, Bewußtseinsfremdheit, Blindheit, »großartige Leere«, »erhabene Zwecklosigkeit« der Natur, zumindest in manchen ihren Ausschnitten, und unter gewissen Aspekten betrachtet.)

So weht uns denn auch Hochmut entgegen aus dem Betragen gewisser meist junger Menschen, die im Besitze einer starken Körperlichkeit, ungebrochen, »problemlos«, von Skrupeln unbeschwert, gleichsam unerweckt ihren Weg wandeln. Denn ihre Stärke ist nicht vorab auf sachliche Leistungen und Möglichkeiten, sondern darauf intendiert, ihnen Zweifel, Leid, die Schmerzen und Forderungen eines wirklichen Sichöffnens und Durchdrungenwerdens zu ersparen.

Aus den sonstigen »äußeren« Hochmutsformen greifen wir die *macht*- und die *geld*bezogene heraus. Die soziale Macht eignet sich zur Staffage des Hochmuts, – und zwar desto mehr, je abstrakter, unbegrenzter, von Aufgabe und Funktion losgebundener sie ist, – indem sie die Überlegenheit, ja womöglich gar noch eine »Transzendenz« der Subjektperson den Mitmenschen gegenüber trägt und ausdrückt. Das Machtverhältnis kann in weitem Maße von persönlicher Leistungsfähigkeit und Qualitätenfülle, von sachlich gegründetem Führertum und teleologischer Hinordnung abgebunden und unabhängig gemacht werden; es erweist sich in diesem Sinne als Nährboden des Hochmuts. Nicht selten tritt es auch in die Erscheinung, wie sehr die Macht, zumal die »absolutistische«, ihren Besitzer merkwürdigerweise dem Leben entfremden und verschließen, von der Problemwelt der Mitmenschen abriegeln kann. Das Wegfallen der normalen »Widerstände«, so sehr es für den Mächtigen manches sonst Unmögliche in den Bereich der Möglichkeit schiebt, entzieht ihm auch die Fähigkeit zum Sicheinleben in höchst wichtige Sachverhalte, Konflikte, Notwendigkeiten etc. seiner Umwelt. Denn der Mensch ist nicht Gott und er bedarf gewisser ihm eigentümlicher Begrenzungen und »Verweigerungen«, nicht nur um seinem Leben und Wirken einen Sinn, sondern auch, um demselben die ihm wahrhaft zugängliche Fülle geben zu können. – Von einigermaßen anderer Seite aus läßt sich der Geldbesitz in den Kreis des Hochmuts einbeziehen. (Abgesehen wird hier von der intentionalen und realen Verbindung zwischen Geld und Macht.) Die Macht betont mehr die »anschauliche« Höhestellung über den Köpfen Anderer, das Geld mehr die Qualitätsentleerung der Welt und die abstrakte Allgeltung des Subjekts; trotz ärmlicher Beziehung zu geistigen Inhalten führt es strukturell zum inneren Hochmut hinüber. Während der Mächtige, auch der Tyrann, immerhin noch konkret »über Menschen« Macht hat und sie in Form der direkten Erfüllung seiner Befehle auf Grund einer persönlichen Unterordnung unter ihn wirken sieht, lebt der hochmütige Reiche, in der kapitalistischen Gesellschaft zumal, als ob er gar nicht unter Menschen lebte, jedweder persönlichen Verknüpfung bar. Es verhält sich phänomenologisch nicht so, daß er kraft seines Geldes Menschen zu Leistungen »zu zwingen vermag«, – wie etwa kraft der unmittelbaren Macht, – vielmehr stellt sich der Sachverhalt derart dar, daß er für sein Geld »alles haben kann« und beliebig in den Schätzen der abstrakten »Gesellschaft« wie eines schlicht offenliegenden Stückes Natur wühlend, der Menschen überhaupt nicht bedarf. Nur wofern er gerade dieses will, kann er auch Menschen als solche in seinen Dienst einspannen. Die metaphysische Entwertung der Dinge zu »Elementen«, mit welchem das Subjekt hantieren kann, wird vom Geldhochmut im allgemeinen gründlicher vollzogen als vom Machthochmut, obwohl dieser die urwüchsigere und sicherlich der Lebenswirklichkeit universaler innewohnende Form des Hochmuts ist.

Das Leitmotiv aller Weisen des inneren Hochmutes stellt die Idee der *Unanfechtbarkeit des inneren Menschen* bei. In dieser Unanfechtbarkeit mag nun Verschiedenes gemeint sein: bald eben nur die Erkenntnis »ihrer selbst«, jenes »Mich-drauf-besinnen«, daß nichts und niemand »*mir*« eigentlich etwas anhaben könne (Weisheitshochmut); bald das Bewußtsein einer von aller näheren Beschaffenheit der Person unabhängigen »Heilsgewißheit« (vgl. gewisse Strömungen des Protestantismus), bald das Bewußtsein, einem sittlichen Gesetz Genüge getan zu haben und somit im Wertvollsten und Wichtigsten allem Nahetreten entrückt zu sein (Pharisäertum); bald auch die Überzeugung, daß der Mensch dem Wesentlichen nach ein anarchisch freies Wesen sei, keine Verantwortung schulde, keiner höheren wertfundierten Macht unterstehe und in diesem Sinne von keinerlei »Beurteilung« getroffen werden könne (Hochmut des Immoralismus). Zynismus, ruchloses Genießertum etc. zeigen gleichfalls einen Zug ins Hochmütige, indem sie die Sachwerte der Wirklichkeit sozusagen entmarken und die Dinge der Welt, sei es auch entlang einer nicht aprioristisch, vielmehr recht inhaltlich bestimmten Linie, gleichförmig dem Ich untertan machen. Überhaupt jede Intendierung der Welt als einer *einschichtigen* Mannigfaltigkeit hängt mit Hochmut zusammen, ebenso auch jedes *Auseinanderreißen* der Welt, etwa in »das, worauf es allein ankommt« und »worauf es nicht ankommt«. Denn diese Intentionsweisen sind gleichsam auf eine »Vollkommenheit« des Subjekt angelegt, dem so die Welt – etwa »seine« Welt – wie ein Gewimmel oder ein Mechanismus, eine Geringfügigkeit oder eine Verfügbarkeit, zu Füßen gelegt wird; – die Welt wird in ihnen auf die Erhabenheit des Subjektes hin zugeschnitten.

Dem geistigen Hochmut ist mit wenigen Ausnahmen die Verachtung der »Menge« eigentümlich, – der folgerichtigste Einsamkeitshochmut kann allerdings die Person selbst, etwa gerade die »eigene«, gleich verachten, – ob nun das Sichkümmern um banale Dinge, um das Äußerliche und Körperliche, das Beherrschtwerden durch Trieb und Genuß, oder gerade das Verhaftetsein an moralische Schemata und »Vorurteile« als Konstituens dieser »Menge« gemeint sei. Als Hintergrund für das erhabene Ich wird allerdings die Menge zuweilen auch teilweise wertpositiv intendiert. Der im engeren Sinne pharisäische Typ des Hochmuts setzt einen gewissen moralischen Konsens voraus, einen auch sozial verankerten Sittlichkeitsmaßstab; die Erfüllung der darin begriffenen Forderungen bedeutet freilich hier nicht die echte, etwa liebeerfüllte Eingliederung in die Gesellschaft, vielmehr gerade ein bedingtes »Unabhängigwerden« von ihr; der »Makellose«, sofern er es eben ist und es für die Gemeinde ist, braucht sich weiter um niemand Fremden zu kümmern. Hier spielt also die Gesellschaft die Doppelrolle eines zur Verwirklichung der Moral bestimmten Corpus und einer »Menge«, von der sich der wirklich »Einwandfreie« als ein ihr unendlich überlegenes Wesen abhebt. Als Träger moralischer Beurteilung und Kontrolle wird der Mitmensch gewissermaßen positiv bewertet, als konkretes Wesen eigentlich verachtet. (Dem liegt ein tiefes Mißtrauen gegen jeden Menschen als solchen zugrunde. Allerdings besteht die konkrete Scheidelinie zwischen denen, die zur Gemeinde oder Sekte »zugelassen« werden, und denen, die von vornherein und anschaulicherweise nur die verächtliche Menge bilden.)

Über den geistigen Hochmut – »Hybris« – als Grundlage ganzer Weltanschauungen kann hier nicht eingehend die Rede sein. (Vgl. im I. Abschnitt die Erörterung über »Idealismus«, im II. die über »Solipsismus und Pantheismus«.) Die allgemeinsten Züge solcher Weltanschauungen müssen wohl sein: Konstruktion an Stelle dingverantwortlicher Wesenserfassung; überspannte Wertforderungen nebst liebloser Verwerfung der Weltmaterien und Wirklichkeitsgesetze, oder umgekehrt die majestätische Anbetung der monistisch gefaßten Welt, – wohl auch Zwischengebilde von beiden, aber stets eine Abneigung gegen die Annahme wirklicher innerer, auch wertmäßiger Vielschichtigkeit, Abstufung, Spannungsfülle; Ablehnung einer übermenschlichen Macht oder aber ihre monistische Überbauschung, wodurch das Subjekt wieder in seinem Bereiche »absolut«, des demütigen Herantretens, der freien Folgeleistung und Hingabe enthoben wird.

6. Das hochmütige *Verhalten gegen Menschen und Dinge* kann vor-

wiegend nach dem Typus »Verachtung« und dem Typus »Nichtbeachtung« (etwa auch »Erniedrigung« – »Rücksichtslosigkeit«) gefärbt sein. (Vgl. dazu Herrschafts- und Abschließungshochmut.) Im ersten Fall wird die apriorische Höhestellung des Ich nach der konkretanschaulichen Seite hin betont, im zweiten Fall das Element eigentlicher Beziehungslosigkeit, das in jener »unvergleichlichen« Höhenlage inbegriffen ist. Beiderseits ist die »Vernichtungsintention« des Hochmuts gegenüber dem Umweltsgegenstand gleich vorhanden; nur prägt sie sich entweder innerhalb des Rahmens der empirischen Existenz desselben, oder aber auf diese Existenz en bloc Bezug nehmend aus.

Es wurde bereits davon gehandelt, daß keineswegs etwa jeder Akt von Ablehnung, Gegnerschaft, Verachtung, Distanzsetzung, Unfreundlichkeit unter den Begriff des Hochmuts – etwa auch im Sinne eines »erlaubten Hochmuts« – fällt. Soweit gibt es auch gar keine »hochmütigen Akte« im strengen Verstande; man benimmt sich nicht »hochmütig« in demselben einfachen und unmittelbaren Sinne, wie man sich zornig, feindselig, zurückhaltend, eisig etc. benimmt. Zum Tatbestand des Hochmuts gehört der vollständiger gefaßte Intentionsgehalt des Benehmens. Der freilich kann auch in einer unscheinbaren und flüchtigen Geste vertreten sein. Kennzeichen der anders-als-hochmütigen Intention sind: die sachliche Orientierung, das (stillschweigende) Bejahen einer objektiven Abstufungsordnung der Werthöhen und Distanzen, die Elastizität und bleibende Sacherfülltheit der Einstellung (Hartnäckigkeit kann vollends auf bleibender inhaltlicher Stellungnahme beruhen und von jedem Hochmut frei sein); Kennzeichen der hochmütigen Intention sind: die angedeutete Apriorität des Eigenwerts und die durchblitzende Allgemeinverachtung des Nichtichs (sei es auch in der Behandlung eines bestimmten, etwa wirklich minderwertigen Gegenstandes; diese spezielle Minderwertigkeit wird dann nicht zentral intendiert, sondern nur als Anlaß gewonnen, um überhaupt »meine unendliche Höhe über minderwertigen Gegenstand schlechthin« zu demonstrieren). Der eigentliche Rejektionsgegenstand des Hochmuts ist Gott; in dem Maße ist immer mit Recht von Hochmut die Rede, als die Hochmutsintention über ihren aktuellen Gegenstand hinweg zwanglos durchgeleitet werden kann auf Gott – auf konkreten Wert und Sein und ihr Zusammen überhaupt.

Auf Hochmut deutet – wie schon gesagt worden ist – jede intendierte Absolutheit und Unendlichkeit des Verachtens oder Ablehnens hin. Z. B.: Entlarvung und Demütigung eines Gegners kann durchaus sachlich geboten sein und ist nicht unbedingt ein Akt des Hochmuts. Hochmütig ist es aber, sei es die Demütigung bis ins Äußerste zu treiben und gleichsam den Menschen in seiner Ganzheit und Seinstiefe dabei treffen zu wollen, sei es auch den Anlaß zur Entblößung und Demütigung von Menschen überhaupt zu suchen. Ohne Hochmut kann ich über Tendenz oder Form einer an mir geübten Kritik »beleidigt« sein, – wenn nämlich darin sei es ein Aburteilenwollen ohne sachliches Eingehen zum Ausdruck kommt, sei es ein Vernichtenwollen meiner Persönlichkeit durch das Sachliche als einen bloßen willkommenen Anlaß hindurch, – hochmütig aber wird meine »Empfindlichkeit«, sofern sie sich auf die Tatsache des Kritisiert- und Angefochtenwerdens überhaupt bezieht. Es hat nichts mit Hochmut zu tun, seine Freunde vorsichtig auszuwählen und allzu schnelles Intimwerden mit dem »ersten Besten« zu scheuen; aber der Hochmut ist nicht mehr abzustreiten, wenn ich überhaupt jede Freundschaft aus meinem Leben verbanne, oder wenn ich peinlich darauf achte, mit Leuten, die nicht zu meinem Freundeskreis zählen, unter allen Umständen den Verkehrston eisiger Fremdheit zu bewahren. Es braucht darin kein Hochmut zu liegen, wenn man im allgemeinen mit Untergebenen oder kulturell Tieferstehenden derart umgeht, daß eine gewisse Distanz undurchbrochen bleibt und jenes relative Oben-Unten in der Anlage des Verkehrsverhältnisses zum Durchscheinen kommt; aber andererseits ist der Hochmut doch da, wenn nicht auch diese gewisse Relativität des hierarchischen Niveauunterschiedes zum Ausdruck gelangt, wenn der Niedrigerstehende als bloße Maschine, Krafteinheit, Nummer etc. behandelt wird, wenn umstandsmäßige oder individuelle Abstufungen, Ausnahmen, Modifizierungen, überhaupt die Erfassung *anderer Dimensionen* neben der bewußten hierarchischen Gegebenheit, ausgeschlossen bleiben.

Im zwischenmenschlichen – auch dem sachlich bezogenen – Verkehr gibt es zwei besondere wichtige Äußerungsformen des Hochmuts. Die eine ist die konkrete Betonung der eigenen apriorischen Überlegenheit: darunter fällt nicht so sehr die Unduldsamkeit schlechthin, – die auch in sehr heftiger sachlicher Eingenommenheit wurzeln und dann nahezu hochmutfrei sein kann, – als vielmehr jenes Selbstverständlich-im-Rechte-sein, welches den Andersdenkenden nicht erst bekämpft und verfolgt, sondern ihn belächelt, beklagt, »zur Ordnung weist«, ihn also statt wie einen (etwa gefährlichen) Gegner, wie einen Unvollkommenen, Kranken, Trunkenen, wie eine »Rückständigkeit«, ein »Hindernis«, eine empörende »Abnormität« behandelt. Dieser Hochmut gibt oft dem Predigerton, dem Gelehrtendünkel, der sektiererischen Esoterik ihr Gepräge. Die zweite Hochmutform, die wir hier meinen, besteht in dem Meiden des Kampfes und der Unterdrückung des Kämpferischen. Vorzugsweise unter den Vertretern eines gewissen wohlbekannten geistigen Snobismus blüht jener vornehmtuerische Kult des Flüstertones, jener Abscheu vor scharfen Stellungnahmen, vor Polemik und Losschlagen, der so tief von Hochmut getränkt ist. Denn nicht etwa Liebe, Friede und Barmherzigkeit wird da gemeint, sondern: »Eine Auseinandersetzung lohnt sich nicht«, »Streit würde mich zu nah und zu heftig berühren«, »Durch meine Erkenntnis allein besitze ich die Welt«, und derlei Wendungen des Hochmuts mehr.

Ist es Hochmut, »sich um die Menschen nicht zu kümmern«? Ist dies streng gemeint, so muß die Antwort auf Ja lauten. Nicht nur im allgemeinen bedeutet eine radikale innere Abschließung gegen die Mitmenschen Hochmut par excellence, sondern auch die schlechthinnige Unbekümmertheit um das (moralische) Urteil derselben spiegelt Hochmut wieder. Denn es ist Ichvergötterung, die Stimme des Gewissens für streng unfehlbar zu halten, und noch mehr ist es Umweltverachtung, der kollektiven ethischen Stellungnahme der Menschen – bei allen Verkrümmungen, denen sie zweifellos unterworfen sein muß – jede sachliche Tragweite abzusprechen. Auf der anderen Seite wäre es freilich ein Zeichen innerer sittlicher Schwäche, sein Urteil erst aus dem der Anderen, dem »herumgesprochenen« sozusagen, herzuholen; wäre es kleinliche Menschenfurcht, seine Stellungnahme in zentralem und direkt-sachlichem Sinne auf die zu erwartende Reaktion der Kreise, von denen man irgendwie abhängt, von vornherein hinzuordnen. Phänomenologisch gesehen, steckt ja im trotzigen Wort, »Was kümmere ich mich um die Menschen?!«, etwas offenbar Richtiges und Edles, ein Hinweis auf die von gesellschaftlichem Konsens prinzipiell und zunächst unabhängige *Objektivität der Wertmäßigkeiten*. Unter »Menschen« sollen hier ja gar nicht die Menschen im umfassend-konkreten Sinne als geistige, biologische, ja sozial verbundene Lebenseinheiten verstanden werden, sondern nur ein bestimmter Aspekt der Gesellschaft, die

Menschen in einer bestimmten Hinsicht ihrer Vergesellschaftung, eben jene familiär, kommunal und weiter sozial bestimmte gewisse »Verdinglichung«, die wir mit dem Ausdruck »die Leute« bezeichnen. Das Trotzen gegen die Meinung der Leute, zumal wenn sachlich begründet, hat natürlich nichts von Hochmut an sich. Prinzipiell unsozial und daher hochmütig wäre es u. E. allerdings, die Berechtigung und den wertvertretenden Anspruch des Gebildes »Leute«, d. h. »urteilbildender Menschenkreis, der an einer Angelegenheit im vagen Sinne teils sachlich, teils persönlich, besonders aber durch Nähelage beteiligt ist«, schlechthin und unter allen Umständen leugnen bezw. ausschalten zu wollen.

Was den Hochmut gegenüber den »Dingen« angeht, gehört naturgemäß jede *prinzipielle* Interesselosigkeit und Weltverarmung dazu. Keineswegs aber einerseits die Beschränktheit und Einseitigkeit der persönlichen Bildung und Beschäftigung an sich, keineswegs andererseits jene Setzung von Rangordnungen und damit *relativen* Entwertungen, die etwa der christlichen Weltauffassung geläufig ist. Hochmütig ist z. B. die Einstellung, wonach die Welt nur um der Kunst willen da sei, oder daß die Gestaltung der irdischen Dinge unwesentlich, das Sichabgeben damit läppisch oder unrein sei. Ein volles Maß an Hochmut steckt aber auch in dem Welteroberungs-Ideal des naturwissenschaftlich-technischen Geistes, soweit es als Lebensstimmung fungiert, und die Dinge als etwas in bestimmten Sinne schlechthin Essenzloses, ihr Erkennen als ein bloßes potentielles Errechnen, Beherrschen und Abfangen, den Umgang mit ihnen als ein beliebiges Hervorrufen erwünschter Wirkungen intendiert. Nichtsdestoweniger ist auch der Ästhetizismus tief in Hochmut verstrickt (und, nebenbei, sicherlich weniger »nützlich« und großzügig, als die zuvor erwähnte Haltung), der Dinge, wiederum ohne in ihr Sein einzudringen, nun als Anlaß nimmt zur Auslösung oder Darstellung von Gefühlen und Entwicklung von Stimmungen. Auch aus dieser Gegenüberstellung leuchtet hervor, daß der Hochmut, dem ja empirisch im allgemeinen doch keine reine Verkehrslosigkeit mit der Welt entsprechen kann, am innigsten verbunden ist mit dem Sehen der Welt als einer einschichtigen, seins-, zweck- und ordnungsarmen Mannigfaltigkeit, die das Subjekt, ohne ihr liebend und aufrichtig »näher treten« zu müssen, zu »bewältigen« und zu »erledigen« wähnt.

III. Zur Überwindung des Hochmuts

1. Unser Forschen galt dem Hochmut, nicht der Demut. Immerhin aber kann auch, von der urwüchsigen Kraft der Demut abgesehen, ein unmittelbarer Kampf um die Überwindung des Hochmuts geführt werden. Diesem Thema seien noch einige kurze Bemerkungen gewidmet.

Welche Sonderform auch der Hochmut annehmen mag, untrennbar sind in ihm die Intention der Ich-Überlegenheit und die der Ich-Isolierung verknüpft. Das Hochmut-Ich ist *sein eigener Gott*: daher empirische Anspielungen an eine anschauliche »Gottähnlichkeit«, daher aber auch die Andeutung schlechthinniger Unbedürftigkeit den Dingen gegenüber. Eine absolute Überlegenheit, die zugleich schöpferisch und liebend ist, ist eben das ausschließliche Eigen Gottes. Eine bloße Isolierung aber, die nicht zugleich ein unendliches Herabsehen auf das Nichtich sein will, ist Sache der primären Schwächlichkeit, Armut, Leblosigkeit, nicht des Hochmuts. Das Subjekt-Objekt-Verhältnis, dieses erhabene Grundgesetz des geistigen Seins, beinhaltet zugleich eine »überblickende« Höheposition des Subjekts (etwas »wissen« heißt in gewisssm Sinne es »haben«), und eine Bindung des Subjekts an den Gegenstand, seine Hinordnung auf letzteren (ohne ihn jemals, wie Gott, im primären Sinn geschaffen zu haben). Das von der tragischen Ursünde des Hochmuts befallene Subjekt hält an dem ersten Stellungszeichen fest und verwirft gleichzeitig das zweite. Daher die Verabsolutierung der Überlegenheit und das Hinzutreten der Isolierungsintention; daher aber auch der gleichsam selbstmörderische, sich selbst zur Sinnlosigkeit bringende Charakter des Hochmuts.

Hieraus folgt, daß weder die *Selbsterniedrigung allein*, noch das *Inbeziehungtreten mit den Dingen allein* eine voll angemessene Gegenbewegung gegen den Hochmut darstellt. Beide lassen dem Hochmut noch einen Zugang, eine Schlüpfbresche frei. Die bloße Selbsterniedrigung droht allzusehr, in eine Erniedrigung und Entwertung der eigenen empirischen Person, in ein Abrücken von der empirischen Wirklichkeit und dadurch wieder in einen heimlichen, unter der Maske der Selbstverachtung und Bescheidenheit gedeihenden Ich-Hochmut auszuarten. Die überbetonte »Geschäftigkeit«, Aktivität, Beziehungssucherei aber bürgt keineswegs für eine wirkliche innere Hingabe an die Dinge, eine Brechung und Beugung des hochmütigen Insichbleibens des Ichs. Es wird erst wahrhaft ein Damm aufgerichtet gegen den Hochmut, wenn zugleich und in einem Akte die eigene Unvollkommenheit, Kleinheit und Gebrechlichkeit, aber auch die eigene – nach verschiedenen Richtungen abgestufte – Zugehörigkeit zur Welt, das eigene Verpflichtetsein gegen sie erlebt werden. (Nichts als eine Seite der *christlichen Beziehung zu Gott* ist hier gemeint.) Gegenüber der falschen Zerknirschungsdemut und Preisgabe aller Selbstbehauptung erhebt sich daher ein gewisses Bewußtsein des eigenen Wertes zum Postulat, als eines Gutes, worauf die Welt einen Anspruch hat. Gegenüber allem falschen Ansinnen aber, die Welt durch bloße »Beschäftigung mit ihren Materien«, etwa eine beliebige »Bearbeitungslinie« entlang, »bewältigt« oder »befriedigt« zu haben und sie in diesem Sinne »losgeworden« zu sein (vgl. die flache »Philanthropie«!), gilt die Forderung der Ehrfurcht vor Menschen und Dingen, die Erkenntnis ihrer relativen Verschlossenheit, ihrer »Schwer-Durchdringlichkeit« für unsere Zwecke und Kräfte; – denn auch der Kniff, die Welt für schlechthin »offen«, »offenliegend« zu erklären, ist ein Versuch, uns gegen sie insgeheim zu verschließen. Was ich als fertig mir »gehörend« erlebe, das brauche ich mir nicht zu erschließen und zu erarbeiten. – Wir könnten also zusammenfassend sagen: Erlebe, um dich des Hochmuts zu erwehren, dich selbst als »kleine«, aber noch endliche und zählende »Größe«; deine Umwelt aber als eine großartige, dir prinzipiell zugängliche, ja im gewissen Sinn sogar deiner harrende Mannigfaltigkeit, zu der du dir jedoch hingebungsvoll, mühevoll, durch tausend Selbstüberwindungen hindurch den Weg bahnen mußt.

2. Wir können etwa noch auf folgende Weise formulieren, welche Einstellung zu sich selbst wie zu den Dingen und Lebenssphären dem Hochmut den geringsten möglichen Raum überläßt. Es gehört zur Überwindung des Hochmuts, daß ich mich bei aller Seinssicherheit und unabhängig von meiner empirischen »Meinung« über mich selbst als *wandelbar*, beeinflußbar, korrigierbar, ja innerhalb sachlicher Grenzen immer noch auch als einer grundsätzlichen Läuterung, Erweckung, Bekehrung zugänglich fühle. Dies alles aber nicht widerstandslos, nicht durch Gewichtslosigkeit und Preisgabe jedes inneren Haltes, denn auch das würde wieder einer neuen Form des Hochmuts Tür und Tor öffnen; unberührt, unangetastet, unaffiziert könnte sich da das »innerste«, rein subjekthafte Ich von dem »ungehemmten«, dem Kräftespiel äußerer Einflüsse und gleichsam außer-

personaler Triebregungen schlechthin überlassenen Wechsel meines konkreten Seins abheben. Die empirische »Auflösung« wäre metaphysisch »Erstarrung« in Hochmut. Was dem Hochmut entgegengesetzt zu werden hat, ist also keineswegs ein »Sich-gehen-lassen«, am allerwenigsten auf die Gesamtheit des personalen Seins angewendet, sondern ein allgemeines »Sich-öffnen« den Menschen, Dingen, Werten, Entwicklungen gegenüber, welches nach inneren Anlagen begrenzt, nach Gegenständen abgestuft, ja in entscheidenden Einzelfällen dem eigenen Selbst mühsam abgerungen wird, da dies erst das Miteinbezogensein, Mitbetroffensein, Mittun des Persönlichkeitskerns, des metaphysischen Menschen selbst verbürgt.

Mitunter erschüttert es den Hochmut, wenn bereits sachlich vorhandene Beziehungen zur Umwelt mit ganzem Bewußtsein erlebt, »eingestanden«, aktualisiert werden, handle es sich nun um zunächst unbemerkte oder »verdrängte« zwischenmenschliche Bindungen, um Sachinteressen, die erst »entdeckt« werden, ja sogar um Ansprüche, deren puritanische Ableugnung ja in manchen Fällen – wo nicht etwa Geschmacksfremdheit, Notlage, spezifisches Ertüchtigungsstreben oder bestimmte ethische Verbote den Anspruchsverzicht bedingen – weit hochmütiger sein kann als ihre enghergig-egoistische Geltendmachung.

Echte *Mannigfaltigkeit, Hierarchie, Werterfülltheit* der Sachbeziehungen sind der Gegenpart der Hochmuthaltung. Die rein empirische Mannigfaltigkeit der Interessen und Beschäftigungen allein genügt nicht: bloße Vielseitigkeit kann ebenso wie monomanische Vergaffung mit einer »unendlichen Überlegenheit« der Welt gegenüber vereinbar sein. Die Welt steht dann eben als eine dem Subjekt gleichsam hilflos ausgelieferte Vielheit oder Sammlung von Gegenständen da. Andererseits aber ist auch jene monistische Weltbehandlung, welche alle Dinge als »eigentliche Ausdrücke eines und desselben Gesetzes« etc. faßt, sie also gleichsam »kurzschlußmäßig« auf einen Nenner bringt, für den Hochmut günstig, da sie dem Ich wieder erlaubt und nahelegt, in *einer* grundsätzlichen Stellung »ungestört« zu verharren. Nur dadurch untergrabe ich ernstlich meinen Hochmut, wenn ich die Dinge in ihrem Sondersein bejahe bzw. bearbeite, zugleich ihre objektiven Zusammenhänge und Abhängigkeiten zu erkennen und anzuerkennen trachte, – jedem Anspruch entsagend, wonach ich erst als Betrachter oder als Lebewesen sie zu einer gewissen Ordnung oder Reihe zusammenfügte, – und stets auch jene ihrer Ordnungen und Verbindungen »ahne«, die ich niemals adäquat und anschaulich vor mir zu haben und zu formulieren vermag.

Jede »Überwindung des Hochmuts« aber wird unvollkommen und verstümmelt bleiben, die nicht von *positiven Akten der Demut* unterstützt wird. Demütiges Nahen an Gott, Schöpfer und Wertzentrum der seienden Dinge, ist notwendig, um auch nur den Hochmut gegen die Kreatur wahrhaft ins Herz zu treffen.

Versuch über den Haß

I.

Ungenauigkeit, verworrene und verwaschene Verwendung der Begriffe ist die eine große methodische Gefahr geisteswissenschaftlicher Untersuchungen; die andere und entgegengesetzte ist das vorzeitige Erpichtsein auf strenge Begriffsdefinitionen, welche künstlichen Barrikaden gleich den Forscher davon fernhalten, in die Bedeutungsfülle seines Gegenstandes wahrhaft einzudringen. Literatur und Mathematik sind die beiden großen Gefahren der Philosophie, obschon wundervolle Schöpfungen des Menschengeistes an ihrem eigenen Orte. Wir wollen also hier nach Tunlichkeit vermeiden, an das Thema »Haß« lyrische Variationen zu knüpfen, wir halten uns aber auch nicht an eine schon vorhandene oder noch zu formulierende Definition des Hasses – die gleich elegant klingen sollte, wie etwa die Definition der Kreislinie –, sondern gehen von dem jedem gegebenen Gemeinbegriff des Hasses aus, wobei wir zunächst eine je engere Konzentrierung des Begriffsinhaltes anstreben.

Die Grundtönung des Hasses ist Feindschaft, Widerstreben, Ablehnung, Gefühlseinstellung negativer Art. Darin ist Haß mit Antipathie, Zorn, Ekel, Verachtung, Bekämpfung verwandt. Wie es bei wichtigen Lebensbegriffen meist der Fall ist, mißbrauchen wir auch das Wort »Haß« und »Hassen« bewußt zur Bezeichnung von Stellungnahmen und Empfindungen, die in Wirklichkeit weit oberflächlicherer und allgemeinerer Natur sind. Wer davon redet, daß er z. B. kalten Braten »hasse«, weiß sehr wohl, wie wenig diese seine Geschmacksrichtung mit Haß zu tun hat; auch wer z. B. Gebirgskurorte zu »hassen« vermeint, ist sich – möge er auch aus zwingenden äußeren Gründen drei Wochen zähneknirschend an einem solchen zugebracht haben – durchaus im Klaren darüber, daß diese seine unlustvolle Beziehung nicht nur dem Grad, sondern auch der Art nach völlig verschieden ist von seinem Hasse gegen den Mann, der ihn einmal um seine Existenz gebracht und ihm seine Braut abspenstig gemacht hat und nebstdem von seinem widerlichen, höhnisch-überlegenen Auftreten bekannt ist. Gleichwohl sollte nicht nur im Gebrauche solcher Wörter wie »Haß«, sondern auch in der Kritik an diesem Gebrauch eine gewisse Vorsicht beobachtet werden. Wenn jemand nicht zwar den kalten Braten, wohl aber den Alkohol haßt, der seine Eltern und Geschwister ruiniert hat und dem er selbst eine Erbbelastung verdankt, wenn er da leicht imstande ist, eine Schnapsflasche wütend zu Boden zu schmettern, – ist auch hier der Gebrauch des Wortes »Haß« ein bloß rhetorischer, enthält diese Abneigung, diese Wut, diese Verbitterung wirklich nichts von »echtem« Haß? Und ist es nicht möglich, daß einer allen Ernstes die Großstadt haßt? Oder eine bestimmte Stadt, wo er etwa Jahre lang schwer gelitten hat, dabei selbst moralisch tief gesunken ist, und all dieses im Zusammenhange mit dem allgemeinen Charakter, dem Lebensmilieu dieser Stadt? Über die Berechtigung eines Wortgebrauches an sich zu streiten, mag müßig sein. Niemand wird jedoch leugnen können, daß es sich in Fällen dieser Art um ein Gefühl handelt, welches dem Hasse gegen einen »bösartigen Feind« weit näher kommt als die schlichte »Abneigung gegen irgend ein Objekt«, mag auch diese Abneigung als solche noch so stark sein, etwa wie die Idiosynkrasie gegen eine bestimmte Frucht.[1]

Haß ist nun vor allen Dingen ein Gefühl, dem notwendigerweise eine – »Ganzheit« andeutende – *Einsetzung der eigenen Person* eigentümlich ist, in phänomenologischer Sprache zugleich Tiefe und Zentralität. Nicht etwa »Tiefe« ohne Zentralität, wie einer mystischen Stimmung, oder auch einem unbestimmten warnenden Widerwillen gegen einen Menschen, dem man gelegentlich begegnet, ohne mit ihm näheres zu tun zu haben. Noch weniger »Zentralität« ohne Tiefe, wie der Erledigung eines aktuellen Interesses, z. B. der Ausschaltung eines empfindlich unbequemen geschäftlichen Nebenbuhlers. Das Merkmal der Tiefe steht allerdings mehr im Vordergrunde als jenes der Zentralität. Den Mordbuben, der mich überfallen hat und mit dem ich um Leben und Tod ringe, werde ich kaum so recht »hassen«. Hingegen kann ich ganz gut Menschen hassen, die niemals eigentlich »meinen Weg gekreuzt«, mich nie an einem zentralen Personstreben gehindert haben, die mir aber als Verkörperungen einer widerwärtigen Lebensform erscheinen und die ich immerhin – sei es

---

[1] Alexander Pfänder (*Zur Psychologie der Gesinnungen*, Halle 1913) bezweifelt überhaupt (S. 13), daß wir etwa Tiere und Pflanzen nur als irgendwie »menschenähnliche« Gegenstände hassen könnten. Es könne jemand auch leblose Gegenstände hassen, so etwa das Automobil. – Nicht aber doch nur als Repräsentanten eines ihm verhaßten Kulturstils?

noch so peripherisch, ohne jede »Bedrohung« meiner selbst – als Träger von Macht erlebt habe.

Daß Haß im Gegensatz zu aktuellen Zuständen wie Unlust, Zorn, Wut, gewissermaßen auch Ekel, eine gleichsam die Person mit »aufbauende«, sie »vertretende« *Haltung* ist, hängt mit Tiefe und Zentralität eng zusammen. Zorn etwa kann ohne jedwede Tiefenbeziehung sein und kann sich auf einen Gegenstand richten, mit dem das Subjekt »sonst«, also allgemein und ständig, durchaus positiv gefühlsmäßig verbunden ist: so können Eltern vor Zorn außer sich geraten, wenn sie von einer selbstgefährdenden Unvorsichtigkeit ihres geliebten Kindes erfahren. Ganz anders der in hohem Maße gegenstandsgebundene, ja gegenstands-»charakterisierende« Ekel,[2] der überdies in einer gewissen Tiefenschicht der Seele wurzelt. Allein gerade seine schematische Bezüglichkeit auf bestimmte Klassen von Gegenständen, ferner seine inhaltliche Beziehung zu Abfallsprodukten, Verwesungserscheinungen sowie »kleinlichen« Manifestationen des Lebens (Ungeziefer) erweisen die durchaus unzentrale Artung des Ekels. Im Gegensatz zu ihm ist Haß – ohne darum weniger intentional gerichtet zu sein – stets ein wesentliches, mitentscheidendes Element der Lebensgestaltung selbst. Haß ist ein *historischer* Aspekt des Menschenlebens, – wie Geburtsumstände, Charakter, Bekehrung, Leidenschaft, Liebe, Werk, Krankheit.

Wenn nun Haß ein dieser Art wichtiges, personvertretendes Feindschaftserlebnis ist, – wie wird in ihm, sofern wir es zunächst überblicken können, der Gegenstand, der Feind oder das Feindliche, gefaßt? Der Haß setzt ein »Vollnehmen« des Gegenstandes voraus: dieser muß irgendwie objektiv wichtig, bedeutsam, gefährlich, mächtig sein; wenn auch nicht immer der aktuellen Lage nach (wie z. B. der geschlagene, tief gedemütigte Feind), aber doch seiner allgemeineren Rolle, einem ihm zukommenden Anspruch nach. Man kann jedwedes Störende oder Schädliche oder Gegenstrebige austilgen, entfernen, überwinden, gleichgültig ob es stark oder schwach, bedeutend oder unbedeutend, geistig relevant oder ohne geistige Beziehung ist; man kann es jedoch nicht auch ohne weiteres hassen.[3] Wir wol-

---

2 Zum Ekel und den Ablehnungshaltungen überhaupt vgl. des Verfassers Aufsatz *Der Ekel* (Jahrbuch für Philosophie und phänomenologische Forschung, Halle 1929; in diesem Band S. 7-65).

3 Das bloße Streben, einen Gegenstand (auch eine Person) zu schädigen, etwa um des eigenen Vorteils willen, kann von Haß völlig frei sein: Pfänder (a. a. O., S. 25).

len nun nicht schlankweg erklären, daß Haß nur gegen eine ebenbürtige geistig-personale Macht möglich sei, aber wir stellen ohne Schwierigkeit fest, daß dieser Fall der zentrale ist und daß andere Fälle nur als Ausstrahlungen, Übertragungen desselben verstehbar sind. Typischerweise kommt Haß dort in Frage, wo von »schwerem Kampfe« die Rede sein kann, oder doch eine solche Situation mit der Feindschaftsbeziehung historisch innigst verknüpft ist: wenn z. B. jemand sogar die unmündigen Kinder eines verhaßten mächtigen Feindes haßt. Die andere Seite der hier behandelten Voraussetzung ist die geistige »Betreffbarkeit« des Gegenstandes. Man haßt die Wogen einer Sturmflut nicht, wie erbittert man auch gegen sie ankämpft; man empfindet auch nicht gerade Haß gegen ein angreifendes Raubtier; ja kaum noch gegen einen tückischen und grausamen Wegelagerer. Das Mitglied eines »Herrenstandes« wird in ungleich echterem Sinne einen anderen »Herrn« hassen, der an ihm verräterisch gehandelt hat, als einen ungetreuen Knecht. Der Gebildete wird den Ungebildeten, wenn auch dieser ihm den empfindlichsten Schaden in böser Absicht zufügt, schwerlich hassen können. Er wird nur zu sehr dazu neigen, ihn als eine abzuwehrende üble Naturmacht zu behandeln. Da freilich gebildet und ungebildet ebenso wie Aristokrat und Plebejer nur höchst relativ geltende Gegensätze sind, versteht sich das vorhin Gesagte nur innerhalb eines mehr oder weniger unveränderten gesellschaftlichen Daseinskreises. Auf einer entlegenen Insel oder am Kriegsschauplatz, wo fundamental neue Gesellungsverhältnisse auftreten, können jene Schranken des Hasses vollends wegfallen. Aber auch in diesem präzisierten eingeschränkten Sinne gilt die Voraussetzung der Ebenbürtigkeit nur gegen unten, nicht auch gegen oben. Ich kann sehr wohl den ungleich Mächtigeren, dem ich ausgeliefert bin, »ohnmächtig« hassen; ich kann desgleichen den Vornehmeren, den Bedeutenderen, den Gebildeteren »mit dumpfem Ressentiment« hassen. Freilich ist auch da gleichwohl eine gewisse Gemeinsamkeit der existentiellen Ebene vorausgesetzt. Die ist von unten nach oben leichter erlebbar, als von oben nach unten. Mögen auch die einzelnen Erlebnisinhalte des Primitiveren dem Höherstehenden zugänglicher sein als umgekehrt, die metaphysische Gleichbedeutung alles Menschlichen ist jeweils dem an Werten unterscheidender Art ärmeren Menschen zugänglicher. Der Bourgeois kann den Proletarier als bloße »Hand«, bloße Lebensmittel konsumierende »Arbeitskraft« betrachten; der Proletarier aber den Bourgeois, sei es als Führer, als blutsaugerischen Parasiten, als teuflischen Unterdrücker, doch niemals als bloßes Produktionswerkzeug.

Man könnte auch die Ausdrucksweise wählen, Haß sei nur einem Objekt gegenüber möglich, dem wir *Verantwortlichkeit*, ethische Zurechnungsfähigkeit beimessen können. Es wird noch darauf zurückzukommen sein, daß eine enge Beziehung von Hassen und Für-bösehalten besteht. Machen wir sogleich die Einschränkung, daß einerseits Verantwortlichkeit und ethische Entscheidungsfähigkeit hier als gradweise gedacht werden (etwa der Feudalherr ist in seiner sozialen Einflechtung freier und verantwortlicher als der Leibeigene, der geistig Hochstehende ist es mehr als der unwissende Triebmensch), daß andererseits Wirkpotenz nebst der geistigen Verantwortlichkeit mit erfordert wird (je ohnmächtiger der »böse« Gegner, umso gegenstandsloser ist der Haß). Aber an Hand dieses Motivs ist doch der Haß von der Angst am strengsten zu scheiden. An dem Gegenstand, den ich fürchte, ist mir seine Beschaffenheit an sich soweit völlig gleichgültig; wichtig ist nur seine mögliche Wirkung auf meinen Zustand. Die Angst vor dem Verfolger ist als Angst genau derselben Ordnung als die Angst vor dem Sturm. Gewiß kann bei geeigneten Gegenständen die Angst zum Anlaß des Hasses werden. Der grimmige Vorgesetzte, der mir Entlassung androht, kann mir leicht auch verhaßt werden. Eine »Ableitung« des Hasses aus der Angst kommt indessen nicht in Betracht. Ich werde speziell den ungerechten Vorgesetzten hassen, den viel strengeren hingegen, den ich jedoch nicht für ungerecht halte, weit eher fürchten als hassen. Ich kann ihn zugleich fürchten und lieben; und ich kann einen übelwollenden boshaften Kollegen hassen, wenn er mir auch nicht mehr »viel anzuhaben« vermag. Der Haß geht also offenbar auf das »Wesen« des Gegenstandes, freilich niemals auf sein Wesen schlechthin, wie es bei einer begrifflichen Bewertung oder einem ästhetischen Gefühl zumindest relativ der Fall ist, sondern unter schärfster Betonung der Auswirkung dieses Wesens auf das Subjekt (den »Hassenden«), wie namentlich auch auf den geistig mitbedingten Lebenszusammenhang, der die beiden, Subjekt und Objekt des Hasses, miteinander verbindet. Der Haß ist weder auf Wesen an sich, noch auf kausale Verkettung, sondern etwa auf »historische Rolle« ausgerichtet. Wir nennen hier als Beispiel den politischen Haß: den Haß gegen den aus anderer Familie, anderem Personenkreis hervorgegangenen –

etwa auch individuell typisch anders gearteten – Gegenspieler, der dem gemeinsamen Vaterland ein anderes Gepräge geben, es anders haben will.

Eine überaus wichtige Seite des Haßproblems bildet die Frage, was im Sinne der Haßintention mit dem Gegenstande eigentlich geschehen soll. Wieweit wird im Hasse die *Vernichtung* des Gegenstandes gewollt? Ausschaltung, Verbannung, Zugrunderichten, Tötung, metaphysische Entweihung des Gegners – etwa Vereitlung seiner ordnungsgemäßen Beisetzung – liegen in der Linie des haßerfüllten Willens. Nichts davon muß freilich der Hassende aktuell wollen: wie auch nicht jeder, der Furcht hat, auch wirklich flieht oder auch nur zu fliehen versucht, sich mit dem Gedanken der Flucht befreundet. Einer, der sich um eine Frau bewirbt, kann seinen Nebenbuhler hassen und dabei jeden Gedanken, ihn auch nur von der Seite der Geliebten zu verdrängen, von sich weisen: indem er etwa überzeugt ist, daß die Angebetete objektiv besser fährt, wenn sie jenen wählt. Man könnte einwenden, dies beziehe sich nur auf den konkreten Willen des Hassenden und habe nichts mit dem Hasse selbst zu tun, dem ja der Hassende nicht schrankenlos untertan ist; wenn ich durstig bin, so möchte ich das auf dem Tisch stehende Wasser trinken, mag ich mich auch aus Gesundheits- oder Schicklichkeitsrücksichten davon zurückhalten. So einfach aber ist es mit dem Hasse nicht bestellt. Wer kann es eindeutig sagen, was der Hassende mit dem Feind gern unternehmen möchte, wenn er sich ganz mit seinem Haß identifizierte, wenn er sich weder um sittliche Erwägungen, noch um äußere Rücksichten kümmerte? Wird der Haß sich damit begnügen, wenn der Gegner »in die Ferne geschafft«, aus einem bestimmten Felde geschlagen wird? Soll er geschädigt, gemartert, gedemütigt werden? Ist sein Tod der eigentliche Zweck? Oder genügt vielleicht selbst dieser nicht? Denn der Haß kann auch den Tod des Feindes überdauern, ihn bis übers Grab verfolgen. Der Hassende kann auch das Andenken seines Gegners anschwärzen oder auszulöschen suchen; er kann seiner Seele die ewige Verdammnis anwünschen. Der Haß hat also keinen natürlich eindeutigen Zweck, wie eine bestimmte Furcht, ein bestimmter Ekel, ein bestimmter Appetit. Daß gerade der Mord der vorbildliche Haßzweck sei und alles andere nur entweder eine Abschwächung oder Vorwegnahme oder eine Ausschmückung davon, ist ohne Willkür nicht zu behaupten. Immerhin kommt dem Hasse unverkennbar eine Intention der Vernichtung[4] zu; und die physische Tötung ist nun einmal der anschaulichste, konzentrierteste Akt der Vernichtung. Aber man wird doch nicht so weit gehen, jede andere Äußerung des Hasses als unecht oder maskiert zu bezeichnen. Wer jemand haßt, verfolgt, drückt, aus seiner Position zu schleudern sucht, ohne auch nur entfernt nach seinem Leben zu trachten, kann ihn doch in vollem Sinne hassen, und es verhält sich auch nicht so, daß er ihn in Wirklichkeit unbedingt umbringen möchte und nur mühsam den Mordimpuls verdrängt.[5] Wer noch den Namen eines gefallenen Feindes zu entehren sucht, will nicht etwa den Mord nachholen oder – wenn er ihn wirklich begangen hat – stilvoller gestalten, sondern er vergreift sich neben und über aller physischen Mordintention am metaphysischen Sein des Feindes. Der Haß ist folglich mehr und weniger als Mordwille: gewöhnlich ist er in seiner konkreten erlebnismäßigen und aktiven Gestaltung weniger, er trägt aber oft die Andeutung eines noch weitergehenden Vernichtungsanspruchs in sich, – ja es fragt sich, ob eine solche Andeutung nicht immer, zumindest in schattenhafter Form, vorliegt. Wir sagten, daß der Haß sich auf die historische Auswirkung eines Wesens, auf das Dasein einer gegebenen geistigen Beschaffenheit richtet. Dieses Dasein aber ist nimmer vollkommen zu vernichten, sobald einmal das betreffende Wesen im Weltgeschehen erschienen ist. Man kann Napoleon, man kann Bismarck heute noch hassen, ebenso aber auch eine der Öffentlichkeit unbekannte tote Schwiegermutter, deren peinliche Eigenschaften an ihrer Tochter wieder auftreten. Daß der Haß nicht schlechthin an die Vorstellung des Mordes gebunden ist, zeigen weitere zwei Erwägungen. Einmal, daß Haß offenbar nicht nur gegen einzelne Menschen, sondern auch gegen unpersönliche geistige Mächte möglich ist. Wohl ist das nicht der typische Fall, aber es wäre doch ein einsichtshemmender Rigorismus, dem Hasse gegen das Griechentum, das Russentum, den Katholizismus, den Klassizismus, den Bolschewismus u.s.w. den Charakter des Hasses abzustreiten oder jene Einstellung in einen persönlichen Haß gegen bestimmte Träger jener Strömungen umzudeuten.[6] Nun

---

4 Pfänder (a. a. O. S. 41) spricht von der »ätzenden, verbrennenden, zerstörenden Beschaffenheit«, der »hemmenden, verbrennenden, ertötenden Virulenz« der Gefühlsströmung, die als Haß bezeichnet wird.

5 Es gibt auch strebungslosen, befriedigt in sich ruhenden Haß: Pfänder (a. a. O., S. 28).

6 S. Pfänder (a. a. O., S. 15) über den Haß gegen Klassen, Partei, Völker u. s. w.

mag Haß dieser Art wohl eine gewisse Lust zu Massakern gelegentlich anfachen, aber es ist doch keine Rede davon, daß sein wesentlicher Inhalt in der Ausrottung »aller Griechen« u.s.w. liege. Zweitens ein damit zusammenhängendes Phänomen innerhalb des Gebiets des persönlichen Hasses. Ich werfe die Frage auf, ob nicht auch die Wesensänderung, die Umkrempelung, die *Bekehrung* ein Ziel und eine Lösung des Hasses darstellen kann. Anscheinend nicht: wen wir »bessern« wollen, den lieben wir ja grundsätzlich, statt ihn zu hassen; gerade um dieser Liebe willen kümmern wir uns um seine Art und wollen sie ändern. Wen wir aber so recht abgrundtief hassen, den wollen wir keineswegs erziehen und veredeln: im Gegenteile, es sind nicht seine Mängel, sondern seine Werte, die uns stören; und wir möchten ihn nicht besser, sondern objektiv schlechter sehen. (Seine Tugenden sind »glänzende Laster«). Dem ist aber nicht ganz so. Gewiß können uns einzelne Unwerte an einer geliebten Person besonders weh tun und können wir um ihre Beseitigung besonders beflissen sein; gewiß können umgekehrt den Hassenden die einzelnen Tugenden und Vollkommenheiten seines Feindes empfindlich stören. Aber wenn z.B. Eltern ihr Kind so ganz »anders haben« möchten, es immerfort auf ihre Liebe zu ihm pochend, züchtigen, so kann an der Echtheit dieser Liebe füglich gezweifelt werden. Und ein Haß, der so gut wie alles an seinem Gegenstande bewundert, neigt in Neid und geheime Liebe über. Was ich meine, ist mit einem Worte: zwischen der einmaligen, identischen Person und ihren verschiedentlichen Einzelzügen liegt die Schicht ihres Charakters, ihrer immerhin änderbaren, aber doch eine gewisse Einheitlichkeit, Beständigkeit, Ganzheit aufweisenden »Grundrichtung«. Der Haß kann sich, wie gegen eine unpersönliche historische Strömung, gegen diese Strebensanlage der Person richten, ohne ihr Gesamt-Sein zu betreffen. (Oder umgekehrt nur dieses Sein hic et nunc, wenn z.B. der Künstler sein genialeres Vorbild beneidet und »haßt«.) Dann aber erzeugt der Haß einen Willen zur Bekehrung oder Umerziehung. So können ehrgeizige Eltern gleichsam das ganze Wesen ihres faulen und verträumten Sohnes hassen, dabei aber diesen Sohn im rein abstrakten Sinne als »Bezugspunkt«, eben als ihren Sohn, fanatisch »lieben«, und ihn ebenso mit aller erdenklichen Sorgfalt wie – im Namen der Liebe – mit aller erdenklichen Feindseligkeit bearbeiten. Fälle dieser Art bilden nur Grenzgebiete des Hasses; aber immerhin kann als Wirkungsrichtung desselben auch die Umschaffung – nicht etwa die bruchlose Vervollkommnung und Läuterung – des Gegenstandes in Betracht gezogen werden. Wenn der Gehaßte plötzlich, etwa beim Anlaß eines irgendwie tief begründeten Mißerfolgs, eine völlige Sinnesänderung zeigt, in sich geht, auf die ganze Tendenz seiner Ansprüche verzichtet, so kann das beim anderen Teil ein Aufhören oder Zurücktreten des Hasses auslösen, ebenso als wäre der Gehaßte etwa plötzlich gestorben. Wenn also der Haß auf Vernichtung seines Gegenstandes gerichtet ist, so darf hier doch Vernichtung nicht eindeutig im Sinne des physischen Todes oder auch des sozialen Ruins verstanden werden; die Person selbst als »unteilbarer Kern« ist nicht der einzige und eindeutige Gegenstand des Hasses; dieser kann sich demnach auch auswirken, indem er nur Lage und Beschaffenheit des Gegenstandes beeinflußt, ohne sein »letztes« physisches und metaphysisches Sein anzugreifen. Andererseits wird im Hasse auch nie eindeutig nur ein wohl umschriebenes Zurückdrängen und Umbilden gemeint, sondern durch empirische Einzelheiten hindurch stets die Gesamtperson gefaßt. Jeder Haß ist seinem konkreten Zweck nach unbestimmt und führt, ohne Rücksicht auf das konkrete Wollen, das sich an ihn knüpft, eine Atmosphäre »absoluter« Vernichtung, einen Blick auf Töten und Auslöschen, bei sich.

II.

Ich gehe über zu den *Gründen* des Hasses, oder genauer gesagt: zu den Elementen des Gegenstandes, auf welche der Haß sich richtet. Sie erscheinen durchaus uneinheitlich; man vergegenwärtige sich in diesem Punkte den Unterschied von Ablehnungsgefühlen wie Angst und Ekel. Gefürchtet wird eine Kraft, welche geeignet ist, das Subjekt zu gefährden; Ekel wird empfunden vor einem Gegenstande, welcher eine »ekelhafte« Beschaffenheit hat, was wiederum inhaltlich festgelegt und in allgemeinen Typen gegeben ist. Der Haß hingegen richtet sich nicht auf eine Qualität des »Hassenswerten«, die es ja nicht gibt; und auch keineswegs etwa schlicht auf Kräfte, welche dem Subjekt hemmend oder störend entgegentraten. Ja, selbst noch die Gefühle der »Sympathie« und »Antipathie« weisen soweit eine einfachere Struktur auf, gerade weil sie völlig »unverantwortlich« sind: sie hängen von den verschiedensten und zufälligsten inhaltlichen und assoziativen Einzelheiten ab, aber eben nur hiervon, und im allgemeinen ist in ihnen auch nichts Anderes gemeint als: dieser Mensch »gefällt« mir, oder »mißfällt« mir nun einmal, mit flüchtigen und lose angehängten Zusätzen wie: er ist »gütig«, »intelligent«, »elegant«, sein Blick hat etwas »Abstoßendes« u. s. w.

Beim Hasse dagegen fällt zunächst eine mindestens prinzipiell immer vorhandene *Doppelmotivation* auf. Sowohl die Beschaffenheit als auch die dynamische Rolle des Gegenstandes werden erfaßt, mag auch das eine oder das andere im Vordergrunde stehen. Wenn ich den »Mann von der Straße« unvermittelt frage, welche Menschen er wohl zu hassen pflegt, wird er nach aller Wahrscheinlichkeit antworten: »Meine Feinde«. Es kann aber auch geschehen, daß er, – namentlich, wenn die Frage so formuliert ist, was für Menschen er hasse – die Antwort geben wird: »Böse Menschen«. Und doch meint er in beiden Fällen zweifellos denselben »Haß«. Er meint nicht im ersten Fall nur soviel, daß er gegen seine Feinde sich wehrt oder ihnen in seinem eigenen Interesse Abbruch zu tun trachtet; er meint nicht im zweiten Fall nur soviel, daß er die bösen Menschen verurteilt und die Maßnahmen der Gesellschaft gegen sie billigt. Meint er dann etwa allen Ernstes, daß »ihm feindlich« und »böse« dasselbe hießen? Das können künstlich ihres Verstandes beraubte Philosophen meinen, keineswegs aber der vernunftbegabte Durchschnittsmensch, dem der Unterschied der beiden Begriffe ebenso geläufig ist, wie der zwischen Gelb und Blau oder zwischen Krieg und Erdbeben. Betrachten wir empirisch verschiedene Fälle von Haß, so finden wir, daß in der Tat bald ein Geschädigtsein, bald Entrüstung ihm zugrundeliegen, daß oft eine innige Verquickung der beiden vorliegt und selten eines der beiden ganz fehlt. Ich nenne Grenzfälle: den reinen Rachehaß einerseits, den Haß gegen einen als »satanisch« empfundenen Menschen andererseits. Aber selbst in solchen Grenzfällen wird das jeweils anderweitige Moment leicht zu entdecken sein. Rache wird typischerweise nicht für bloße Schädigung an sich angestrebt, sondern für das am Subjekt oder ihm Nahestehenden »Verbrochene«, den ihm angetanen »Schimpf«. Man haßt nicht den sittlich unzurechnungsfähigen bösartigen Irren, obwohl man ihn in hohem Maße fürchten kann; man haßt (unter gewöhnlichen Umständen) den noch so mächtigen, aber ritterlichen Feind weniger, als den tückischen, wiewohl an sich ungefährlicheren. Selbst ein Verblendeter, der im Konflikt mit dem Gehaßten offenbar im Unrecht ist und weit mehr als jener Haß verdient, wird den Gegner mit Bezugnahme auf ethische Kategorien beschimpfen, ihn lächerlicherweise einen »Schurken« schelten, wird ihn mit moralischen Anwürfen verleumden. Und andererseits: man zieht nicht in die weite Welt, um Bösewichter ausfindig zu machen, die man mit Grund und mit Genuß wird hassen können; man haßt nur das Böse, das irgendwie an einen herantritt, in den Lebenskreis des Subjektes eindringt und dort womöglich auch »Schaden« stiftet. Der persönliche Einsatz, den der Haß mitbedingt,[7] wäre sonst sinnlos, deplaciert, unecht. Das bedeutet nicht, daß die gleichsam räumliche Reichweite des Hasses in allen Fällen annähernd dieselbe bleiben müßte. So kann mir z. B. der Gegensatz zwischen zwei fremden Staaten, an dem ich national nicht, sondern nur als politischer Beurteiler beteiligt bin, nicht nur dadurch näher erlebbar werden, daß ich etwa in einem der beiden Länder dauernd Aufenthalt nehme, ja nicht nur dadurch, daß mein Vaterland weltpolitisch in die Sphäre jenes Gegensatzes hineingezogen wird, sondern auch schon dadurch, daß zwischen den beiden Fremdstaaten endlich die Krise akut wird und der Krieg ausbricht: denn damit ist eine Entscheidungssituation entstanden, welche ohne weiteres mehr das materielle und moralische Schicksal auch der übrigen Nationen angeht.

Auf der einen Seite also gehört zum Hasse immer ein gewisses wählendes Aufsuchen des Gegenstandes, er tritt nicht selbstverständlich und automatisch ein, sondern ist – gleich der Liebe im höheren und engeren Sinne – etwas Ereignishaftes, ein Kurs, den die Persönlichkeit einschlägt. Auf der anderen Seite eignet ihm nicht die Wesensart einer spielerischen Laune oder einer abenteuerlichen Suche, sondern es wird der Haß dem Menschen im vollen Sinne »nahegelegt«. Die Typologie des Hasses begreift natürlich keineswegs nur den Fall Selbstwehr (Rache) und den Fall der sittlichen Entrüstung in sich. Etwa die »objektive Feindschaftssituation« selbst unterscheidet sich von beiden. Einen weiteren wichtigen Typus stellt der Religionshaß dar, bzw. der ihm sehr ähnlich aufgebaute Kulturhaß, also der Haß zwischen aufeinandertreffenden Weltanschauungen und

---

[7] Wir verweisen auch hier auf Pfänder (S. 97): die aktuellen Gesinnungen – vornehmlich Liebe und Haß – *zielen* nicht nur auf ihren Gegenstand hin, sondern *strömen* auch vom Subjekte auf ihn über; sie spielen auf der Ebene einer Daseinssituation und bauen sich keineswegs auf den Ergebnissen einer Betrachtung auf. Auch nicht auf einem bloßen Beeindruckt-Werden; die »Unlust«, die der *Anblick* des Gegenstandes »auslöst«, hat bereits den Haß zur Voraussetzung: Pfänder (a. a. O., S. 35).

Lebensformen. Gewisse Grenzphänomene des Hasses treten in Fällen auf, wo Liebe zu einer anderen Person, sei es von dieser abgewiesen, mit unfreundlichem Verhalten vergolten, sei es aus anderen Gründen unterdrückt und »überkompensiert« wird. Für diese eben genannten Fälle dürfte zutreffen, daß der Haß sich ursprünglich in keiner Weise auf die Beschaffenheit, auf irgendwelche Eigenschaft des Gegenstandes richtet, sondern gleichsam abstrakt, zunächst inhaltsleer, als Gegenkraft der unverantwortbar gewordenen Liebe in Erscheinung tritt, um erst nachträglich die wertwidrigen und bösen Züge am Gegenstande für sich als Nahrung herauszusuchen. Als Grenzfall ähnlicher Art könnte auch der sogenannte Selbsthaß aufgefaßt werden, etwa im Sinne des Schemas: Ich, mit diesen meinen Eigenschaften, die ich nun einmal habe, bin unfähig, meinen Idealen nachzuleben und die Erfolge, auf die mein innerstes Ich Anspruch erhebt, zu erzielen, – ich, der ich mir so nahe stehe, sollte das aber, – daher verdiene ich, von mir selbst gehaßt zu werden. Diese etwas fragwürdigen Typen von Haß haben mit dem echten urwüchsigen Hasse immerhin ein entscheidendes Moment gemeinsam: die dynamische Beziehung, die Daseinsverbundenheit des Fühlenden (Hassenden) mit dem Gegenstande. Eine Person versagt sich mir oder versagt in Bezug auf meine Zwecke, obgleich ich eine Anwartschaft auf sie besessen hätte, obgleich untrennbare oder nur schwer trennbare Bande uns miteinander verknüpfen. Denn etwa eine Liebe, die schlechthin zerstiebt, aufhört, – so daß der Betreffende an diese Frau nicht mehr denkt, sich nicht mehr mit ihr beschäftigt, – »verwandelt« sich auch nicht in Haß. Auch wird kein Mann eine hübsche Frau »hassen«, die sich in einer Ballnacht, wo sie einander zum ersten Mal sehen, gegen ihn schnippisch und ablehnend benimmt. Auch in diesen Fällen ist also eine Art objektiver Gegensatz vorhanden und nicht eine bloße unmotivierte Laune; – der Umstand nämlich, daß ich eine Frau oder vielleicht einen genialen Vertreter meines eigenen Berufs tief und dauerhaft »liebe«, ist selbst schon eine objektive Tatsache, eine von meinem »bon plaisir« unabhängig bestehende Beziehung, die ich auch nicht durch momentane Willkür setzen und hervorrufen kann. Mit Recht wird denn auch eine Frau, die einem für ihren Reiz empfänglichen Mann leichtfertig Avancen macht, um dann die Einlösung des vorgewiesenen Wechsels kurzer Hand zu verweigern, auch von dritten Zuschauern ungünstig beurteilt. Folglich ist auch die – relativ, innerhalb der gegebenen Beziehung! – »hassenswerte Beschaffenheit« in diesen Fällen mit angedeutet.

Umgekehrt scheint der religiöse und Kulturhaß[8] ein reiner, direkter »Beschaffenheitshaß« zu sein, ein Haß gegen Wesensart an sich, wobei ein Versagen in Bezug auf »mich« überhaupt nicht in Betracht käme. Doch ganz ist dem nicht so. Vor allem ist die Nähe, die Berührungsfläche, eine notwendige Vorbedingung: angenommen, daß der Franzose geneigt ist, den Engländer und den Deutschen nicht nur als benachbarte Gegenmächte, sondern auch im Hinblick auf ihren so ganz verschiedenen, »andersmenschlichen« Charakter zu hassen, wird er doch kaum den Schweden oder den Russen in diesem Sinne hassen, obwohl deren Lebensart von der französischen ebenso oder noch mehr verschieden ist, und obwohl die politischen Machtsphären Frankreichs und Rußlands sich kreuzen können. Wer von uns wird malayisches Heidentum oder malayischen Lebensstil zu »hassen« sich versucht fühlen? Das könnte aber durchaus der Fall sein, wenn sie in irgendeiner (heute undenkbaren) Weltkonstellation uns aufgezwungen werden sollten. Wie steht es indes mit den Vorkämpfern der expansiven, Proselyten suchenden Religionen, den Aposteln und Missionaren selbst? Sie würden wohl mit vollem Recht sich gegen die Unterstellung verwahren, daß Haß sie leite; und sie sind meist oder immer bestrebt, ihre Bekehrungstätigkeit auch mit zeitlichem Wohltun zu verbinden. Und doch: bei aller echten Liebe zu den Heiden, spielt da nicht auch ein Haß gegen das Heidentum, ein Religionshaß, in der Sprache der Apostel selbst ein »Haß gegen den Irrtum« mit? Obschon das Heidentum der Fidschi-Insulaner sich in keiner Weise einem englischen Clergyman oder einem französischen Jesuiten »aufdrängt«! Hier muß bedacht werden, daß das religiöse oder vielleicht spezifisch das christliche Welterleben (man denke an die Bezeichnung »katholisch«, auf die auch viele Anglikaner, ja manche echte Protestanten Anspruch erheben) die Menschheit so sehr als *Einheit im Sinne einer potentiellen Heilsgemeinschaft* faßt, daß Ferne und Verbindungslosigkeit nicht zur Kenntnis genommen werden, daß manche Priester eigens nur von missionarischem Eifer beseelt sind in bewußtem Gegensatz zu den gewöhnlichen Pastoralfunktionen. Wir können es uns in kleinerem Maßstab so vorstellen: Eine Mutter pflegt ihren Sohn, der daheim an Masern er-

---

8 Die große Bedeutung dieser Hassesarten betont auch Pfänder (a. a. O., S. 15).

krankt ist; der Vater aber legt zwei Tagesreisen zurück, um dem andern Sohne beizustehen, von dem Nachricht gekommen ist, daß er an Typhus darnieder liege. Die Apostelnatur erlebt noch den peripherischsten Mitmenschen als Bruder oder Sohn, und wegen seiner hilflosen Ferne in erhöhtem Maße; sie verabscheut die Finsternis des Heidentums, als wäre sie Typhus, sie »haßt« sie aber sogar, weil sie im Gegensatz zum Typhus nicht nur eine Macht über den Körper und den Gehirnzustand, sondern eine Macht über die Seele ist.

Die typischsten und inhaltsvollsten Fälle von Haß sehen wir dort, wo eine »objektive Feindschaftssituation«, eine *zugleich sachlich und persönlich bedingte Gegnerschaft innerhalb eines mehr oder weniger scharf umrissenen Beziehungskreises vorliegt*. Beispiele: Da ist ein »abscheulicher Geck«, der um »dasselbe« Mädchen wirbt und nicht ohne jeden Erfolg, und der gar noch die weniger bejahenswerten Charakterseiten des geliebten Mädchens anspricht und zur Entfaltung anregt; da ist ein politischer Gegner, der vom Lande ein qualitativ anderes Wunschbild hat, überhaupt ein der Klasse und der Lebensform nach anderer Mensch ist, für das gesamte nationale Leben eine andere oder noch besser »die andere« Möglichkeit verkörpert, etwa das »Herrentum« der Junker oder Schlachzizen auf dem Rücken schläfrig vegetierender Leibeigenenmassen, oder die »anarchische Herrschaft des Mobs« mit der entsprechenden Lokalfarbe; da ist ein Rivale im Betrieb, der meine Leistungen vor den Kollegen verhöhnt, der beim Chef gegen mich intrigiert hat, auch gegen den mir gleichgültigen N., – welch verächtliche Waffen, dabei leider oft erfolgreich, – der »obendrein« in seinen freien Stunden sich nur für Rennpferde interessiert, statt etwa gute Bücher zu lesen, ein widerlicher Kerl; u. s. f. Die »Feindschaft« also wird von mehreren Komponenten gebildet. Ihren *Kern* kann einfach die Gegebenheit darstellen, daß zwei Menschen kraft ihrer Eigenschaften und ihrer Geschichte Anwartschaft auf die Besetzung eines und desselben Platzes haben, für die eben nur einer von ihnen in Betracht kommt, nicht sie beide. Umgekehrt kann auch ursprünglich nur ein gegenseitiges scharfes »dislike«, eine persönliche Antipathie mit beiderseits angebbaren Gründen bezüglich Eigenschaften und Lebensform, zwei Menschen, die einander zunächst nur flüchtig »begegnet« sind, miteinander gegensätzlich »verbinden«, so zwar, daß sie nachher geradezu mit Lust auch eine dynamische Gegensatzstellung zwischen einander ausbauen, ein Kampffeld zwischen sich suchen oder aufgreifen. Keiner der beiden Aspekte aber kann dem echten Hasse fehlen.

Weder bloße Rivalität noch bloßes Mißfallen bedeuten Haß. Man kann nicht nur ohne Haß oder sonstiges Gefühl, rein im Sinne eines Schachzugs, am Verderben eines unsere Pläne störenden Menschen arbeiten; man kann auch einen ritterlichen Gegner, der einem gleichsam symbolisch sachverkörpernd gegenübersteht, ohne Haß bekämpfen, und man kann ebenso ohne Haß die Gesellschaft eines mißliebigen, sonst gleichgültigen Menschen meiden. In vielen Fällen freilich werden diese Haltungen eng in die Nachbarschaft des Hasses geraten und etwa unmerklich in Haß ausarten. Nun scheint mir, als fehlte uns an diesem Punkte etwas sehr Wichtiges für das Verständnis des Hasses. Wir erleben doch diesen, sei es an uns selbst oder an Fremdpersonen, als eine starke einheitliche Gefühlsbewegung und nicht als einen unbestimmten Mischmasch von Selbstwehr und Fremdheitsgefühl, von Futter- oder Liebesneid und direkter Antipathie. Und doch sei hier der Haß als dergleichen, als »weder Fleisch, noch Fisch« ausgelegt worden. Sind wir da nicht heillos in die Irre gegangen?

Wir können diesem wuchtigen Einwand zunächst nur entgegenhalten: Es ist doch nachweislich so, daß weder ein bloßer Interessengegensatz im weitesten Sinne, noch ein bloßes Mißfallen im weitesten Sinne schon Haß bedingen; es ist eben so, daß, wo wir echten, massiven Haß in Augenschein nehmen, wir daran immer beide Aspekte – nicht nur in verschiedenem Größenverhältnis, sondern auch in den verschiedensten qualitativen Abschattungen – zu unterscheiden vermögen. Wir räumen gern die Möglichkeit ein, daß der Haß oft oder meist genetisch so zustande kommt, daß die beiden Intentionsaspekte durch ein besonderes situatives Zusammentreffen »gleich vom Anfang an« vereint sind. Wir verschließen uns auch nicht der Annahme, daß wesensmäßig die Haßintention einen bisher nicht formulierten tieferen Sinn habe, dessen Strahlungsflächen die behandelten beiden Aspekte sind. Der Zugang zu diesem Sinn muß wohl auch eine der Brücken sein, die von der Phänomenologie zu der Metaphysik führen. Doch möchten wir uns fürs nächste nicht allzusehr darein vertiefen. Angedeutet wurde ja der gesuchte Einheitspunkt in dem Begriff des gemeinsamen Beziehungskreises, in welchem verschiedene Wesensarten zugleich verschiedene Kurse, verschiedene Entscheidungsmöglichkeiten für den Gesamtkreis vertreten. Klar tritt dies insbesondere bei Partei- und überhaupt Gruppenkämpfen in die Erscheinung, wo Personauswahl und die Sachfrage der Gesamt-»Einrichtung«, also die »Wer«- und die »Wie«-Frage, einander unmittelbarer durchdringen. Wenn ich nun einem mir »antipathischen« Menschen begegne, so kann es leicht der Fall sein, daß ich, zunächst nur andeutungsweise, diese vorderhand ganz »statische« Gegensätzlichkeit aktualisiert, in die Ebene einer als solche erlebten Beziehungsgemeinschaft verdichtet denke, womit immerhin schon der Keim des Hasses gesät ist. (Im Grenzfalle kann die gedachte Beziehungsgemeinschaft eine ganz weite und lose sein, gleichwohl aber aus weltanschaulichen oder mystischen Gründen sehr intensiv erlebt werden, wie z. B. ein geselliger Kreis, in dem verschiedene Haltungen zur Menschheit überhaupt zur Geltung kommen.) Ebenso ist oft in scheinbar geistig inhaltlosen, rein wettbewerbsmäßigen Gegensätzen ein Hinweis auf durchaus formulierbare gegensätzliche Richtungen verborgen. So können zwei Politiker, die beide einer und derselben Herrenklasse angehören und scheinbar den weiter uninteressanten Machtkampf zweier rivalisierender Adelsgeschlechter austragen, doch zugleich einen – freilich mehr nüancenhaften – Gegensatz abweichender politisch-sozialer Vorzugsneigungen repräsentieren, ohne welchen es vielleicht zwischen den beiden gar nicht zum »Haß« käme, sondern der Kampf sich mehr im leichten Stil des Fechtbodens oder des Spieltisches abwickeln würde.

III.

Die Behandlung des Themas »*Haß und Liebe*« ist fällig geworden. Die Zusammenstellung ist banal genug und ist doch nicht zu umgehen. Das Gemeinbewußtsein der Menschheit täuscht sich nicht darin, daß Haß und Liebe, ganz allgemein und roh gefaßt, symmetrisch-gegensätzliche Urkräfte der Personseele sind; man kann die eine nicht erforschen, ohne ihrer Beziehung zu der andern gerecht zu werden. Wie Haß die negative, so ist Liebe die positive Haltung zu einem Gegenstande unter einer gewissen »Einsetzung« der eigenen Person. Darüber hinaus werden wir freilich eigentümliche Asymmetrien im Aufbau der beiden wahrnehmen.[9] Wir wollen weiter auf

---

9 Die mehrfach zitierte ausgezeichnete Arbeit Pfänders enthält keinen Bezug auf diese Asymmetrien, wohl infolge des mehr auf die formalen Abarten der Gesinnungen überhaupt gerichteten Blickes des Verfassers.

den psychologischen Zusammenhang der Haß- und Liebeseinstellungen einer Person Ausblick gewinnen.

Derjenige Unterschied zwischen Liebe und Haß, der uns sogleich auffallen muß, ist der ungleich engere Umkreis des Hasses. Im aktuellen Sinne kann man natürlich ebenso viele Gegenstände hassen wie lieben, es kann einer meinetwegen, mit sich und der Welt zerfallen, so gut wie alles hassen und so gut wie nichts lieben. Auch über die statistische Verhältnisziffer der mehr hassenden und der mehr liebenden Menschen wollen wir nicht rechten. Was ich meine, ist etwas sachlich Wesensmäßiges. Nämlich dieses: es können mehrere Arten, es kann ein größeres Bereich von Gegenständen geliebt als gehaßt werden. »Geliebt als gehaßt werden«, – nicht etwa »gefallen als mißfallen«; denn ein Gesetz letzterer Art besteht nicht. Allein, um es kurz zu sagen: Gegenstände, welche nicht Personen und nicht von der Art geistiger Mächte sind, können im Falle einer positiven Bewertung weit eher ohne weiteres »geliebt«, als im Falle negativer Bewertung »gehaßt« werden. Vom Gefallen und Bejahen zu der Liebe ist es ein glatterer, kontinuierlicherer Weg, als vom Mißfallen und Verneinen zu dem Hasse. Der Einwand ist bereit: wenn man einen schönen Bucheinband gern hat, so ist das noch ebensowenig echte »Liebe«, wie es kein »Haß« ist, wenn man ein häßlich gebundenes Buch ärgerlich aus der vorderen Bücherreihe entfernt. Nun, vielleicht ist jenes ästhetische Lieben noch nicht Liebe; aber sie steht dieser näher, sie kann es eher werden, als das entsprechende ästhetische Mißfallen dem Hasse nahe steht oder es werden könnte.

Die angedeutete Abweichung wird klarer sichtbar, wenn wir die weit größere Mannigfaltigkeit der *Liebesformen* ins Auge fassen. Man hat von amor benevolentiae, amor concupiscentiae, amor intellectualis gesprochen; niemals aber eine dem entsprechende Unterteilung des Hasses vorgenommen. Es wurde oben berührt, daß jedem Hasse eine Intention der »Vernichtung« innewohnt, die freilich in verschiedenen Graden der Konkretheit und der Fassungsweite gegenwärtig sein kann. Sie ist also keineswegs eindeutig etwa im Sinne des »Willens zum Morde« herauskristallisiert; aber sie bewegt sich doch in der vergleichsmäßig engen Bahn der »Beseitigung«, der »suppressio«. Anders die Liebe: in deren Bereich Intentionen der Förderung, der Entfaltung, des In-der-Nähe-habens, der Vereinigung, der Selbsthingabe, des Dienstes, eine ungleich buntere und an Möglichkeiten reichere Phänomenwelt darstellen. Man stelle sich, wenn man will, konkreter die Erscheinungen der Elternliebe, Kindesliebe, Freundesliebe, Geschlechtsliebe, Vaterlandsliebe und etwa noch des mystischen Eros der Griechen vor! Gewiß sind es auch verschiedene Tönungen, wenn der Vater den Sohn, der Sohn den Vater, der Mann das Weib, der Bürger sein eigenes bzw. ein fremdes Land haßt usw. Und doch ist es wohl begründet, wenn man sich dafür in ungleich geringerem Maße eigener Wortprägungen bedient. Bedenken wir: was der liebende Vater dem Sohne »ist«, der liebende Sohn dem Vater, der liebende Mann der Frau und umgekehrt, – alles das sind überaus verschiedene Dinge und *umso verschiedener und vielfarbiger, je größer und vollkommener die Entfaltung der Liebe ist*; denn daß z.B. irgendeiner der hier aufgezählten »Liebenden« den Arzt holen geht, wenn der betreffende »geliebte« Mensch erkrankt, ist mehr nur ein allgemeiner Akt der Menschenliebe, die bei so engen Beziehungen naturgemäß aktualisiert wird, an sich aber ebenso zur Geltung kommt etwa im Verhältnis von Wirtin und Zimmerherrn, wenn dieses nicht gerade gespannt ist. Dem Hasse eignet von dieser Differenzierung nichts. Wenn, über einen gewissen Siedepunkt des Hasses und des Zornes hinaus, der Vater den Sohn erschießt, oder der Sohn den Vater erschießt, die Eheleute einander vergiften oder mit der Hacke erschlagen, so kommt das alles ziemlich auf eines heraus. Der Vernichtungswille hat mehrere Formen, Grade und Werkzeuge, aber es ist zutiefst und gerade in höchster Steigerung etwas ziemlich Eindeutiges, denn das Nichtsein eines Gegenstandes selbst ist im strengen Sinne eindeutig und eintönig. Das Sein hingegen ist mannigfaltig und vielförmig. Da die Liebe Sein bejaht und sich (d.h. das Subjekt) selbst zu (fremdem) Sein in positive Beziehung setzt, muß sie selbst in eine Mannigfaltigkeit konkreter Intentionen auslaufen. Man vergleiche nur, wie verschieden die Intentionszweiheiten »Annäherung – Förderung« bei der Liebe und »Entfernung – Zerstörung« beim Hasse aussehen. Wenn ich einen Menschen aus meinem Hause werfe und wenn ich ihn zu Boden schlage, so stellt beides eine gewisse Einheit der Gesten dar, die schon gar nicht vorhanden ist, wenn ich etwa einen Menschen umarme und wenn ich ihm Labung reiche. Einen Gegenstand aus meiner engeren Welt oder aus »der« Welt quâ meiner Welt zu streichen, das fließt unvergleichlich mehr ineinander, als das Bestreben, einen Gegenstand je mehr in »meine« Welt eingliedern und das Bestreben, seine Stellung in »der« Welt zu stärken. Die Tötung kann als ein Superlativ der Entfernung erlebt werden, aber

z. B. Liebesvereinigung, inbrünstige Werthaltung, opfervolle Förderung sind nicht Steigerungen voneinander, wenn sie auch gegebenenfalls ineinander überwachsen können. Dem Hasse kann immerhin eine – nie ganz verwirklichbare – Fiktion »absoluter Vernichtung« vorschweben. Die Liebe aber kann ein abstraktes Höchstziel auch rein ideell *nicht* haben. Die Liebe des Verliebten zu seiner Erwählten, die Liebe des Gläubigen zu Gott, die Liebe eines alten Lehrers zu seinen heranwachsenden Schülern können überhaupt nicht auf denselben Nenner konkreten Strebens gebracht werden, aber jede einzelne dieser Lieben ist auch in sich schon mehrstrebig, ohne freilich eines zentralen Motivs zu entbehren.

Die Frage, ob wir da nicht auf Worten herumreiten, drängt sich auf. Wenn man eher vielerlei Haltungen unter dem Namen »Liebe« als unter dem Namen »Haß« zusammenfaßt, so kann das eine rein verbale Angelegenheit sein, die die Sprachforscher beschäftigen, nicht aber die Philosophen zu gegenstandslosen Spekulationen verleiten sollte. Wenn die Sprache Geschlechtstrieb, Dankbarkeit, Menschlichkeit u. s. w. mit einem Wort bezeichnet, so sei es umso schlimmer für sie, aber wozu darauf eine Theorie von der »Struktur« der Liebe und des Hasses bauen?

Der Hieb trifft uns indessen nicht. Wir vermögen die mißbräuchlich-oberflächlichen Spiele der Sprache von ihrem legitimen Ausdruckswillen wohl zu scheiden. Bei Redewendungen wie »faire l'amour« (für Geschlechtsakt), »ich liebe eine Speise« (statt: ich esse eine Speise gern), »ich liebe es, als erster in eine Gesellschaft zu kommen« (statt: ich komme gern u. s. w.), handelt es sich um Dinge, die mit Liebe eine nur entfernte Ähnlichkeit haben, oder, wie im ersten Falle, nicht mehr als eine Seitenbeziehung zu ihr haben müssen. Allein die Geschlechtsliebe im engeren Sinne (deren Phänomencharakter zum Unterschied von der geschlechtlichen Erregung als solcher bekannt ist) ist eben echte Liebe, und wenn sie dabei mit dem eigentlichen Geschlechtstrieb der Sinnrichtung wie den tatsächlichen Auswirkungslinien nach eng verbunden ist, so mag man darin eine Merkwürdigkeit des Tatbestandes, nicht aber eine Laune der Sprache erblicken. Echte Liebe ist überall dort vorhanden, wo man sich »für« einen Gegenstand um dessen selbst, um dessen Beschaffenheit und dessen historischer Eigenart willen einsetzt, wo einem ein Gegenstand »teuer« ist. Man kann dabei und damit im Einklang je nachdem die Vereinigung mit diesem Gegenstande wünschen, an der Herausbildung desselben mitarbeiten, selbst ihn unter einer Glasdecke bewundern und ihn stolz herumzeigen u. s. f. Daß es mehrerlei Liebe gibt als Haß, erklärt sich nicht aus Zufälligkeiten der Nomenklatur, sondern aus dem Umstand, daß unsere positiven Mitseins-Beziehungen zu den Gegenständen der Welt mannigfaltiger und der Sondernatur dieser Gegenstände mehr angeschmiegt sind, als die Kampfbeziehungen. Anders gewendet: die positiven Gefühlsbeziehungen sind durchwegs mit den verschiedenen *funktionalen* Beziehungen zu den Gegenständen verbunden, – obschon keineswegs Liebe etwa identisch ist mit dem Erleben und Bejahen der Beziehung Vater–Kind, Gatte–Gattin, Bürger–Vaterland u. s. w., – wogegen die negativen Gefühlsbeziehungen sämtlich nur der *einen* funktionalen Beziehung der Abwehr und Ausschaltung zugeordnet sind. Wenn von einem *ordo amoris* gesprochen wird, von einer lebensaufbauenden rechten Ordnung der Liebesbindungen, so kann doch nicht vom Gegenbilde eines *ordo odii* die Rede sein, – und zwar ganz unabhängig davon nicht, daß man den Haß überhaupt »für sittlich unzulässig erklären« sollte. Sofern der Haß »berechtigt« ist, sofern wir ihn schlechthin als Lebenselement zur Kenntnis nehmen müssen, meinetwegen in einer auf »reine«, nicht vernichtungssüchtige Feindschaftshaltung reduzierten Form: kann der Haß auch nicht, wie die Liebe, netzartig das Gewebe des Lebens durchziehen, sondern nur, wenngleich nicht bloß an einem Punkte, doch gleichsam »punktförmig« auftreten, – eben dort, wo dem Subjekt ein Feind, ein Widersacher, ein wirksamer und machtbesitzender Träger seiner Antipathie erstanden ist.

Hier rechne ich immerhin mit dem Einwurf, daß dies die normale oder gesunde Haltung sein möge, daß es aber doch auch Menschen gebe, die kaum oder nur ganz vereinzelt lieben, aber so gut wie alles, womit sie in Berührung kommen, hassen: ihre Familie, ihr Land, ihren Beruf, das andere Geschlecht, ihr eigenes Geschlecht, die Leute, mit denen sie zusammenkommen, das Leben selbst, sich selbst und was es da noch gibt. Dem Wesen nach also, wenn auch nicht der vorwiegenden Tatsächlichkeit nach, könne der Haß genau so ausgedehnt, abgestuft, geordnet und reichhaltig sein, wie die Liebe. Dieser Einwand kann noch durch der Hinweis ergänzt werden, daß jener imposante Haß auch nach Gegenständen verschiedene Tönungen verraten könne: der Betreffende hasse »in« seinem Vater die »Autorität«, »im« weiblichen Geschlecht die »logikfremde Sensitivität« usw.

Allein, mag sich auch hier der Haß in dem einen Falle mit Auflehnung, in dem andern mit dem Willen zur »reinen Vernunft« verbinden u.dgl. m., eine Parallele zu den verschiedenen Liebesarten vermag er doch nicht hervorzubringen. Wenn einer seinem Vater den Rücken kehrt, Damengesellschaft meidet und nur zähneknirschend die Leute trifft, die er eben nun einmal zu treffen gezwungen ist, so kann die Mannigfaltigkeit dieser Haltungen in keiner Weise mit der qualitativen Mannigfaltigkeit der filialen Ergebenheit, des Frauenkultes oder der Gattenliebe und der großen persönlichen Freundschaften wetteifern. Je mehr der Haß durchgängig in den Vordergrund tritt, um so mehr nivelliert er das ganze Beziehungsleben des Menschen; wiegt er schlechterdings vor, so handelt es sich gar nicht mehr um Elternhaß, Heimathaß, Männerhaß u.s.w., sondern mehr nur um einen einheitlichen Welt- und Lebenshaß, dem alle Gegenstände mehr oder weniger gleichmäßig zum Opfer fallen. Negierung und Zerstörung ist wesensmäßig nur einerlei, mögen auch die Anlässe, Assoziationen und Mittel die unterschiedlichsten sein; das positive Aufgreifen hingegen muß sich wesensmäßig im Sinne der objektiv gegebenen Beziehungsmöglichkeiten besondern.

Wir kommen jetzt zurück auf die anfängliche Behauptung, daß dem Hasse ein engerer Kreis von Gegenständen als der Liebe zustehe, und daß (im Einklang damit) der Übergang von der schlichten Ablehnung zum Hasse bruchhafter und weniger kontinuierlich sei als von der schlichten Bejahung zu der Liebe. Was wir inzwischen ausgemittelt haben, ist die Mannigfaltigkeit der Liebesformen im Sinne ihrer Verbindung mit der Vielfalt der funktionalen Beziehungen, und im Gegensatz zu der immergleichen Grundintention des Hasses, der ja alle Funktionen abschneiden will und demgemäß auch nicht in Anpassung an ihren Ausbau sich selbst gestalten kann. Nun meinen wir selbstverständlich nicht, daß die »elementaren Bejahungen« – meinetwegen die »pleasant impressions« – an sich häufiger wären oder eine weitere Klasse von Gegenständen umfaßten, als die »elementaren Verneinungen« – die »unpleasant impressions«. Ja, an sich kommt den ersteren auch keine größere Mannigfaltigkeit zu; vielmehr dürften etwa die körperlichen Unlustempfindungen einen größeren Reichtum an Qualitäten aufweisen als die Lustempfindungen. Wo jedoch die personale Selbsteinsetzung für und gegen Objekte – also Liebe und Haß – beginnt, da wird sich die positive Intention prinzipiell vieltöniger erweisen, als die negative; denn diese ist auf die Abtragung, jene auf belebende Durchdringung und Heraushebung funktionaler Beziehungen gerichtet. Wenn es nun richtig ist, daß die Liebesbewegungen mehr die Lebensbeziehungen selbst »tragen«, die Haßbewegungen hingegen mehr punktförmig »an« gewissen Beziehungsabschnitten auftreten, so folgt daraus noch nicht die größere Kreisweite der Liebe, – können doch jene »Punkte«, wo Haß entsteht, an beliebigen Stellen sich finden, – aber es folgt daraus immerhin, daß während Liebe überall keimhaft vorhanden ist, wo der Mensch mit irgendeinem Gegenstand in positive Beziehung tritt, die Selbsteinsetzung in Form des Hasses möglicherweise eine besondere Wendung voraussetzt, etwas mehr Ruckhaftes darstellt. Ich versuche es klarer auszudrücken: Wenn uns ein Gegenstand »gefällt«, »wertvoll« scheint, »Nutzen« bringt, so kann es gleichsam unmerklich und gradweise dazu kommen, daß wir ihn »liebgewinnen«, dem Kreise unserer sonstigen Lebenswerte als ein Spezialelement eingliedern, unserm Personreichtum hinzufügen; wenn uns hingegen ein Gegenstand »mißfällt« und »wertwidrig« erscheint, uns »bedroht«, so riegeln wir ihn in dieser oder jener Form von unseren Lebensinhalten, unserm Persongut ab, womit ein entsprechend bemessenes »Kümmern«, »Besorgen« und Tun verbunden sein wird, aber noch keineswegs notwendigerweise ein Aufschwingen der Seele, eine innere Bewegung der Person selbst, wie es beim Hasse (und der Liebe) der Fall ist. Dazu scheint es noch einer eigenen Wendung zu bedürfen. Entdecken wir z. B. eine neue Freude, sei es ganz harmloser und banaler Art, so werden wir ihr immerhin einen bescheidenen Winkel einräumen in jenem Wertbereich der Schöpfung, an dem wir Anteil haben; wir werden in dieser Freude, im Wesen des sie veranlassenden Gegenstandes, wiewohl ganz flüchtig und abgeblendet, den Wert Gottes, des Lebens, des Personseins oder irgend eines Kulturmotivs erleben, – womit auch ein Körnchen von Liebe zu jenem Gegenstande gegeben ist. Ein neues Unlustmoment hingegen, etwa eine neue Gefahr, werden wir an sich nur auszuschalten, zu paralysieren trachten. An sich, vom Zweck der Abwehr oder von irgendwelchem Sonderzweck anderer Art abgesehen, ist uns das Wesen dieses Gegenstandes gleichgültig, dem Erleben und Vertiefen gesperrt, es wird in den innern Inhaltskreis unserer Seele nicht einbezogen. Zunächst liegt also auch kein »Haß« vor.

Gewiß können auch Gegenstände, die Abscheu oder Angst verursachen, sich dem Seelenleben einprägen, ihm eine von ihnen ausgehende Färbung aufzwingen. Allein der gewaltige Unterschied gegenüber den positiv gewerteten Gegenständen ist der, daß die letzteren ohne weiteres eine Hinwendung der Seele zu ihnen bedingen, während dies bei den ungünstigen Wirkgegenständen keineswegs der Fall ist. Hier liegt eine Abschließung, ein Wegstreben der Person vor, mag auch dessen Gelingen ein unvollständiges sein, mag auch das Wegstreben selbst technisch oder auch sonst psychologisch gerade eine Befassung mit den betreffenden Dingen mit sich bringen. Die Hinwendung zu positiv betonten Gegenständen kann stufenweise in »Liebe« übergehen, soweit diese Gegenstände in die Ebene der personhaften Wesen aufsteigen bzw. in deren Nähe vorschreiten. Man »liebt« Blumen nicht in demselben Sinne, wie man seine Frau und Kinder liebt, aber man kann auch Blumen oder »seine« Blumen ganz ausgesprochen lieben. Man stelle sich einen pensionierten alten Herrn vor, der wohlgeratene Kinder und ein Rudel blühender Enkelchen um sich hat, dessen besonderen Stolz und hohe Freude aber doch der exquisite kleine Rosengarten bildet, dessen Gärtner er selbst ist. Hingegen wird man schwerlich sagen können, man »haßte« einen öden Landstrich oder einen greulichen Mietskasernenhof. Und doch »zwingen« uns die Rosen nicht mehr zu einer »Hinwendung«, als diese unerfreulichen Gegenstände, ja es verhält sich oft vielmehr umgekehrt. Aber zu den Rosen wenden wir uns »aus eigenem Antrieb« liebevoll oder nahezu liebevoll hin; die häßlichen Orte hingegen durchschreiten wir mit größerm oder geringerm Unbehagen und Ärger, jedoch ohne jenes innere Aufbäumen und jenes »herzhafte« Zugreifen, welche zum Haß wie zur Liebe gehören. Davon kann auch dann keine Rede sein, wenn wir Sümpfe austrocknen und alte Kasten demolieren, um an ihrer Stelle Ackerland zu schaffen und freundliche Einfamilienhäuser zu bauen. Das mag »Kampf« sein aus wirtschaftlichen und kulturellen Motiven verschiedener Art, – aber keine echte Feindschaft, kein Haß.

Es folgt daraus: *der Haß ist ein engeres und spezifischeres Phänomen als die Liebe*. Die spontane aufsuchende Hinwendung im Sinne des Hasses geht nicht mit solcher Flüssigkeit und evolutionärer Selbstverständlichkeit aus den primären Eindruckreaktionen hervor, wie die gegensätzlich entsprechende Bewegung im Sinne der Liebe. Der Haß erfordert eine weit strenger zu bestimmende Bedeutsamkeit und Aktivität des Gegenstandes, aber auch eine weit enger umschriebene Situationsbeziehung. Die Gegenstände der Liebe können gleichsam »beliebig« angetroffen und aufgegriffen werden; die Gegenstände des Hasses müssen (dem Wesentlichen nach) zum Subjekt in einem – auch in der beiderseitigen Beschaffenheit begründeten – Feindschaftsverhältnis stehen oder doch für ein solches Verhältnis »naheliegen«. Der Haß ist ein *prinzipiell gegenseitigeres Verhältnis* als die Liebe. Empirisch kommt es freilich oft genug vor, daß er nicht erwidert wird; aber er ist sinnlos dort, wo er nicht immerhin in vollem Sinne erwidert werden könnte. Die Liebe aber ist hiervon ganz unabhängig; eine sehr wichtige Art von ihr bevorzugt gerade das Kindliche, Zarte, Knospenhafte, Unentfaltete, »Infrapersonale«, von dessen Seite eine eigentliche Erwiderung gar nicht denkbar wäre oder doch gar nicht in der Linie des Liebestypus liegt. Es dürfte übrigens öfter der Fall sein, daß die Liebe vom geliebten Menschen nachträglich »erwidert« wird, während der gegenseitige Haß mehr gleichzeitig, sozusagen »in der Mitte« entsteht. Sofern nicht Personen, sondern unpersönliche »Mächte« gehaßt werden, sind es entweder solche, die selbst zum Hasse fähig sind, z. B. eine Nation, oder solche, die zumindest selbst eine Haßhaltung mitvertreten oder inhaltsgemäß haßerfüllte Vorkämpfer haben können: etwa Parteirichtungen. In den seltenen Fällen, wo Tiere oder leblose Gegenstände »gehaßt« – und nicht nur verabscheut, gefürchtet, mit Ekel angesehen – werden, muß ihre symbolisch-assoziative Beziehung in außerordentlicher, magischer Weise im Vordergrunde stehen. Die Gegenseitigkeit der Haßbeziehung bedeutet natürlich nicht, daß etwa beide Teile gegenseitig »den Haß voneinander haßten«. Man haßt vielmehr das »gegenstrebige Wesen« des Andern, und die Möglichkeit des Gegenhasses ist nur strukturelle Voraussetzung, nicht dieser selbst ein Anlaß des Hasses. Sekundär allerdings kann es dazu kommen, daß der Gegner auch wegen seines »widerwärtig« haßgeblähten, »gehässigen« Verhaltens gehaßt wird.

Die *schärfere Heraushebung des Gegenstandes* durch die Haß- als durch die Liebesintention versteht sich aus den letzten Ausführungen. Damit Haß zustande komme, bedarf es einer zugespitzteren Hinwendung, einer irgendwie als einmalig, als historisch charakterisierten Hinspannung. Liebe ist mehr dem Aufbau des Lebens und der geistigen »Erstreckung« der Person immanent, Haß aber durchbricht sie, schafft Beziehungspunkte besonderer Art, die nicht funktionell vom Subjekt her erklärbar sind, sondern die Interferenz gegenstrebiger Wellen zum Kernbestand haben. Die »Lieben« oder

Liebesbeziehungen eines Menschen, mögen sie in einzelnen Punkten noch so sehr äußerlich, zufällig, ereignishaft mitverursacht sein, geben insgesamt ein anschauliches Bild seines Lebens und Strebens, seines Wertsystems, seiner Zielperspektiven selbst. Seine Haßbeziehungen stellen vielmehr herausragende Blöcke dar: sie mögen für seine Artung durchaus bezeichnend sein, tief in sie hineinleuchten, – aber sie bieten in keiner Weise eine Abbildung von ihm, vielmehr nur historisch gegebene Orientierungspunkte, die mehr in sich dastehen und weniger die allgemeine Stellung des Subjektes zur Welt widerspiegeln. In einem gewissen Sinne ist daher, so sonderbar es klingen mag, die individuelle Bedeutung und Dignität des Haßgegenstandes größer als die des Liebesgegenstandes. Alle Liebe führt eher den Hintergrund der Gesamtheit geliebter Dinge mit sich, als der Haß etwa einen Hintergrund anderer Dinge, zu denen man sich irgendwie stellt. Man könnte die große Liebesleidenschaft, für deren Träger die gesamte Welt außer der einen geliebten Person zu einem blassen, bedeutungsleeren Skelett wird, von dieser Vergleichung ausnehmen. Und doch wird oft genug verzeichnet, wie die große Geschlechtsliebe auch für Werte ganz anderer Art offen und empfänglich macht, wiewohl alles gleichsam zu einer Schleppe der Geliebten herabsinkt. Auf jeden Fall entfällt die Ausnahme, wenn wir die akute Liebesleidenschaft, die als besonderer »Zustand« auftritt, ausschließen, und uns auf die lebenskonstitutiven dauerhaften Liebesbeziehungen beschränken. Im Vergleich mit ihnen birgt der Haß zweifellos eine isoliertere und sozusagen eindringlichere Intendierung ihrer Gegenstände in sich. Wenn die Liebe mehr den Menschen (das Subjekt) in seiner Anschaulichkeit gibt, so der Haß mehr in seinem entscheidenden Heraustreten aus sich selbst, in den großen Linien seiner »Tragik«. In der Vernichtungsintention des Hasses, die sich scharf abhebt von den Intentionen bloßer Abwendung und Abwehr (in Angst, Ekel, Ausweichen aus Bequemlichkeit), wird die dynamische Einheit des Daseins, gleichsam der unausweichliche Druck des ganzen Universums an einem Punkt des Lebensraumes, einzigartiger erlebt, als in der Intentionsfülle der Liebe, wo das gestaltete und abgestufte Wertleben des Fühlenden mehr in sich eingeschlossen bleibt. Mag folglich auch Liebe und nicht Haß der letzte Grund unserer geistigen Verbindung mit den Gegenständen sein: die scharfe *Herauspräparierung ihres gegenständlichen Charakters* setzt im säkularen und kulturgeschichtlichen Sinne, wie ich vermute, den Haß voraus. Die Analyse geht am selbstverständlichsten aus der haßbedingten Entlarvung hervor. Wäre etwa formalistisch-methodologisches Denken ohne eine – freilich nur ganz allgemein, in ganz großem Maßstab und keineswegs im aktuellen Sinne – vorausgesetzte Haßbeziehung zu gewissen typischen vitalen Inhalten möglich? Wir wollen diese Ausstrahlung des Themas immerhin nur andeuten.[10]

Die Frage, was derlei wie »Welthaß«, Haß gegen die »Liebe« oder andere vitale Gewalten, Haß gegen eigene Bedürfnisse bzw. gegen die ihnen zugeordneten Wertgegenstände bedeuten mögen, leitet zu der Frage der konkreten Beziehung zwischen Liebe und Haß über. Bisher wurden die gesondert gefaßten Sinnstrukturen der beiden miteinander verglichen.

IV.

Ein *Nebeneinander von Liebe und Haß* gibt es in zwiefachem Verstande: nämlich in der Bedeutung der komplementären Entsprechung mit gegensätzlichen Gegenständen, und in der Bedeutung einer ambivalenten, »paradoxen« Haltung zu einem und demselben Objekt.

Wir beginnen mit dem zweitgenannten Phänomen, dessen Reichweite oft überschätzt wird. Im Grunde »aller« Liebe soll Haß lauern, und »aller« Haß soll auf irgendwie »unglückliche«, zielabgeschnittene, enttäuschte, verbitterte oder uneingestandene Liebe zurückzuführen sein. Wenn man dies nun in hinreichender Allgemeinheit faßt, läßt es sich in der Tat streng beweisen. Jede Liebe bringt die Möglichkeit des Hasses gegen den betreffenden Gegenstand mit sich, denn in ihr wird eine enge Verknüpfung mit demselben hergestellt, und alles Mißfällige und Gegenstrebige von seiner Seite eignet sich daher, infolge der (relativen) Unaufhebbarkeit der Verbundenheit echten »Haß« auszulösen. Beispiele: Haß gegen den mißratenen Sohn, den treulosen Geliebten, den »Angeschwärmten«, der sich hochmütig ab-

---

10 Den Zusammenhang zwischen Lebens- und Welthaß, technischem Naturbeherrschungswillen und »zerfaserndem«, »isolierendem« analytischen Denken haben manche von Nietzsche angeregten Denker, so Scheler, einseitiger und romantischer Th. Lessing, Klages u. a. betont. In Wirklichkeit kann keineswegs von hier aus ein Verständnis des begrifflichen Erkennens in seinem Wesen, sondern nur seiner Überspitzung in Getrenntheit von den sonstigen seelischen und kulturellen Gebieten, gewonnen werden.

weisend gebärdet. Andererseits beruht der Haß stets auf Liebe: die geistige »Würdigung« des Gegenstandes selbst, die für den Haß Bedingung ist, die im Hasse gegenwärtige Hinwendung wären ohne eine beginnende, abortierte Bewegung der »Liebe« nicht denkbar. Kein Haß kann brennender und schärfer »persönlich« sein, als der gegen einen Gegenstand, welcher den zunächst »Liebenden« enttäuscht, ihn gleichsam ob seiner als »falsch« erkannten Liebe bestraft und ihn zum »Hassenden« gewandelt hat. Selten durch bloße Abweisung oder Verhöhnung der Liebe, Verweigerung der Gegenliebe: meist spielt in überwiegendem oder geringerm Maße mit, daß der Gegenstand sich im Zuge der Beziehungsentwicklung »enthüllt«, seine Wertwidrigkeiten und noch mehr den bloß scheinbaren Charakter mancher seiner anfänglich bewunderten Werte offenbart.

Bei aller Banalität der hierbei zu verwendenden Mittel kann nicht verabsäumt werden, dieser Polaritätslehre ihre Grenzen vorzuzeichnen. Zunächst darf man aufeinanderfolgende Haltungen nicht mit gleichzeitigen verwechseln: wenn die Liebe sich zum Hasse verdüstert, wenn nach anfänglich bestehendem Hasse etwa »das Eis gebrochen wird« und Liebe entsteht, so sind das interessante psychologische Vorgänge, die gewiß auch auf das Wesen von Haß und Liebe ein Licht werfen, aber in keiner Weise bezeugen sie eine innerliche »Identität« von Haß und Liebe, wobei das aktuell geltende »Vorzeichen« nur Zufalls- und Nebensache wäre. Die Annahme, daß bei Liebe die fehlende Haß-Rückseite und umgekehrt jeweils »unbewußt« vorhanden seien, ist schlechterdings ein Wechsel ohne Deckung: wenn es schwankende Gefühlshaltungen mit jeweils unterdrückten und abseits verdämmernden Komponenten gibt, wenn mitunter eine unterdrückte Haltung, etwa infolge einer plötzlichen äußeren Wendung, ruckartig ins Bewußtsein oder richtiger in die Zentralsphäre des Bewußtseins durchbricht, so folgt daraus nichts weniger, als eine entsprechende Doppeldeutigkeit auch der »scheinbar« klargestellten Gefühlshaltungen. Reine haßfreie Liebe und reiner liebefreier Haß sind offenbare – nur freilich weniger auffallende – Tatsachen der Erfahrung. Ganz besonders sichtbar wird dies, wenn wir nicht etwa Liebes- und Haßleidenschaft in ihrer völligen Verblendung vor Augen haben, – wo allerdings der Verdacht naheliegt, daß geheime Haß-, bzw. geheime Liebesregungen durch die krampfhafte Überbetonung der »obenan« befindlichen Einstellung übertönt und überdeckt werden – sondern solide dauernde Liebe, die manches an ihrem Gegenstande auszusetzen findet, ohne darum im mindesten beirrt oder getrübt zu werden (Liebe mit einer Beimischung von Humor), und ebenfalls soliden dauernden Haß, der sein Objekt nicht unsinnig verteufelt, sondern die Werte an ihm zu sehen erlaubt, freilich sie mit einer gewaltigen Perspektive des »Unwerts« und der »Wertfeindlichkeit« überleuchtend.

Richtig bleibt also nur soviel, als Liebes- und Haßeinstellung gegenüber der »Gleichgültigkeit« (im weiteren Verstande) einerseits eine gewisse formale Ähnlichkeit aufweisen, andererseits in ihren schwankenden Formen auch ein gewisses Zusammen, ein tastendes Abwechseln oder auch eine der Ausrichtung nach noch unbestimmte »scharfe Interessenahme« bilden können. Die Logik der »gemischten« Liebes- und Haßeinstellung gründet sich auf eine Art intentionale »Spaltung des Gegenstandes«. Der Sprachgebrauch allerdings, daß wir einen Menschen lieben und einzelnes an ihm »hassen«, oder umgekehrt, ist ein unerlaubt laxer. Liebe und Haß gehen auf real auftretende Wesensganzheiten, nicht auf abstrakte »Züge«. Wohl aber können wir einen Menschen lieben und doch wieder »hassen«, sofern seine für unser Erleben wertwidrigen und »uns feindlichen« Züge ihrer Stärke, ihrem Zusammenhang, ihrer Tiefendimension nach (Verbindung von Wesenszügen und Verhaltensrichtung!) ausreichen, ihn als ablehnenswerten Einheitscharakter zu konstituieren: wenn also, wiewohl nicht im Sinne einer metaphysisch realen Personspaltung, diesem Menschen ein neben- und gegenstrebiges »zweites Ich« eignet. Ebenso kann einem gehaßten Menschen gegenüber ein Strahl der Liebe in uns aufschießen, nicht zwar wenn wir bloß etwas »Günstiges«, sei es auch moralisch für ihn Sprechendes an ihm wahrnehmen, wohl aber, wenn uns ein tiefer Zug des Adels an ihm wahrnehmbar wird, oder wenn wir etwas erfahren, was seine historische Rolle in der uns mitbetreffenden Angelegenheit in verändertem Lichte erscheinen läßt, wenn er uns demnach als »ein Anderer« zu imponieren beginnt. Liebe und Haß, wenn sie objektgemeinsam auftreten, verteilen sich keineswegs statisch auf die »Licht- und Schattenseiten«, das »Haben- und Sollkonto« des Gegenstandes, sondern sie drücken eine in sich gespaltene, schwankende, »aufgehobene« Haltung zum *Einheitssinne* desselben aus. Es kann dabei in manchen Grenzfällen die Liebe nur eine Maske des Hasses sein: wenn jemand etwas unter dem Vorwande »verbessern wollender Liebe« alle konkrete Wesensäußerungen einer Person verdammt und auszumerzen sucht; oder auch der Haß eine scheinhafte Hülle der Liebe: wenn wir etwa, je mehr wir eine Person lieben, umso schärfer und eifriger gegen manche »auszuscheidende« Elemente seines Verhaltens auf den Plan treten. Ein grober Irrtum aber wäre die Behauptung, daß wir jede geliebte Person »auch haßten«, weil uns doch ganz gewiß einzelnes an ihr nicht zusagte, und umgekehrt.

Die zweite Frage betrifft das komplementäre, objektgegensätzliche Nebeneinander von Liebe und Haß. Wieweit gehört zur Liebe zu einem Gegenstand ein entsprechender Haß zu einem konträren Gegenstand, wieweit setzt Haß eine entsprechende anderweitige Liebe voraus? Daß es solche Zusammenhänge überhaupt gibt, leuchtet ein: es liegt nahe, den Feind des Geliebten zu hassen, den Feind des Gehaßten zu lieben, und ebenso auch den Typus, der das »Gegenteil« eines geliebten Wesens darstellt, zu hassen, sowie beim Haß gegen ein bestimmtes Objekt für ein ihm »flagrant unähnliches« Objekt Liebe aufzubringen oder bereitzuhalten. Doch ist auch die grundsätzliche rumpfhafte Unvollständigkeit dieser Entsprechungen klar. Die rein logische Einschränkung ist eine dreifache: 1. Es gibt keine strengen Gegensätze zu Charakteren, Wesensarten, wie es Gegensätze zu einzelnen Eigenschaften (wie Mutig – Feig u.s.w.) gibt. 2. Diese Uneindeutigkeit der Artgegensätze wird noch vermehrt, wenn wir das reale Vorkommen der Charaktere, insbesondere innerhalb bestehender persönlich-historischer Umkreise, betrachten. 3. Das einmalig-konkrete Zusammentreffen von Wesenszügen eines Objekts mit seiner dynamischen Stellung zum Subjekt ist erst recht nicht in selbstgegebener Weise gegensätzlich abbildbar. Meinem »Erbfeind«, der mit gewissen mich abstoßenden Charaktereigenschaften behaftet ist, kann ich in keiner Weise mit logischer Eindeutigkeit einen »Freund« und »Helfer«, der die »entgegengesetzte« Wesensart hat, zuordnen. Ob und wieweit also dem gehaßten Gegenstand als Komplement ein geliebter entspricht und umgekehrt, ist eine jeweils empirisch herausgebildete Sache; im allgemeinen kann nur behauptet werden, daß eine inhaltlich ganz bestimmte Intention objektgegensätzlichen Liebens und Hassens bei dem Hasse bzw. der Liebe vorhanden ist. Rein psychologisch fällt auch noch schwer ins Gewicht, daß der einzelne Mensch, namentlich in seinen einzelnen Zuständen, auch vorwiegend zu der Liebe bzw. dem Hasse »disponiert« sein kann. Wenn einerseits der »Leidenschaftliche« gleichzeitig zum Lieben und zum Hassen bereiter ist als der »Fischblütige«, so gibt es doch »sonnige« Menschen, die gleichsam lieben können ohne zu hassen, und »gallige«, die das Umgekehrte fertig bringen. Es handelt sich hier überall natürlich nur um ein relatives Übergewicht bestimmter Haltungen in ihrer realpsychologischen Ausprägung, nicht um absolute Trennungen. Das Gesetz der Gefühlslogik, daß einer besondern Vorliebe eine besondere Ablehnung entsprechen muß und daß negative Sonderbewertungen den gegensätzlichen Standort positiver Schätzungen voraussetzen, wird dadurch nicht angetastet.

Den Fall, wo Liebe und Haß sich einem symmetrischen objektgegensätzlichen Verhältnis nähern, bietet die Stellungnahme in einem bedeutsamen Konflikt Dritter dar. Wenn der geliebte und der gehaßte Gegenstand schon ohne Zutun des Stellungnehmenden einander »fertig«, in ausgebildeter Front gegenüberstehen und das Subjekt vom ganzen Herzen sich für den einen und gegen den andern zu entscheiden vermag, erscheinen Haß und Liebe in strengster Logik verknüpft. So namentlich, wenn wir nicht etwa nur für den Angegriffenen und Schwächern, d.h. richtiger gegen den gewalttätigen Rechtsbrecher, oder aber etwa für den uns Näherstehenden, Verwandten, Verbundenen Partei nehmen, sondern die beiden Streitenden ihrem Wesen, ihrer Bedeutungsfülle, dem objektiven Sinn ihrer Kampfrichtung nach abzuschätzen und einem Gegensatzpaar wie Gut und Böse, Kultur und Barbarei, Aufbau und Zerstörung, Freiheit und Knechtschaft u.s.w. zuzuordnen vermögen. Diese Tatsache ist auch in der Hinsicht interessant, daß an ihr einerseits die größere *orientierende* Kraft des Hasses sichtbar wird: ein gegebenes Haßverhältnis ist unmittelbarer geeignet, den Dritten zur Entscheidung, zur Abteilung seiner Liebes- und Haßbereitschaft anzuregen, als etwa ein gegebenes Liebes-(Freundschafts-)verhältnis, dem eine solche Dringlichkeit des Anrufs an den Hinzukommenden vollends fehlt. Andererseits aber wird der logisch *ergänzungsbedürftigere* Charakter des Hasses sichtbar. Fremder Haß, in dessen Wirkkreis wir geraten, zwingt uns in einer Weise zum Entwickeln von Liebe, wie fremde Liebe uns allenfalls selbst »anstecken« (ich sei »in eurem Bunde der Dritte«), niemals aber zum Hasse treiben könnte. Haß ist stets mehr mit dem Fragezeichen der Liebe belastet als umgekehrt: die Bergkuppen der Liebe können sich über eine Ebene »alltäglichen«, leidenschaftslosen Kleinlebens emporrecken, die Vulkane des Hasses aber sind von einem Feuer gespeist, in dessen Glut wir doch immer und immer Liebe vermuten müssen. Der Dichter *Che-*

sterton ruft einmal den Propheten eines »kühlen« mechanisierten Einheitsgeschehens entgegen:

> Likelier the barricades shall blare,
> Slaughter below and smoke above:
> And death and hate and hell declare
> That men have found a thing to love.

Wir wollen in diesem Lichte einen Blick werfen auf zwei Gestaltungen des Zusammenhanges von Haß und Liebe: den soeben angedeuteten Kampfesantrieb, der einer großen einigenden Idee innewohnt, und jenes Phänomen einer Verengerung des Liebesfundaments, das man »Welthaß« nennen könnte.

»Welthaß«, »Lebenshaß«, »Menschheitshaß« sind nicht Haltungen, welche in der Prägnanz vorhanden sein könnten, wie der im engsten Sinne verstandene Haß gegen ein wohlumschriebenes Objekt. Es fehlt ihnen der Hintergrund, das Operationsfeld, die konzentrierte Schärfe des eigentlichen Hasses. Sofern aber doch eine Einstellung vorliegt, die neben Verzweiflung, Abstumpfung, Gleichgültigkeit, Zurückziehung des Interesses auch wirklichen Haß zu enthalten scheint, – wie etwa beim Anarchisten, der »die Gesellschaft« als solche zu schädigen trachtet, oder beim satanisch gestimmten Krüppel, der sich für seine Lebensbelastung an Natur und Menschheit »rächen« will, – tritt wiederum der absolute Negativismus, die absolut gleichmäßige Verteilung der Feindseligkeit auf alle »Weltelemente« zurück. In zwei Richtungen können hierbei Spuren der *Liebe* verfolgt werden: Erstens ist in mehr oder minder verdichteter, mehr oder minder klar bewußter Form ein *Wunschbild* der Gesellschaft oder der Menschheit oder der eigenen Lebensbedingungen vorhanden, welches geliebt, gepflegt, dem Hasse selbst gegensätzlich zugrundegelegt wird; zweitens treffen wir einzelne, gleichsam winkelhafte Gegenstände an, die fetischartig geliebt werden und auf diese Weise auch der Haßleidenschaft als eine Art strategischer Stützpunkt dienen. Man haßt Staat und Gesellschaft, liebt aber eine verborgene Sekte, ja deren Häupter; man haßt Familie, Berufsgenossen, Passanten, liebt aber seinen Hund, dessen fabelhafte Treue man mit der angeblichen Verderbtheit der Menschen vergleicht. Der geliebte Einzelgegenstand kann auch inhaltlich die weitere Lebensumgebung, wie sie sein »sollte« nämlich, vertreten. Es gibt Grenzfälle zu dem eigentlichen objektkonzentrierten Haß hin, wo das hintergrundmäßig »geliebte« Wunschideal immerhin kein bloßes Hirngespinst ist, sondern ohne halluzinatorischen Einschlag als reales Objekt erlebt werden kann. So z. B., wenn jemand die kapitalistische Gesellschaft bis in kleine Verästelungen ihres Lebensbetriebes haßt, aber die »kommende« sozialistische Gesellschaft nicht nur im rein utopisch-programmatischen Sinne »liebt«, d. h. richtiger nur bejaht, sondern in und »hinter« der kapitalistischen Gesellschaft die Gesellschaft überhaupt, als Gemeinschaft der Menschen schlechthin, liebt: er ist aus ganzem Herzen mit dabei, wenn irgendwo ein Mensch einem andern in seiner Not beispringt; er fühlt sogar gesteigert die Leiden des eigenen Volkes, wiewohl er die durch eine Revolution bedingten weiteren Nöte ohne Bedenken verantworten würde u. s. f. (Ein analoger Fall, nur ohne Zusammenhang mit dem »Universalhaß«, liegt vor, wenn wir den aktuellen Habitus eines Menschen bis in tiefe Schichten seines Charakters hinein hassen und doch irgendwie den letzten Kern dieser individuellen Person, also über sein abstraktes Person-Sein hinaus, lieben; welcher »letzte Kern« wiederum auch in sichtbaren Einzelheiten, vielleicht »Kleinigkeiten« vertreten sein wird.) Ich kann also nur raten, in jedem Fall von Welthaß doch nach einem komplementären Liebesgegenstand zu suchen, der sozusagen ein Paradigma der Welt, wie sie nicht hassens-, sondern liebenswert wäre, darstellt. Es kann z. B. jemand alles um sich hassen, aber liebevoll an der Erinnerung an einen ehemaligen ihm lieben Menschenkreis hängen.

Daß Liebe bald Haß zeugen kann, daß jedes vereinigende Band leicht als trennende Barriere nach der andern Richtung wirken kann, daß namentlich eine einigende Idee notwendig auch etwas ist, woran »sich die Geister scheiden«, ist oft betont worden. Der letzterwähnte Fall wird dadurch ausgezeichnet, daß hier ein allgemeiner oder doch weit ausgreifender Bestimmungsanspruch der Welt – der »Gesellschaft«, der »Menschheit«, dem »Staate« – gegenüber besteht, der unweigerlich auf Gegner stoßen muß. Kreuzzüge und Inquisition sind weit mehr ein Beweis für als gegen den Liebesgehalt des Christentums; und wenn der jakobinische Terror die Menschenrechte einerseits mit Füßen getreten hat, so ist er andererseits eine Anzeige ihres Lebendigwerdens. Die Frage, ob diese Wendungen zur Feindschaft »notwendig« waren, ob gerade eine »vollkommenere« Durchdringung der Menschen durch jene Wert- und Heilserlebnisse sie nicht verhindert hätte, sei hier nicht angeschnitten; sie sind an sich als Komplemente zu der Liebeshaltung verstehbar. Je leidenschaftlicher ich einem Bilde menschlicher Gemeinschaft hingegeben bin, umso erbitterter muß ich »zunächst« gegen diejenigen sein, welche diese zu zerstören suchen oder sie doch schon durch ihr Abseitsstehen stören und verneinen. Gewiß kann jenes Gemeinschaftsbild sich auch in dem Sinne auf die Refraktären mit erstrecken, sie mit einbegreifen, daß ihnen trotz allem unsere Hingabe gilt, – Steine, die mit Brot erwidert werden, – aber zum logischen Aspekt des Verhaltens gehört auch der andere Kurs, diese widerstrebigen Faktoren überhaupt entfernen, aus der menschlichen Gemeinschaft in unserer Beziehungsnähe überhaupt ausscheiden zu wollen. Daß wir selbst bei völlig individueller, unprogrammatischer, »apolitischer« Liebe zu einem Menschen diese Haltung uns gern an unserer Abneigung gegen andere, von jenem scharf abstechende Personen oder Menschentypen verdeutlichen, mag jeder an sich erfahren haben. Es hängt dies mit der perspektivischen Endlichkeit des persönlichen Lebens zusammen: wenn wir einen Gegenstand lieben, so ist das zwar im allgemeinen mehr ein freischwebendes, isoliert geltendes, »geschenk«-haftes Datum, als wenn wir einen Gegenstand hassen, was stets mehr dynamischen Bezug auf unsere Daseinssituation enthält; – aber selbst ein solches freischwebendes Lieben ist von der Knappheit unseres gesamten Lebensaufwandes nie ganz unabhängig zu machen, und wird von dem – sei es auch ganz undeutlich gezeichneten – Schatten dessen, was wir »entsprechend nicht lieben«, dem wir »uns entsprechend versagen«, begleitet.

V.

Wenn wir nun die Frage nach dem »Weltbild des Hasses« stellen, stützen wir uns dabei auf die Erwägung, daß in jedem Haß ein metaphysisches Erleben anklingt, an sich zwar nicht mehr als in der Liebe oder der Angst, wohl aber vielleicht in einem mehr reflektierten, formulierbaren, zugeschärften Sinne. Der Geängstigte möchte sich retten und wäre damit zufrieden; der Liebende bejaht, berührt, umhegt einen Gegenstand und färbt damit auch sekundär den Weltzusammenhang an, in welchen jener eingebettet ist. Wenn aber der Haß seinen Gegenstand, statt nur ihn etwa aus der Berührungszone zu verbannen, verfolgt und ihm nachspürt, wenn er dessen »Vernichtung« anstrebt und ihn in die Kategorie des »Bösen« einreiht, so deutet das auf ein höher gespanntes metaphysisches Bewußtsein hin. Eine rein und folgerichtig hedonistisch-positivistische, ametaphysische Einstellung zur Welt könnte mit dem Haß restloser aufräumen, als mit Liebe und Angst.

Was der Haß verlangt und verheißt, ist – nach der einen Seite hin zumindest – eine Art Entscheidung über das Schicksal der Welt. Dabei kann natürlich »Welt« nicht im buchstäblichen Sinne verstanden werden; aber immerhin wird der Abschnitt der Welt, der da in Frage steht, nicht als streng abgegrenztes Sonderbereich, sondern als eine perspektivisch vorgeschobene Wölbung der Welt erlebt. Der gehaßte Gegner ist nicht nur Gegner des hassenden Subjekts an sich, sondern erscheint als schlechthin bekämpfenswerter Faktor, als »böse«, als einer, der nicht nur aus dem Sattel gehoben, sondern darüber hinaus »vernichtet« werden »sollte«; andererseits nicht nur als ein »Böser«, der als solcher erkannt und verurteilt oder auch bestraft werden müsse, sondern als »diese böse Gegenkraft da«, als die konkret gegebene böse Gegenseite, mit der gekämpft wird um den Besitz eines repräsentativen Stücks Welt, welches also über sich selbst hinausreicht und die Welt überhaupt als Kampfobjekt vertritt.

Wenn man bedenkt, daß wohl kein Haß jemals glühender und weltbewegender war als der Religionshaß, so wird man die Vermutung nicht allzu absonderlich finden, daß jeder echte Haß einen Splitter von Religionshaß in sich birgt. Denn Religionshaß ist ja nicht etwa die Stellungnahme eines Richtenden zu dem, was er für böse und für falsch hält, sondern eine Stellungnahme mit dem Motto »Wir Gottesheer da gegen dieses Teufelsheer da«. Wenn es eine stilvollendete Weltanschauung des Hasses gibt, so ist es zweifellos der *Manichäismus*: die Sicht der Welt als Kampfplatz und Kampfprodukt des Einen bestimmten guten Prinzips und des ihm an Realität ebenbürtigen Einen bestimmten bösen Prinzips. Sollten wir da fehlgehen, wenn wir den Wurzelpunkt jenes Zusammentreffens von moralisch-wertender Ablehnung und persönlich-feindseliger Befehdung, das für jeden noch so trivialen Haß kennzeichnend ist, in der religiösen, speziell manichäischen Vorstellung vermuten, daß *die Welt in den Verband jener Bösen dort und dieser Guten da – zu welchen »man selbst gehört« – zerfällt*? Wobei doch die Welt ganz emphatisch als eine Welt gedacht wird, auf der schlechterdings nicht beide Teile Platz haben, obwohl beide darauf ihren Platz zu behaupten trachten. Daß in jeder Haßrichtung eines beliebigen Tölpels – oder geschweige eines Tieres – diese Imagination enthalten sei, ist keineswegs gemeint. Aber vergessen wir nicht, daß »Weltanschauung« nicht die Angelegenheit der Philosophen oder der Gebildeten, sondern die aller denkenden und fühlenden Wesen ist; daß es z. B. für den Philosophen schwer sein mag, den Begriff Sünde zu zergliedern und zu erhärten, der Schafhirt jedoch diesen Begriff genau so »hat« wie den Begriff der Wolle. Die Unterschätzung des durchschnittlichen Menschenverstandes (sowie das damit zusammenhängende Gerede über »Instinkt« und »Unbewußtes«, wodurch alles erklärt werden soll) geht auf die einseitige Berücksichtigung des thematisch formulierten Denkens zurück, das – aus hier nicht weiter zu verfolgenden Gründen – bei den meisten Menschen ungleich dürftiger ist als die andeutungshaften, flüchtigen, einmaligen, elliptischen, unausgesprochenen Denkakte, die aber dennoch bewußt erfolgen und auch wirksam sind. Wir könnten vielleicht in der Tat nicht hassen, wenn wir nicht – schon als kollektives »Erbgut« – die Vorstellung des Teufels, des »bösen Dämons«, und zwar als einer weltbewegenden, gleichsam armeewerbenden Macht hätten. Selbstverständlich ist diese Vorstellung nicht etwa erst durch das Christentum oder den Parsismus oder das Judentum in die Welt gekommen. Doch kann angenommen werden, daß im geistigen Luftkreis dieser Religionen, auf der Grundlage eines ethischen Weltdualismus, der Haß – wie auch die Liebe – einen weit höher geschraubten Sinn erhalten hat, als es etwa der griechischen Idee von Freundschaft und Feindschaft entspräche. Schätzen wir die Menschen nur danach ein, ob sie rein eigenschaftsmäßig »besser« oder »weniger gut«, »schlechter« oder »weniger schlecht«, »wertvoller« oder »wertloser« sind, bringen wir das meinetwegen auch noch in Verbindung mit Freundschaft und Feindschaft (im *Staat* Platons debattiert Sokrates über diese Dinge), so reichen wir an jene Tiefe von Liebe und Haß, von Gemeinschaftswillen und Vernichtungswillen nicht heran, die wir erreichen, wenn wir die Menschen – wohl vielfach unabhängig von ihren einzelnen Werten und Unwerten, Tugenden und Lastern, Tüchtigkeiten und Fehlern – der »Gemeinschaft der Heiligen«, oder aber der »Schar der Gefallenen« zuzählen können.[11]

11 Vgl. unter dem Titelwort Teufel in *Wetzer und Welte's Kirchenlexikon*, 2. Aufl., 11. Bd. (Freiburg i. Br. 1899): »So ist denn die Menschheit bis zum Tage des Ge-

Mit allem selbstverständlichen Vorbehalt also, mehr auf prägnanten Ausdruck als auf unanfechtbare Formulierung des Gemeinten bedacht, möchte ich die Wendung gebrauchen, daß der – menschliche – Haß eine »*Verteufelung« des Gegenstandes* voraussetzt, wobei es nicht auf einen theologisch klar herausgearbeiteten Begriff des Prinzips des Bösen ankommt, sondern auf die Sicht des Gegenstandes als Trägers einer bösen »Weltrolle«: als wären an diesem Gegenstande nicht gerade nur die schlechten Züge schlecht, sondern als wären seine an sich, inhaltlich gleichgültigen Interessen und Wollungen schon Emanationen einer bösen Weltmacht. Der im Haß mitgesetzte »Interessen«-Kampf wird dadurch natürlich mit einem Pathos eigener Art beflügelt. Daß einzelne Züge im Charakter oder im Verhalten des Gehaßten einseitig im schlechten Sinne »ausgelegt« werden, ist nicht der Kern des Sachverhaltes; es handelt sich nicht nur um einen sekundären Aufputz des Eigeninteresses. Vielmehr bedarf es, damit wirklicher Haß zustande komme, auch eines Wesensgegensatzes, eines Aufgreifens der objektiv wertwidrigen Züge am Gegner, und zwar soweit diese mit der gegebenen Gegensatzsituation selbst verknüpft sind. Erst um diesen Ausgangspunkt her lagern sich Zusätze, wie daß alle Äußerungen des Gehaßten geradezu in wahnhafter Weise übel ausgelegt werden.

Wenn gesagt wird, daß aller Haß die Idee des Teufels voraussetze, und andererseits alle Liebe die Idee des absolut Wertvollen, also Gottes, so sind beide Konstruktionen immerhin nicht derselben Ordnung. Gewiß ist auch die erstgenannte Behauptung rein empirisch-psychologisch nicht haltbar; gewiß läßt sich hinwieder die Theorie aller Liebe als Gottesliebe auf dem Boden einer theologischen Metaphysik wohl verteidigen. Aber es gibt da doch einen Unterschied: dem Liebenden genügt das Geliebte mehr als dem Hassenden das Gehaßte; die Wendung zum »Weltprinzip« setzt im letztern Falle um eine Stufe früher, dem Aktualbewußtsein näher ein. Denn der Haß deutet ohne weiteres auf eine »Kampffront« hin, wobei sofort die Idee einer die Welt durchziehenden Frontstellung mitschwingt;

richtes in zwei Heerlager gespalten; die Kinder des Lichtes stehen den Kindern der Finsternis, die Kinder Gottes den Kindern des Teufels kampfbereit gegenüber (Apg. 26,18. Eph. 5,8. Col. 1,13. 1. Thess. 5,5. 1. Joh. 3,10); es gibt keine Gemeinschaft zwischen Gerechtigkeit und Frevel, zwischen Licht und Finsternis, zwischen Christus und Belial.« – Wäre da, auch auf Seiten der Kinder Gottes, der Haß in jedem Sinne ausschließbar?

die Liebe hingegen impliziert keineswegs so unvermittelt die Idee einer Kampffront und einer Scheidung zwischen Hüben und Drüben, auch nicht in dem Sinne, daß man sich mit dem geliebten Gegenstande einer Kampfgemeinschaft zugehörig fühle. Es gehört schon eine eigene Ausweitung des Liebeserlebens – etwa kontemplativer Art – dazu, daß man im betreffenden Gegenstande das Walten eines Wertprinzips sehe, dessen letzte Quelle und höchste Repräsentation doch nicht dieser Gegenstand ist. Mag auch ein irgend beliebiges Stück der seienden Welt den »Betrachter« ungleich eher zu Gott hinführen als zum Teufel: der Haß an sich setzt eine engere Beziehung zum Teufel als die Liebe zu Gott. Freilich hängt damit auch die größere Mannigfaltigkeit der Liebesarten im Vergleich mit dem Hasse, wovon schon die Rede war, zusammen: dem stetigen Übergang zwischen höherer geistiger Liebe und Zuneigungsformen anspruchsloserer Art entspricht keine analoge Stufenreihe auf Seiten des Hasses. Ferner ist von diesem Punkte aus zu verstehen, daß der manichäischen Weltansicht, für die die Frontstellung guter und böser Kräfte die *zentrale* Gegebenheit des Seins ist, der Teufel irgendwie realer erscheint als Gott. Bei größerer Unbefangenheit jedoch weist uns gerade die vorerwähnte Asymmetrie auf einen Seinsvorrang des Guten hin. Denn es geht aus ihr die (gewiß auch anderweitig gewinnbare) Einsicht hervor, daß zwar das Erleben des Gegensatzes Gut – Böse weit unmittelbarer von der Richtung »Böse« aus erfolgt, daß jedoch ein Erleben des Bösen zwangsläufig die Mitintendierung der »Kampffront« und somit die Rückbeziehung auf das Gute bei sich führt, während das Erleben des Guten an sich selbständig sein kann und nur unter besonders gegebenen Umständen oder zur metaphysischen Vervollständigung, nicht aber schon in seinem Vollzuge selbst der Heranziehung des Bösen bedarf.

Die logische wie ethische *Bedenklichkeit des Hasses* im allgemeinen – weitgehend unabhängig davon, welche inhaltliche Ethik »wir uns zu eigen machen« – gibt sich anschaulich in dem Umstand kund, daß zwei (individuelle oder kollektive) Gegner sich mit vollem Pathos hassen können – so gerade beim Religionshaß – und daß ferner in einem sehr häufigen Fall gerade derjenige Gegner, der den andern viel leidenschaftlicher haßt als dieser ihn, nach »allgemeinem« Urteil und in »offenkundiger« Weise der sittlich bösere, der »Verworfene« unter den beiden sein kann. Die fragliche »Verteufelung« kann also nicht nur »irrig« oder doch ungerecht und verblendet sein, sie kann die wirkliche Sachlage auch geradezu umkehren (vgl. unten den *Haß des Teufels*!); auf die Bosheit des andern versessen sein, mag gerade mit der eigenen tatsächlichen Bosheit zusammenhängen. Das sehr häufige Ressentiment, aus dem heraus man bessere und tüchtigere Menschen verschiedentlicherweise verdächtigt, ihnen geheime unlautere Motive unterschiebt, auf ihre Gebrechen ein besonders wachsames Auge hat, gehört hierher. Uns interessiert diese Erscheinung nur insofern, als sie, im Sinne einer Extrembildung, auf das Problematische des Hasses überhaupt ein Licht wirft. Mit einiger Vereinfachung und Stilisierung möchte ich sagen: Jeder Haß richtet sich gegen »das Böse«; aber er schiebt, der Gegnerschaftssituation gemäß, nichtböse und wertvolle Elemente »dem Bösen« zu, und wirkt somit selbst böse. Dadurch, daß gewissenlose und gewalttätige Menschen zum Haß und zu haßerfüllter Herabsetzung ihres Gegners so leicht bereit sind, wird dies besonders anschaulich. Wenn im Sinne v. *Hildebrands* der sittliche *Fall* darin besteht, an Stelle des »objektiven Wertes« das Prinzip des »Fürmich-wichtig« zu setzen, so trifft dies auf den Haß zu, indem hier »Gegen-mich« mit »Gegen-das-Gute« konfundiert wird. Selbstverständlich ist diese Anmaßung niemals eine rein willkürliche und ungegründete, sondern sie knüpft an die – sei es auch noch spärlich – vorhandenen Unwertelemente des Gegners an, um dann unkontrolliert und ungehemmt fortzuwuchern und auch die Vorzüge des Gegners in Wertwidriges umzudeuten. Freilich darf man deswegen keinesfalls die bezeichnende Erscheinung des Hasses des Bösen gegen den Guten mit der Erscheinung des Hasses überhaupt verwechseln. (Dies alles wird unter der Voraussetzung erörtert, daß wir uns überhaupt auf eine inhaltliche Scheidung von Gut und Böse im objektiven Verstande einigen können; doch würde ein voreiliger Ausschluß solcher Einigung eine arge Erkenntnishemmung bedingen.) Wenn ein offenbar »böser« Mensch einen offenbar »guten« haßt, so kann dieser Haß doch auch gegenseitig sein; der Böse ist nicht deshalb oder geschweige nur deshalb böse, weil er eben haßt; auch liegt hier nur ein Typus des Hasses unter vielen anderen vor.

Jene »Verteufelung« also, die im Hasse des irdischen Menschen enthalten ist, begreifen wir metaphysisch bzw. theologisch am besten, wenn wir sie als die Haltung eines zugleich vom Teufel *bekriegten* und vom Teufel *versuchten* Geschöpfes deuten. Der von der Kirche eindeutig gelehrte *Abscheu Gottes vor dem Bösen*, auch in seinen konkreten Trägern, – der wohl im weiteren Sinne noch Haß genannt werden kann, – ist das eine Urbild unseres irdischen Hasses; der im engeren Sinne so zu bezeichnende *Haß des Teufels und der verdammten Seelen überhaupt gegen Gott*, das Gute und auch die geschaffenen Geister im allgemeinen ist das andere. Der Abscheu des irdischen Menschen vor dem ihn angehenden Bösen ist durchaus gut; wenn er seinen »Feind« in dessen gesamtem Wesen, ja gerade das Gute an demselben, haßt und »verteufelt«, so ist dies zwar böse, impliziert aber doch noch das gute Element einer allgemeinen, gleichsam *formalen* Wendung gegen den »Teufel« überhaupt. Der Haß der verdammten Seelen gegen Gott ist indessen jener Grenzfall des Hasses, wo ein Für-Böse-halten des Gegners nicht mehr in Frage kommt, sondern die Seele in völliger *Verstocktheit* gegen das Gute verharrt – wobei allerdings immer noch das eigene Ich-Sein als letzter formaler Grenzwert bejaht wird. Bezeichnenderweise ist die eigentliche Ursünde des Teufels nicht der Haß, sondern der *Hochmut*, von dem der Haß nur die Folge ist.[12]

Außer jener gewaltsamen ethischen Selbstlegitimierung im Haß, die soeben dargestellt wurde, unterliegt noch der *zerstörerische* Zug des Hasses einer sittlichen Anfechtung. Die grundsätzliche Unbegrenztheit der Vernichtungsintention trägt eine Spur der Feindseligkeit gegen das Seiende als solches in sich. Dazu kommt, daß der Haß seiner Natur nach – Andeutung einer weltdurchziehenden Front – sich vorzugsweise auf Reales, Kraftvolles, Mächtiges richtet. Ihm wohnt daher etwas »Weltumstürzendes«, ein Hang zur Zerschlagung der Seinsstrukturen, inne. Der gleichfalls sehr typische Haß gegen Macht und Erfolg, der ja so viel zur Entlarvung und Bekämpfung von Unlauterkeiten beiträgt, weist auf diese nihilistische, weltauflösende Tendenz der Haßbereitschaft hin, zwischen Wert und Sein einen Keil zu treiben. Andererseits erhebt sich hier die Frage, ob Kämpfertum, Reformgeist, Kritik an eingesessenen Herrschaften ohne Haß möglich wären, ob auch nur die persönliche Selbstdurchsetzung, die ja von der Auseinandersetzung um objektive Wertfragen untrennbar ist, ohne jedwede Erlaubnis des Hasses noch vor sich gehen könnte.

---

12 So die Ansicht der meisten Theologen (a. a. O.).

VI.

Sowohl die grundsätzliche ethische *Ablehnung des Hasses* als ihre etwa möglichen und notwendigen *Korrektive* sind recht triviale Dinge, über die sich nicht viel Erhebliches ausmachen läßt. Jedermann weiß, daß man die Sünde, nicht aber den Sünder hassen »soll« und daß die Scheidung zwischen beiden immer unvollkommen ist; daß es vielleicht unvermeidlich ist, Haß zu empfinden, jedenfalls aber möglich, ihn zu bekämpfen und sich auf berechtigte Selbstwehr und eine sachliche Austragung der Gegensätze zu beschränken; daß man selbst in dem gegebenenfalls gehaßten – verabscheuten – Gegner den Menschen als solchen achten, ja lieben kann.

Auch kann es keineswegs unsere Aufgabe sein, hier eine ethisch-religiöse Polemik zu führen gegen die beiderseitigen Verneiner des obigen Standpunktes: gegen die, welche die christliche Forderung nach Überwindung des Hasses als ungesund, unmännlich, ungermanisch u. s. w. ablehnen und sich zu einer Formel wie etwa »Liebe was gut, hasse was schlecht ist« oder »Liebe deine Freunde, hasse deine Feinde« bekennen; oder gegen die, welche von einer hinreichend tiefwirkenden religiösen Erleuchtung des Menschen das Verschwinden jedes Hasses erhoffen oder geradezu gegen allen Kampf und alle Feindschaft eingenommen sind. Die Frage, ob der Geist des Evangeliums, unverwässert verstanden, diesem letztern Standpunkt gleichkommt oder ob eine derartige Ansicht auf Verwechslung beruht, kann hier ebensowenig behandelt werden. Das katholische Christentum lehnt jedenfalls – vgl. auch die vorhergehenden Erörterungen – die Idee einer feindschaftslosen (zumindest irdischen) Welt, einer Welt ohne echten Kampf mit persönlichem Einsatz, ab.[13]

---

13 Vgl. das Titelwort *Liebe* im zitierten *Kirchenlexikon*, 7. Bd. (1891), VII.: Die Feindesliebe als strenge Pflicht besteht darin, daß Haß und Rachsucht ausgeschlossen werden, ebenso deren äußere Zeichen, ferner daß solche Äußerungen des Wohlwollens bezeigt werden, welche unter Personen des betreffenden Standes sonst als Pflicht gelten. Es ist (nach dem hl. Thomas) keine Verletzung der Liebe, die schlimmen Eigenschaften einer Person zu verabscheuen, wenn damit nicht die Person als Ganzes gehaßt wird; ebensowenig, sich über die Bestrafung des Verbrechers und die Vereitlung böser Pläne zu freuen, wenn es nur nicht die Freude über das Unglück des andern als solches ist, wobei allerdings schon die Gefahr einer solchen Haßgesinnung naheliegt. – IX.: Das *odium inimicitiae* (Haß gegen die Person um ihrer selbst willen) ist unbedingter böse als das *odium abominationis* (Haß um ihrer Übeltaten willen), wo noch eine Scheidung zwischen der Person und

Doch hätten wir abschließend zu zwei Fragen etwas zu bemerken, die als philosophische Vorfragen der Ethik vielleicht bedeutsam sind.

Das zwar unaufhebbar vorhandene, aber durchaus *uneindeutige Wechselverhältnis zwischen Liebe und Haß*, wovon unter 4. gehandelt worden ist, beweist die Möglichkeit einer gewissen Überwindung des Hasses. Eine starre Polarität, wonach jeder Abnahme des Hasses eine gleiche Abnahme der Liebe nach der Gegenrichtung hin entsprechen müßte, besteht nicht. Es ist vielmehr sinnvoll und möglich, die Liebeseinstellung bewußt zu pflegen und auszudehnen, während die Haßeinstellung eingeschränkt, mit Hemmungen belastet, vom Liebesgebot überschattet wird. »Freund« und »Feind« sind nicht Beziehungsglieder von der Art mathematischer Reziprokwerte; vielmehr steht es dem Menschen frei, auf der Plusseite ein Übergewicht seiner Personbeteiligung zu sammeln. So ist Dankbarkeit zwar weder logisch, noch tatsächlich ganz von der Rache zu lösen; aber ein Höchstmaß von Dankbarkeit kann mit einem Mindestmaß von Rachsucht zusammen bestehen: indem nicht etwa beide als spiegelgleiche Umschreibungen eines an sich maßgebenden mechanischen Vergeltungsgesetzes erlebt werden, sondern die Dankbarkeit als Ausfluß eines Förderungs- und Liebesethos, die Rachsucht als Ausfluß eines Zerstörungs- und Hassesethos überhaupt, – im Sinne von Haltungen zur Welt – nur mit einem wichtigen gemeinsamen Bezug auf die natürliche Vergeltungstendenz der affizierten Person. Haß kann unvermeidlich zu einer gegebenen Gegensatzsituation gehören und dabei einer in ihm vorausgesetzten Liebe »entsprechen«, sei es der Liebe zum Gegenstandskreis, über den »entschieden« werden soll, oder der Liebe zum Gegner des Gehaßten, wofern eine klare und wesenstiefe Gegenüberstellung vorliegt. Aber die Liebe ist etwas Spontaneres, Vielfältigeres, mehr die Lebensganzheit Umfassendes; in keiner Weise *mißt* ein Haß die etwa ihm »entsprechende« Liebe oder stellt er das Unterpfand ihrer Echtheit dar. Schon rein phänomenologisch, vor aller ethischer Programmgabe, ist Haß mehr an Liebe gebunden als umgekehrt. Eine ethische Herausarbeitung dieses Ansatzes ist schlechterdings möglich. Darin müssen wir einen wichtigen Angriffspunkt für die Bekämpfung der heidnischen Haßbejahung erkennen. Wenn auch Liebe ohne Haß nicht schlechthin möglich er-

---

ihrem Tun in Frage kommt. Der *Neid* wird offensichtlich als peccatum mortale ex genere suo *schwerer* verurteilt.

scheint, so doch der *Habitus der Liebe* ohne den *Habitus des Hasses*. Vielleicht gibt es keine Liebesfähigkeit ohne Haßfähigkeit; wohl aber sind ein liebevolles Wesen und ein gehässiges Wesen klare Gegensätze. Eine von Liebesbindungen und Hingabebereitschaft gestaltete Persönlichkeit kann – und muß vielleicht – an manchen Punkten ihrer Beziehungswelt sich in Haß und selbst starken Haß verstricken; ihr Denken muß und kann aber nicht vom Hasse infiziert und durchtränkt sein.

Zweitens ist die Unterscheidung zwischen *mehr persönlich und mehr abstrakt-sachlich gerichtetem Haß* haltbar. Daher kann die ethische Forderung nach Beschränkung auf den letztern nicht einfachhin als gekünstelt abgetan werden. Wiewohl jeder Haß auf konkrete Entscheidungskräfte und nicht auf bloße Beschaffenheiten geht, daher niemals eines gewissen persönlichen Anstrichs, einer Vernichtungstendenz gegen einmalig, historisch gegebene menschliche Wesen entbehrt, ist in ihm doch immer die Entscheidung »über« ein Drittes, etwa »Geliebtes«, ja andeutungsweise über die »Welt«, die »Menschheit«, das »Volk« gemeint, sodaß der Gegner auch nie restlos irrational als »diese Person da« gehaßt wird, sondern zugleich auch als »Vertreter einer Richtung«, d. h. als Wirkkraft im Sinne einer (von uns bekämpften) Entscheidung, in der Sprache der Gefühlsperspektive einer »Weltentscheidung«. Jeder Haß ist demgemäß persönlich und sachlich zugleich, und die Betontheit kann nach beiden Seiten hin verschieden verteilt sein. Daher die relative Möglichkeit (und relativ größere Berechtigung) des Hasses gegen als falsch empfundene Ideen oder des Hasses gegen »Bosheit« und »Verworfenheit«. Allerdings sind immer die hic et nunc im Spiele stehenden Träger mitgemeint, so auch beim kollektiven Haß die gegnerischen Priester oder Parteiführer, ja gewissermaßen die gegnerischen Volksschichten selbst. Denn nur in solcher Verkörperung sind die Ideen und Verhaltens- oder Formungsprinzipien, die als solche abgelehnt werden und mißfallen, wirkend, »agierend«, »drückend« im Engpaß der Realität. Doch diese »Wirkfiguren«, die da Gegenstände des Hasses sind, diese gehaßten »Imagines«, sind wiederum nicht restlos und eindeutig identisch mit den betreffenden Personen selbst. Wenn der gegnerische Staatsmann, etwa geschlagen und überwunden, sich ins Privatleben zurückzieht, ist er gar nicht mehr jener »Hassenswerte«. Der politische Haß der Gegner mag ihm bis in seine einsame Klause nachzittern, zumal er vielleicht auch rein persönliche Züge an ihm mit einbezieht; aber er hört doch mit einem Schlag auf, Brennpunkt dieses bestimmten großen Hasses zu sein, der sich jetzt vielleicht auf eine andere Person niederläßt. Viele Reaktionäre würden den Arbeiter nicht mehr hassen, wenn dieser aufhörte, ein »Marxist« zu sein (obschon er immer noch Proletarier wäre); der Arbeiter und Demokrat hätte vielleicht an sich nichts gegen den Bauernjungen, der ihm nun einmal hic et nunc in der Faschistenuniform auf den Leib rückt. Im rein persönlichen Bezirk kommt es immerhin gleichfalls oft vor, daß der Haß erblaßt und sich verflüchtigt, wenn der Gegner aus dem gemeinsamen Umkreis ausscheidet, einen »Funktionswandel« eingeht. Daraus ist eine Wegweisung herzuholen für die jeweilige Konkretisierung und Geltendmachung der im Hasse enthaltenen Vernichtungsintention, deren Unbestimmtheit, Unendlichkeit, Unbefriedigbarkeit ja am bezeichnendsten die abschüssige Bahn andeutet, die den Hassenden in die »Hölle« hinabzuführen droht. Sachliches »Besiegen« und »Außer-Gefecht-setzen« statt ewigen und uneingeschränkten Vernichtenwollens könnte als ethisch-taktischer Leitsatz für die »Behandlung« von Hassenden verwendet werden. Auch in dieser Hinsicht also steht der ethischen Besinnung und Beeinflussung ein Spielraum offen. Der Haß geht seinem Wesen nach über die bloße sachliche Gegnerschaft hinaus, aber es ist die Möglichkeit vorhanden, ihn von der geistigen Grundsubstanz unserer Welt, dem Personbestand als solchem, abzulenken und auf eine gewisse Zone um den sachlichen Entscheidungsbereich der menschlichen Beziehungsgebilde her einzuschränken.

Axel Honneth
Nachwort

In den Jahren 1918 und 1919, entweder noch während der Räterepublik oder kurz nach ihrer militärischen Zerschlagung, fand eine Emigration ungarischer Intellektueller in die deutschsprachigen Nachbarstaaten statt, die in ihrer geistesgeschichtlichen Bedeutung nur mit dem Exodus jüdischer Wissenschaftler aus dem nationalsozialistischen Deutschland in die USA zu vergleichen ist.[1] In beiden Fällen war die Kultur der Länder, die den vertriebenen Gelehrten zur dauernden oder vorübergehenden Heimat werden sollte, schon bald nicht mehr ohne diese Emigranten vorstellbar: Es waren maßgeblich ungarische Wissenschaftler jüdischer Herkunft, die in den zwanziger Jahren an der Herausbildung der Kultur von Weimar mitwirkten, es waren immigrierte Geistes- und Naturwissenschaftler aus Österreich und Deutschland, die zur Blüte des amerikanischen Geisteslebens der vierziger Jahre beitrugen. In der Liste der ungarischen Intellektuellen, die nach Wien, Berlin oder Heidelberg geflohen waren – darunter keine Geringeren als Karl Mannheim, Georg Lukács, Béla Balázs, René Spitz, Michael und Karl Polányi, Béla Fogarasi –, findet sich regelmäßig ein Name, der zumindest hierzulande kaum mehr bekannt sein dürfte: Aurel Kolnai. Zwar taucht in den frühen 1970er Jahren noch einmal eines seiner Bücher kurz aus der Versenkung auf, weil es auf Interesse im Umfeld des wiederentdeckten Freudomarxismus stößt;[2] zwar stehen heute in England seine phänomenologischen Beiträge hoch im Kurs, nachdem sich David Wiggins und Bernard Williams um deren Wiederentdeckung bemüht hatten;[3] aber im Deutschland des beginnenden 21. Jahrhunderts ist die Person und ihr Werk doch so gut wie vergessen. Das Unrecht einer Wirkungsgeschichte, die Namen von Gelehrten nur erinnert, soweit sie

---

1 Vgl. Lee Congdon, *Exile and Social Thought. Hungarian Intellectuals in Germany and Austria 1919-1933*, Princeton, New Jersey 1991, bes. »Introduction« (S. 3-42).
2 Aurel Kolnai, *Psychoanalyse und Soziologie. Zur Psychologie von Masse und Gesellschaft*, Leipzig 1920.
3 Aurel Kolnai, *Ethics, Value and Reality*, hrsg. von Francis Dunlop und Brian Klug (Einleitung von David Wiggins und Bernard Williams), London 1977.

kontinuierlich eine hohe Aufmerksamkeit genießen, hat vor Aurel Kolnai nicht haltgemacht.

Im Falle seines Schaffens mag dieses Vergessen freilich auch mit der geistigen Physiognomie der Person zu tun haben. Kolnai war alles andere als ein geschlossener Denker, einem einzigen Thema hingegeben, das er zeitlebens mit Ausdauer und Eifer verfolgt hätte; von Haus aus Philosoph, besaß er vielmehr die Tendenz, sich immer neuer, umstandsbedingter Herausforderungen anzunehmen und sie zum theoretischen Mittelpunkt seiner Arbeit zu machen. Dem unsteten Charakter seiner Produktivität kam eine gewisse politische Unruhe, ja Elastizität entgegen, die ihn veranlaßte, mehr als zweimal in seinem Leben das ideologische Lager zu wechseln; als Jude in Budapest groß geworden, konvertierte er im Wiener Exil schnell zum Katholizismus, schloß sich zunächst linkskatholischen Kreisen an, bevor er später in einem christlichen Konservatismus seine geistige Heimat fand. Der Zwang, regelmäßig wieder neue Staatsangehörigkeiten anzunehmen, tat schließlich das übrige, um aus Aurel Kolnai einen rastlosen, thematisch unruhigen Geist zu machen; erst in England, wo er 1955 mit Hilfe eines Forschungsstipendiums eintraf und als Gastdozent am Bedford College in London bis zu seinem Lebensende tätig war, scheint er so viel Anerkennung durch prominente Kollegen erhalten zu haben, daß er sich zu einer gewissen Abrundung seiner philosophischen Arbeiten in der Lage sah.

Heute, im Rückblick von dreißig Jahren, zeichnen sich an seinem Denken zwei große, bestimmende Linien ab, die beide dazu angetan sind, dem Werk Kolnais eine Bedeutung für unsere Gegenwart zu sichern: Einerseits ist der an Brentano und Husserl geschulte Philosoph zeit seines Lebens darum bemüht, durch die phänomenologische Erforschung negativer Gefühlsreaktionen zum Aufbau einer materialen Wertethik beizutragen; andererseits hat ihn seit einem frühen Aufsatz zu Carl Schmitt[4] die Idee nicht mehr losgelassen, einen Begriff der Politik, der politischen Praxis zu entwickeln, der dem Faktum einer Pluralität menschlicher Werte Rechnung trägt. Zwar wird sich Kolnai später in seinem Leben, in London, wo er in den Bannkreis der sprachanalytischen Philosophie gerät, noch einmal verstärkt metaethischen Fragen zuwenden und eine Reihe von bedeutenden Aufsätzen zum Begriff des »Guten« und des »praktischen Irrtums«

---

4 Aurel Kolnai, »Der Inhalt der Politik«, in: *Zeitschrift für die gesamte Staatswissenschaft*, XCIV/1, 1933, Tübingen, S. 1-38.

verfassen;[5] aber als die beiden Schlüsselthemen seines intellektuellen Daseins können in der Rückschau doch die negativen Gefühlsreaktionen des Menschen und die ethischen Grundlagen der Politik gelten.

Die in dem vorliegenden Band versammelten Beiträge entstammen ausnahmslos dem ersten der beiden Themenbereiche; wenn gelegentlich auch in ihnen auf Fragen politischen Handelns Bezug genommen wird, wie vor allem in dem Aufsatz über Hochmut, so doch immer am Leitfaden der Erschließung des kognitiven Gehalts feindlicher, abgrenzender Gefühle. Die drei Studien hängen aber nicht nur thematisch eng zusammen, sondern sind auch als Bausteine eines einzigen, ehrgeizigen Unternehmens gedacht: Kolnai wollte auf dem Weg einer phänomenologischen Entschlüsselung solcher ablehnender Gefühlseinstellungen versuchen, jene Aspekte unserer moralischen Wirklichkeit in den Blick zu bekommen, die das negative Gegenstück zu den Erfahrungen ethischer Werte bilden. Um zu verstehen, was es mit diesem philosophischen Projekt auf sich hat, ist es sinnvoll, sich kurz des intellektuellen Lebensweges von Aurel Kolnai zu versichern.

I.

Aurel Kolnai, als Sohn liberaler Juden im Jahr 1900 in Budapest geboren, gehört, wie gesagt, jener Generation ungarischer Intellektueller an, die sich nach der Zerschlagung der Räterepublik entschließen, ihre Heimat in Richtung Westen zu verlassen. Noch als Gymnasiast nimmt er an den Diskussionen des Galilei-Kreises teil, einem jener berühmten Salons in Budapest, in denen während des Ersten Weltkriegs Fragen der politischen Zukunft in umfassender, disziplinübergreifender Weise verhandelt wurden.[6] Schon hier gerät Kolnai unter den Einfluß des charismatischen Psychoanalytikers Sándor Ferenczi, der ihm den Weg zur Lehre Freuds weist.[7] Nachdem die 1917 revolutionär erkämpfte Räterepublik im Jahr 1919 von militärischen Kräften zerschlagen worden war, verlassen die meisten Mitglieder je-

---

5 Gesammelt jetzt in: Zoltán Balázs/Francis Dunlop (Hg.), *Exploring the World of Human Practice*, Budapest 2004.
6 Vgl. Lee Congdon, *Exile and Social Thought*, a.a.O., v.a. »Introduction«.
7 Vgl. Paul Harmat, *Freud, Ferenczi und die ungarische Psychoanalyse*, Tübingen 1988, u.a. S. 42.

ner intellektuellen Zirkel ihre Heimat, um eine politische oder akademische Zukunft in den deutschsprachigen Nachbarländern zu suchen; auch Kolnai entschließt sich zu Beginn des Jahres 1920, Budapest den Rücken zu kehren und seine universitäre Ausbildung in Wien weiterzuverfolgen. Dort verdient er sich seinen Lebensunterhalt zunächst durch regelmäßige Beiträge für ungarische Exilzeitschriften, widmet aber alle restliche Zeit der Arbeit an einem psychoanalytischen Projekt, dessen Grundgedanken schon in Diskussionen des Galilei-Kreises entstanden sein dürften: Kolnai, gewiß ein wenig frühreif, intellektuell jedoch hoch begabt, will mit seinen zwanzig Jahren nichts weniger als mit Hilfe von Freuds Spekulationen über die »Urhorde« eine Revolutionspsychologie entwerfen, die den Kommunismus des Rückfalls auf »despotische« Formen des Gemeinschaftslebens überführt. Das Ergebnis dieser ehrgeizigen Arbeit, die 1920 erschienene Schrift über *Psychoanalyse und Soziologie*,[8] erntet je nach politischem Lager schnell entweder entschiedenes Lob oder vernichtenden Tadel und macht den jungen Autor über Nacht berühmt; die einen, zu denen Theodor Reik gehört,[9] preisen das Büchlein aufgrund seiner methodologischen Originalität, die anderen, zu denen maßgeblich W. Jurinetz gehört,[10] bezichtigen es der psychologisierenden Kritik am Marxismus. Von heute aus betrachtet, fällt an den spekulativen Gedankengängen vor allem die intellektuelle Souveränität ins Auge, mit der Kolnai damals schon das Material der psychoanalytischen Debatten über die Entstehung der Zivilisation behandelt: Er gibt Freuds Überlegungen eine konsequente Wendung ins Soziologische, indem er Durkheims Unterscheidung von mechanischer und organischer Solidarität auf sie anwendet, bringt den Fortschritt von der Gemeinschaft zur Gesellschaft mit einer Ausdifferenzierung des Rechts in Verbindung und hebt als Motor aller sozialen Entwicklung die menschliche Fähigkeit zur Sublimierung organischer Antriebe hervor.

---

8 Aurel Kolnai, *Psychoanalyse und Soziologie*, a. a. O.; zum Stellenwert dieses Buches in der damaligen Debatte vgl.: Helmut Dahmer, *Libido und Gesellschaft. Studien über Freud und die Freudsche Linke*, Frankfurt/M. 1973, Kap. II, 1.

9 Theodor Reik, »Internationale Psychoanalytische Bibliothek«, in: *Imago*, VII/2 (1921),

10 W. Jurinetz, *Psychoanalyse und Marxismus* (1825), wiederabgedruckt in: Hans-Jörg Sandkühler (Hg.), *Psychoanalyse und Marxismus. Dokumentation einer Kontroverse*, Frankfurt/M. 1970, S. 66-136.

Obwohl sich in der Studie Kolnais bereits Tendenzen abzeichnen, die Erklärungskraft der Psychoanalyse prinzipiell in Frage zu ziehen,[11] ist ihr Erfolg innerhalb psychoanalytischer Kreise doch so stark, daß er zur Mitarbeit an der internationalen Zeitschrift *Imago* aufgefordert wird. In den Jahren von 1921 bis 1925 schreibt Kolnai für dieses von Freud selbst herausgegebene Organ eine Reihe von Aufsätzen und kleineren Artikeln, die bis heute nichts von ihrer Originalität und Frische verloren haben; schon ihr Themenspektrum – behandelt werden neben psychoanalytischen Gegenständen im engeren Sinn auch das Mystische, Gontscharows *Oblomow* und Schelers Sozialphilosophie[12] – gibt den ganzen Umfang der Schaffenskraft Kolnais in jenen Jahren zu erkennen. Werden die Aufsätze allerdings in ihrer chronologischen Reihenfolge betrachtet, so tritt an ihnen der allmähliche Sinneswandel zutage, der für die weitere Arbeit des jungen Intellektuellen entscheidend werden sollte: Mehr und mehr schiebt sich an die zentrale Stelle, die im Denken Kolnais bislang die Lehre Freuds eingenommen hatte, eine Orientierung an der Phänomenologie, wie sie während jener Jahre in Wien in der Nachfolge Franz Brentanos gelehrt wurde.[13] Besonders deutlich kommt diese Verschiebung in dem Aufsatz über Max Scheler zum Tragen, den letzten, den Kolnai für die Zeitschrift *Imago* verfaßt hat; gleich zu Beginn wird hier das theoretische Bedingungsverhältnis der beiden Theorien gewissermaßen umgedreht, indem der Phänomenologie ein methodischer Vorrang bei der Erforschung »geistig-seelischer Erscheinungen« eingeräumt wird: »Sie (die Phänomenologie, A. H.) will statt einer Metapsychologie eine *Präpsychologie* gründen, wenn wir selbst eine Bezeichnung prägen dürfen. Statt die Erscheinungen zu erklären, zu entziffern, abzuleiten, auf einen gemeinsamen Nenner zurückzuführen, die Gesetze ihres Vorkommens und Entstehens zu ermitteln, ist sie vielmehr bestrebt, ihr unmittelbares ›Wesen‹ ›einsichtig‹ zu erschauen und mit möglichst vollkommener Fixierung und

---

11 Vgl. etwa Aurel Kolnai, *Psychoanalyse und Soziologie*, a.a.O., S. 122.
12 Aurel Kolnai, »Über das Mystische«, in: *Imago. Zeitschrift für Anwendung der Psychoanalyse auf die Geisteswissenschaften*, VII/1 (1921), S. 40-70; ders., »Gontscharows *Oblomow*«, in: ebd., IX/2 (1923), S. 485-494; ders., »Max Schelers Kritik und Würdigung der Freudschen Libidolehre«, in: ebd., XI/1 (1925), S. 135-146.
13 Einen lesenswerten Überblick über die phänomenologische Schule Brentanos liefert: Dermot Moran, *Introduction to Phenomenology*, London 2000, Kap. 1; vgl. im ganzen: Barry Smith, *Austrian Philosophy: The Legacy of Franz Brentano*, Chicago 1994.

Beschreibung all ihrer Spielarten sowie ihrer ideellen, statischen ›Sinnzusammenhänge‹ festzuhalten.«[14]

Diese Zeilen sind insofern Programm, als Kolnai nun tatsächlich verstärkt darangeht, anstelle der frühkindlichen oder archaischen Entstehungsbedingungen mentaler Vorgänge deren interne »Sinnzusammenhänge« zu erforschen. Wie einige andere der begabtesten Anhänger Freuds, allen voran wohl Ludwig Binswanger,[15] wechselt er die Fronten und läuft zur Schule Husserls über. Eine große Rolle bei dieser Umorientierung dürfte die schlichte Tatsache gespielt haben, daß Kolnai 1922 mit dem Studium der Philosophie in Wien beginnt, wo er in Heinrich Gomperz und Robert Reininger auf Anhänger der phänomenologischen Bewegung trifft; zugleich nimmt er freilich auch an Veranstaltungen von Moritz Schlick teil,[16] was zu erklären hilft, warum Kolnai schon früh stets auch die sprachliche Bedeutung der von ihm analysierten Phänomene in Betracht nimmt – die phänomenologische Methode und die Sprachanalyse waren für ihn von Beginn an eben nicht zwei entgegengesetzte Verfahren, sondern, wie David Wiggins und Bernard Williams schreiben, die beiden sich ergänzenden Seiten ein und desselben Anliegens einer rationalen Philosophie.[17] Auf jeden Fall macht Kolnai sich während seines Philosophiestudiums die Phänomenologie schnell zu eigen und pflügt mit ihrer Hilfe noch einmal alles um, was er zuvor aus psychoanalytischer Sicht über das menschliche Seelenleben in Erfahrung gebracht hatte: Gegenüber den intentionalen Gehalten mentaler Akte treten nun deren Verwurzelungen im unbewußten Triebgeschehen in den Hintergrund, die Strukturgesetze menschlichen Erlebens gewinnen eine größere Bedeutung als die kausalen Verursachungen bestimmter Gefühlszustände. Mit dem Wandel in der methodologischen Perspektive geht bei Kolnai in jenen Jahren aber zugleich eine Verlagerung seiner sachlichen Interessen einher: Es sind nun nicht

---

14 Aurel Kolnai, »Max Schelers Kritik und Würdigung der Freudschen Libidolehre«, a.a.O., S. 135.
15 Sigmund Freud/Ludwig Binswanger, *Briefwechsel 1908-1938*, hrsg. von Gerhard Fichtner, Frankfurt/M. 1992.
16 Das geht aus dem »kurzen Lebenslauf« Kolnais hervor, den David Wiggins und Bernard Williams in ihrer »Introduction« in dem von Francis Dunlop und Brian Klug herausgegebenen Aufsatzband veröffentlicht haben: David Wiggins/Bernard Williams, »Aurel Thomas Kolnai (1900-1973)«, in: Aurel Kolnai, *Ethics, Value and Reality*, a.a.O., S. IX-XXI, hier: S. XIII.
17 Ebd., S. XIX.

länger die unterschiedlichen sozialen Bindungskräfte, die ihn am »Wesen« des Menschen beschäftigen, sondern dessen wertende, evaluative Beziehung zu seiner Umwelt, also all das, was Freud unter dem Begriff des »Über-Ich« abgehandelt hatte. Ob es die Lektüre der Schriften Schelers gewesen ist, die diese Hinwendung zur Ethik motiviert hat, oder umgekehrt das wachsende Interesse an moralischen Fragen zu einer Beschäftigung mit Scheler geführt hat, ist natürlich im Rückblick nicht mehr zu beurteilen; fest steht nur, daß Kolnai sich mit 25 Jahren als ein Phänomenologe versteht, der das von Scheler begonnene Projekt einer materialen Wertethik weiterverfolgen will.

Allerdings sind es nicht nur innertheoretische Erwägungen, die diese grundsätzliche Neuorientierung von Aurel Kolnai bewirken. Mindestens ebenso stark dürfte für seine ethische Wende auch der Umstand verantwortlich gewesen sein, daß er sich in den frühen zwanziger Jahren für den katholischen Glauben zu interessieren beginnt; unter dem Einfluß vor allem von Gilbert K. Chesterton, Autor nicht nur der berühmten Kriminalromane, sondern auch von Schriften zur katholischen Soziallehre,[18] verlieren sich die letzten Spuren jüdischen Denkens bei Kolnai und werden durch Elemente eines sozialkritischen Katholizismus ersetzt. Der Prozeß der Konversion wird besiegelt, als Kolnai sich 1926 in Wien taufen läßt; und sooft er in den kommenden Jahrzehnten auch noch die politischen Fronten wechseln wird, der katholischen Kirche wird er von nun an bis an sein Lebensende die Treue halten. Diese neue Identität spiegelt sich im philosophischen Schaffen Kolnais freilich nicht auf der Oberfläche, etwa in Form von religiösen Glaubensbekenntnissen oder der Inanspruchnahme eines höheren Wissens; jede Tendenz, die Grenze zwischen philosophischer Argumentation und Religion zu verwischen, ist ihm vielmehr zutiefst suspekt. Aber die Hinwendung zum Katholizismus gibt seinem inzwischen gewachsenen Interesse an der Ethik doch insofern eine besondere Note, als sie sich in einer gesteigerten Aufmerksamkeit für das Imperfekte und Brüchige am menschlichen Dasein niederschlägt: Den Menschen als weltliches Wesen zu verstehen heißt für Kolnai vor allem, ihn als unfähig zu begreifen, höhere Werte zu realisieren und durchgängig »gut« zu sein. Später in seinem Leben wird Kolnai diesen »christ-

---

18 Aurel Kolnai, »Der Abbau des Kapitalismus: Die Soziallehren G. K. Chestertons«, in: *Der Deutsche Volkswirt* 1/47 (1927), S. 1382-1386.

lichen Imperfektionismus«, wie Wiggins und Williams mit einer geglückten Formulierung sagen,[19] in eine Kritik allen utopischen Denkens münden lassen.[20]

Elemente eines solchen Imperfektionismus zeigen sich allerdings schon Mitte der zwanziger Jahre, also noch während seines Philosophiestudiums, im Denken Kolnais. In dem bereits erwähnten Aufsatz zu Max Scheler findet sich eine Stelle, die deutlich macht, daß er das Brüchige und Fehlerhafte der menschlichen Existenz auch in der materialen Wertethik berücksichtigt wissen möchte: »Scheler hegt Angst, man möchte Gut und Böse – wertvoll und wertlos – allzu leicht miteinander verwechseln und vermengen; wir aber fürchten, eine allzu ›wesensmäßige‹ metaphysische Scheidung zwischen beiden könnte dazu führen, auf die *Förderung* des Guten (die *Vermehrung* des Wertvollen) Verzicht zu leisten, um nur die saubere Isolierung des Guten (des Wertvollen) aufrecht zu halten. Er wird wohl zugeben müssen, daß die zimperliche Angst, mit dem Bösen in Berührung zu kommen, kein in seinem Sinn christlicher Wesenszug, viel eher ein Zubehör des von ihm bekämpften puritanischen Hochmuts- und Mißtrauens-Ethos ist.«[21] Für Kolnai ergibt sich aus diesem Einwand die Notwendigkeit, die phänomenologische Ethik Schelers um eine ganze Schicht zu erweitern, die den inneren Tendenzen zur Ablehnung des für »gut« oder »richtig« Befundenen Rechnung tragen soll; nach seiner Auffassung muß sich an beinah all den Akten, die Scheler als »Werterlebnisse« bezeichnet hat, auch das negative Gegenstück eines Angezogenseins durch das »Wertlose«, durch das moralisch »Böse« aufweisen lassen. Natürlich schwingt in einer solchen Perspektive noch ein Rest der Freudschen Vorstellung mit, nach der all unsere Gefühle den ambivalenten Charakter eines Strebens in zwei entgegengesetzte Richtungen besitzen: Die Liebe wird vom Haß auf das erwählte Objekt begleitet, der Wunsch nach Verschmelzung geht mit dem Bedürfnis nach Unabhängigkeit und Selbständigkeit einher.

---

19 David Wiggins/Bernard Williams, »Aurel Thomas Kolnai (1900-1973)«, a.a.O., S. XIVff.

20 Vgl. Aurel Kolnai, The *Utopian Mind and Other Papers: A Critical Study in Moral and Political Philosophy*, hrsg. von Francis Dunlop, London 1995; David Wiggins, »Aurel Kolnai and Utopia«, in: Zoltán Balázs/Francis Dunlop (Hg.), *Exploring the World of Human Practice*, a.a.O., S. 219-230.

21 Aurel Kolnai, »Max Schelers Kritik und Würdigung der Freudschen Libidolehre«, a.a.O., S. 144f.

Kolnai scheint diese Idee von Freud übernehmen zu wollen, nur daß er sie auf die moralische Erfahrung bezieht und darin zugleich einen Hinweis auf die Fehlbarkeit des Menschen erblickt: Wir fühlen uns in jedem Erlebnis eines Wertes nicht deswegen simultan auch vom Gegenteil angezogen, weil wir dabei unseren Trieben Gewalt antun müssen, sondern weil wir als mundane Wesen nicht über die Fähigkeiten Gottes verfügen und also fehlbar sind. Es ist, so seltsam es klingen mag, die Hinwendung zum Katholizismus, die es Kolnai erlaubt, ein Element der Freudschen Lehre in die Wertethik hinüberzuretten.

Die verschiedenen Gedankenkomplexe, die Kolnai sich auf seinem Weg von der Psychoanalyse zur phänomenologischen Ethik angeeignet hat, liegen so weit auseinander, daß nur schwer vorzustellen ist, wie sie alle in einem einzigen Ansatz zusammenkommen sollen. Der junge Doktorand aber ist selbstbewußt, vielleicht auch verwegen genug, um sich in seiner Dissertation an den Versuch einer derartigen Synthese zu machen; unter dem Titel »Der ethische Wert und die Wirklichkeit« reicht er die Arbeit 1926 an der Philosophischen Fakultät der Universität Wien ein, wo sie kurz danach mit höchster Auszeichnung angenommen wird. Schon das Literaturverzeichnis der 1927 veröffentlichten Fassung[22] macht deutlich, daß Kolnai nicht der Versuchung erlegen ist, einzelne Stationen seines verschlungenen Bildungsweges nachträglich zu verleugnen; im Gegenteil, alle Autoren, die bislang für ihn in der einen oder anderen Weise von Bedeutung waren, seien es Ferenczi, Freud, Husserl oder Chesterton, werden hier aufgeführt, weil ihre Werke wichtige Bezüge der Argumentation darstellen. Unter den verschiedenen Quellen ragt allerdings Schelers Buch über den *Formalismus in der Ethik*[23] insofern heraus, als es die theoretischen Prämissen liefert, die Kolnai seiner Studie zugrunde legt. Mit Scheler ist er der Überzeugung, daß nichts dem Versuch entgegensteht, die Methode der Phänomenologie auf den Bereich der Ethik auszuweiten: denn in unserem »ethischen Verhalten«, in unseren moralischen Gefühlen intendieren wir in derselben Weise »ideale Gegenstände« wie im Erkennen, nur daß es sich hier um kognitive Objekte handelt, dort aber um ethische »Werte«. Wird dementsprechend mit Hilfe der Phänomenologie die Strebensrichtung analysiert, die die Vielzahl unserer moralischen Gestimmt-

---

22 Aurel Kolnai, *Der ethische Wert und die Wirklichkeit*, Freiburg i. Breisgau 1927.
23 Max Scheler, *Der Formalismus in der Ethik und die materiale Wertethik. Neuer Versuch der Grundlegung eines ethischen Personalismus*, in: *Werke*, Bd. 2, Bern 1954.

heiten jeweils besitzt, so erschließt sich auf diesem Weg eine Welt ethischer Werte, deren Objektivität für uns außer Frage steht. Über Scheler, der in seinen bahnbrechenden Schriften all dies schon ausgeführt hatte,[24] möchte Kolnai aber nun dadurch hinausgehen, daß er sich vornimmt, an den emotionalen Akten des Werterlebnisses jeweils »den Pendelschlag zum Bösen«[25] zu entdecken; hier kommt in seiner Argumentation der erwähnte Freudsche Zug zum Tragen, dem zufolge in jedem emotionalen Intendieren eines Guten auch der Ansatz einer simultanen Verfolgung des »Bösen« stecken soll – und sei es nur, daß wir gegenüber dem »Feinde des Liebesobjekts«[26] Haß verspüren. Es ist nicht ganz klar, ob Kolnai in seiner Dissertation behaupten möchte, daß solche negativ gefärbten Empfindungen eine vollkommen eigene Klasse von idealen Objekten erschließen; wenn dem so wäre, dann müßte er ein ganzes Reich von »Unwerten« oder des »Bösen« postulieren, dem dieselbe objektive Realität zukommt wie der Summe der ethischen Werte. Viel eher aber scheint es so, als bilde das Anstreben des moralisch Verwerflichen für Kolnai gar nicht einen eigenständigen Typ des Intendierens, sondern nur eine Gegenbewegung zum ursprünglicheren Akt der Werterschließung.[27] Das, was wir in dieser emotionalen Reaktionsbildung erfahren, lieferte somit den Aufweis der Möglichkeit eines negativen Umschlags unserer Werte, nicht aber den Beleg für eine unabhängige Sphäre von Unwerten. Insgesamt finden sich in der Studie von Kolnai nur wenige Stellen, die die erste, ontologische Deutung des »Bösen« stützen könnten; es wäre ja auch einigermaßen verstiegen, wollte man Schelers Reich objektiv existierender Werte um ein ebensolches Reich von moralisch negativen Objekten ergänzen. Es mag aber sein, daß allein das bloße Aufscheinen dieser abwegigen Konstruktion Kolnai in seiner weiteren Entwicklung dazu bewogen hat, den Gedanken eines Wertrealismus überhaupt fallenzulassen. Jedenfalls verwischen sich in seinem Denken unmittelbar nach der Veröffentlichung der Dissertation die Einflüsse von Schelers Objektivismus, so daß der Weg frei wird für eine ontologisch weitgehend entlastete Phänomenologie des Moralischen. Was zukünftig vom Wertrealis-

---

24 Vgl. die zusammenfassende Darstellung bei Hans Joas, *Die Entstehung der Werte*, Frankfurt/M. 1997, Kap. 6.
25 Aurel Kolnai, *Der ethische Wert und die Wirklichkeit*, a.a.O., S. 71.
26 Ebd.
27 Ebd., S. 165.

mus bei Kolnai übrigbleiben wird, ist die kognitivistische Vorstellung, daß wir in all unseren moralischen Gefühlen, seien sie positiv oder negativ, direkt und unvermittelt die qualitativen Eigenschaften bestimmter Objekte erschließen.[28]

Mit der Erlangung des Doktorgrades nimmt aber nicht nur die theoretische Orientierung Kolnais erneut eine leichte Wendung; infolge der Konversion zum Katholizismus haben sich vielmehr inzwischen auch sein Adressatenkreis und sein personales Umfeld erheblich verändert. Zwar behält er die enge Freundschaft mit Karl Polányi bei, mit dem er zeitweilig sogar die Wohnung teilt, aber die zahlreichen Aufsätze, die er weiterhin regelmäßig verfaßt, erscheinen nun nicht mehr in der Zeitschrift *Imago*, sondern in den führenden Organen der linkskatholischen Bewegung in Österreich und Deutschland. Das Themenspektrum dieser Veröffentlichungen, mit denen er sich sein finanzielles Auskommen sichert, ist weiterhin schier unglaublich, es reicht von Beiträgen zu politischen Fragen über moralphilosophische Aufsätze bis zu längeren Abhandlungen zur zeitgenössischen Sozialphilosophie;[29] und trotz aller kaum verdeckten Parteinahme für den Katholizismus, trotz aller inzwischen verstaubt anmutenden Rhetorik besitzen diese damals verfaßten Gelegenheitsarbeiten doch so viel argumentative Substanz, daß sie noch heute für eine Reihe von Debatten von Belang sein könnten. Obwohl die bloße Anzahl dieser eher feuilletonistisch gehaltenen Artikel deutlich macht, daß Kolnai mittlerweile die Absicht einer Universitätskarriere fallengelassen hat und sich als politischer Intellektueller zu verstehen beginnt, bewahrt er enge Berührung mit der akademischen Philosophie. Im Jahre 1928 setzt er sogar, wie er in seinem »kurzen Lebenslauf« berichtet,[30] für eine kurze Zeit sein Philosophiestudium in Freiburg

---

28 Vgl. dazu den vorzüglichen Beitrag von Carolyn Korsmeyer und Barry Smith, »Visceral Values: Aurel Kolnai on Disgust«, in: Aurel Kolnai, *On Disgust*, Chicago and La Salle, Illinois 2004, S. 1-28.

29 Um das breite Spektrum dieser Beiträge zu belegen, verweise ich nur exemplarisch auf: Aurel Kolnai, »Die Ideologie des sozialen Fortschritts«, in: *Der Deutsche Volkswirt*, 1 (1927), Nr. 30, S. 933-936; ders., »Max Scheler als Sozialphilosoph«, in: *Der Deutsche Volkswirt*, 2 (1928), Nr. 38, S. 1300-1333; ders., »Die christlichen Gewerkschaften im Kampf gegen den Kapitalismus«, in: *Volkswohl*, 20 (1929), Nr. 9, S. 321-327; ders., »Katholizismus und Demokratie«, in: *Der Österreichische Volkswirt*, 26 (1933/34), Nr. 1, S. 318-321.

30 David Wiggins/Bernard Williams, »Aurel Thomas Kolnai (1900-1973)«, a.a.O., S. XIII.

fort, um an Veranstaltungen von Husserl und Heidegger teilzunehmen; gleichzeitig sucht er Kontakt zu Dietrich von Hildebrand, dem Schüler Husserls und Vertreter der Münchner Schule der Phänomenologie,[31] der für ihn von nun an in der Nachfolge Schelers zum philosophischen Gewährsmann werden sollte.

Den Ertrag dieses beibehaltenen Engagements für die Sache der Phänomenologie stellen die drei Aufsätze dar, die in dem vorliegenden Band versammelt sind; sie sind über einen Zeitraum von etwa sieben Jahren entstanden, besitzen unterschiedliche Länge und Qualität, bilden aber doch insofern eine Einheit, als sie alle der phänomenologischen Analyse negativer, aversiver Gefühle gewidmet sind. Mit erstaunlicher Energie verfolgt Kolnai hier das Thema weiter, das ihn schon an den interessantesten, über Scheler hinausgehenden Stellen seiner Dissertation beschäftigt hatte: Wie ist es zu verstehen, was hat es für unsere Existenz zu bedeuten, daß wir gewöhnlich immer wieder von Gefühlen ergriffen werden, die Objekte nicht als erstrebenswert, als »gut« erscheinen lassen, sondern umgekehrt als verachtungswürdig, als negativ oder böse? Die Behandlung dieser Frage bildet den roten Faden der drei Aufsätze über »Ekel«, »Hochmut« und »Haß«; in ihnen wird, wie nie zuvor und selten danach, der kognitive Gehalt unserer negativen Gefühle erschlossen, um zu einer erweiterten, metaphysisch grundierten Bestimmung des menschlichen Daseins zu gelangen.

II.

In einem Papier, das Kolnai in den Jahren 1969/1970 für das wöchentliche Seminar des Philosophy Department am Bedford College geschrieben hat, findet sich eine Art von rückblickender Zusammenfassung des Anliegens der hier versammelten Aufsätze.[32] Die Seminarteilnehmer, unter ihnen David Wiggins und Bernard Williams, hatten den älteren Kollegen gebeten, ihnen einige zentrale Gedankengänge des inzwischen schon ins Englische übersetzten Aufsatzes über den Ekel zu präsentieren;[33] und Kolnai, mit dem Nimbus

---

31 Einen kurzen Überblick gibt Herbert Spiegelberg, *The Phenomenological Movement*, The Hague/Boston/London 1982, S. 235ff.
32 Aurel Kolnai, »The Standard Modes of Aversion«, in: Aurel Kolnai, *On Disgust*, a.a.O., S. 93-109.
33 Die erste, nie veröffentlichte Übersetzung des Aufsatzes stammt von Elisabeth

des Exilanten aus dem geistigen Wien der Vorkriegszeit umgeben, nahm die Gelegenheit zum Anlaß, in knapper Form den Stellenwert seiner frühen Analysen aversiver Gefühle zu umreißen. Der Darstellungsstil, die Sprache und das Aufmerksamkeitsfeld des Philosophen hatten sich im Laufe von vierzig Jahren natürlich grundlegend gewandelt: Von der materialen Wertethik Schelers ist nicht mehr die Rede, alle Anspielungen auf zeitdiagnostische Themen sind weggefallen, mit Verweisen auf die christliche Tradition wird äußerst spärlich umgegangen; überhaupt hat Kolnai sich den Denkstil der analytischen Tradition schnell zu eigen machen können, bemüht sich um klargeschnittene Argumente und möglichst prägnante Distinktionen. Deutlicher als in den frühen Aufsätzen, die noch das ganze Ungestüm des gerade zum Katholizismus bekehrten Sozialisten verraten, tritt nun die theoretische Subtilität der phänomenologischen Bemühungen Kolnais zutage. Aber die Stoßrichtung, die anthropologische oder, wie wir heute sagen würden, sozialontologische Absicht dieser Analysen ist doch über die Jahrzehnte hinweg ungefähr die gleiche geblieben: Auf dem Weg einer Bestimmung ihrer gemeinsamen Charakterzüge will Kolnai unsere negativen, feindlichen Gefühlsreaktionen daraufhin untersuchen, was sie über die Fragilität und Unvollkommenheit unserer moralischen Lebenswelt besagen. Alle diese Gefühle gehören unvermeidlich und unausrottbar zum Gefüge menschlicher Interaktionen, keines von ihnen kann ein menschliches Individuum jemals vollständig von sich abstreifen; zwar lassen sie sich mit Not durch Einsicht und therapeutisches Gespräch disziplinieren, ja vielleicht sogar in positive Einstellungen verwandeln, stets aber werden sie wieder an anderem Ort und zu anderer Zeit Macht über uns gewinnen. Insofern versteht Kolnai seine Analysen aversiver Gefühle als einen Beitrag zur Aufklärung der »mystery« oder der »logic« unserer sozialen Praxis.[34]

Den Auftakt der drei Artikel, über die Kolnai in seinem Papier für das Seminar am Bedford College einen Überblick zu geben versucht, macht der Aufsatz über den Ekel. Entstanden ist er in den Jahren 1927 und 1928, veröffentlicht wurde er 1929 im X. Jahrgang des *Jahr-*

Gombrich, der Schwester des Kunsthistorikers Ernst Gombrich; die inzwischen veröffentlichte Übersetzung ist aus einer Zusammenarbeit zwischen Barry Smith und Elisabeth Kolnai, der Witwe Aurel Kolnais, hervorgegangen: Aurel Kolnai, »Disgust«, in: ders., *On Disgust*, a.a.O., S. 29-90.

34 Aurel Kolnai, »The Standard Modes of Aversion«, a.a.O., S. 95.

buchs für Philosophie und phänomenologische Forschung. Es mag an der Qualität der Studie liegen, vielleicht aber auch an ihrem abgelegenen, schwer zu bearbeitenden Thema, auf jeden Fall ist sie unter den drei Abhandlungen die einzige, die schnell auf ein breites Interesse stieß und später in verschiedene Sprachen übersetzt wurde. Mit Recht behandelt Kolnai diesen Aufsatz im Rückblick so, als habe er nicht nur den Ekel zum Gegenstand, sondern auch das ebenfalls negative, abwehrende Gefühl der Angst oder Furcht; denn über weite Strecken wird hier der kognitive Gehalt der ersten Abwehrreaktion aus dem Kontrast zu demjenigen der zweiten erschlossen, so daß auch deren qualitative Eigenschaften selbständig zur Sprache kommen. In der Methode seines Vorgehens und in der verwendeten Terminologie hält sich Kolnai eng an die Schriften von Franz Brentano und Alexius Meinong, denen er nicht nur den grundlegenden Begriff der »Intentionalität«, sondern auch die Unterscheidung von »Daseins-« und »Soseinsbeziehung« entnimmt;[35] danach besitzen all unsere Gefühle einen intentionalen Charakter, weil sie mental auf reale oder fiktive Objekte bezogen sind, während sie sich dadurch voneinander unterscheiden, daß die intendierten Objekte einmal primär das eigene Dasein betreffen, das andere Mal vor allem in ihrem »Sosein«, ihren qualitativen Eigenschaften von Bewandtnis sind. Allerdings geht Kolnai in seiner Analyse über diese schematischen Einteilungen weit hinaus, indem er eine Reihe von zusätzlichen Unterscheidungen und Nuancierungen ins Spiel bringt, die auf eigenem Boden gewachsen sein dürften; so ist es für ihn wichtig, den Anteil der unterschiedlichen Sinne am jeweiligen Intentionalitätsgehalt eines Gefühls zu erschließen, des weiteren den spezifischen Ablaufcharakter der unterschiedlichen Abwehrreaktionen zu bestimmen und schließlich den Grad der mit ihnen einhergehenden Ambivalenzen in Augenschein zu nehmen. Mit Hilfe von derartigen Unterscheidungsmerkmalen macht sich Kolnai nun daran, die wesentlichen Differenzen im Erlebnisgehalt von Angst und Ekel zu umreißen. Was die Angst betrifft, so ist vielleicht schon von Bedeutung, daß er zwischen ihr und der Furcht nicht jene grundsätzliche Entgegensetzung gelten läßt, auf die Heidegger seine Daseinsanalyse gestützt hatte: Beide Gefühlsreaktionen besitzen nach Kolnais Auffassung einen intentionalen Charakter, ja sie sind sogar durch eine »doppelte Intendierungsweise« ge-

35 Vgl. dazu Carolyn Korsmeyer/Barry Smith, »Visceral Values: Aurel Kolnai on Disgust«, a.a.O., S. 5-9.

kennzeichnet, weil sie einerseits auf ein furcht- oder angsterregendes Objekt Bezug nehmen, andererseits aber stets ein Bewußtsein der Bedrohung des eigenen Daseins beinhalten. Entscheidend für Furcht oder Angst ist aber, daß sie viel stärker als andere Gefühlsreaktionen durch eine »Sachverhaltserfahrung« vermittelt sind, sich also auf ein kognitives Wissen stützen, das die tatsächliche Gefährlichkeit des intendierten Objekts betrifft. Beider Abwehrreaktionen ist insofern auch relativ leicht Herr zu werden, da sie im allgemeinen erlöschen, sobald wir zu Kenntnissen über das Nichtvorhandensein irgendeiner Bedrohung gelangen. Von den beiden Eigenschaften, die damit die Furcht oder Angst vor allem bestimmen, ist nun aber nach Überzeugung Kolnais der Ekel vollkommen frei: Weder schließt dieses Gefühl in seiner intentionalen Ausrichtung das eigene Selbst mit ein, ist also im Gegenteil ausschließlich objektfixiert, noch beinhaltet es in irgendeiner Weise ein Wissen um objektive Gefährdungen, ist also in hohem Maße unvermittelt. Im Ekel halten wir uns, wie Kolnai sagt, mit sinnlicher Lust an einen Gegenstand, um dann in einer heftigen körperlichen Reaktion vor ihm zurückzuweichen.

Man muß Kolnais Schilderung des Ekels vollständig gelesen haben, um ermessen zu können, welchen unschätzbaren Dienst eine exakte Phänomenologie für die Erfassung unserer Gefühlswelt leisten kann. Zwar bezieht unser Autor auch Beobachtungen des alltäglichen Sprachgebrauchs ein, zwar macht er gelegentlich auch von Argumenten der Philosophiegeschichte Gebrauch, aber im Kern besteht doch sein Unternehmen in der möglichst genauen, auf jede Nuance bedachten Beschreibung des Erstreckungsbogens einer einzigen Empfindung: auf welche Objekte wir überhaupt mit Ekel reagieren können, welche Sinne dabei regelmäßig im Spiel sind, wie uns die begleitende Assoziation des Erbrechens verrät, daß wir den ekelerregenden Gegenstand zuvor irgendwie verinnerlicht haben müssen, daß das peinigende Gefühl nicht schwindet, wenn wir versuchen, unsere Einstellung zu ändern, oder zu neuen Informationen gelangen – nichts scheint es zu geben, was der Beobachtungsgabe Kolnais zu entgehen vermag. Auf diese Weise entsteht das sicherlich genaueste Bild, das in der philosophischen Literatur vom qualitativen Erlebnisgehalt des Ekels zu finden ist. Aber Kolnai will es bei dieser bloßen Beschreibung nicht bewenden lassen, weil er ja darauf abzielt, den Stellenwert solcher negativen Abwehrreaktionen für unsere soziale Lebenswelt zu erkunden. Im letzten Teil seines Aufsatzes stellt er sich daher die Aufgabe, in der Vielfalt der zuvor behandelten Phänomene die eine tragende Motivlage zu erkennen: Das, was nach seiner Meinung den bloßen Fäulnisekel mit dem subtilen Ekel vor dem moralisch Verwerflichen verbindet, was bei allen Differenzen im auslösenden Objekt und der leiblichen Reaktionsbildung alle Formen des Ekels vereint, ist ein gewisses Zurückschrecken vor einer gleichzeitig als attraktiv erfahrenen »Lebensüppigkeit«, einem Überquellen puren Lebens bis hin zur vollkommenen Gestaltlosigkeit. Von hier aus ist es noch ein kleiner Schritt bis zu dem Gedanken, der den phänomenologischen Beweisgang Kolnais ganz am Ende krönt. Wenn uns im Ekel mit brutaler Plötzlichkeit das Leben in seinem gestaltlosen, materiehaften Überfluß begegnet, so möchte er sagen, dann ist ja nicht auszuschließen, daß uns darin für Sekunden der »Todessinn« des geistigen Lebens selbst gewahr wird; vielleicht wollen wir uns im nahezu physischen Rückstoß, den wir im Ekel erleben, nur instinkthaft der Tatsache erwehren, daß auch unser Geist nur aus »todgeweihter«, »verwesungsbereiter Materie« besteht.[36]

Schon diese berückende Schlußfolgerung läßt erahnen, worauf Kolnai mit seiner Analyse der Abwehrreaktionen letztlich hinauswill. Die Angst und der Ekel, um es vorläufig bei diesen beiden bewenden zu lassen, stellen für ihn nicht einfach nur emotionale Grenzen dar, die den geistigen Anstrengungen unseres moralischen Handelns gesetzt sind. Vielmehr erblickt er darin Grenzerfahrungen, in denen uns in der Profanität des Alltags die Unverfügbarkeit unserer Existenz gewahr wird: In der Angst sind wir mit der ständigen Bedrohtheit unseres eigenen Lebens konfrontiert, der Ekel läßt uns inmitten unserer täglichen Verrichtungen das Schicksal unserer zukünftigen Verwesung erahnen. Nicht erst in diesem Interesse am metaphysischen Untergrund unserer Lebenswelt berührt sich Kolnai mit dem ihm ganz fremden Walter Benjamin. Die Lebenswege beider Denker, politisch gewiß an verschiedenen Fronten kämpfend, berühren sich schon im Umstand der erzwungenen Existenz zwischen akademischer Welt und intellektuellem Broterwerb; sie kommen sich aber auch darin entgegen, daß sie sich eine Unabhängigkeit in der geistigen Orientierung und persönlichen Bindung bewahren, die in der da-

---

36 In dieser Schlußfolgerung berührt sich die Analyse Kolnais mit derjenigen von Sartre, der ja auch im Ekel die Reaktion auf die Erfahrung des eigenen An-sich-Seins, der eigenen Dinghaftigkeit erblickt: Jean-Paul Sartre, *Der Ekel*, Reinbek bei Hamburg 1963.

maligen Zeit ihresgleichen gesucht haben dürfte. Aber die Substanz der geistigen Wahlverwandtschaft zwischen Kolnai und Benjamin besteht wohl darin, daß sie ihre tiefsten Einsichten dem Beharren auf der Unausrottbarkeit metaphysischer, ja religiöser Erfahrungen verdanken; bei allem marxistischen Realismus, den Benjamin zeitlebens beibehält, bei aller soziologischen Aufgeklärtheit, die Kolnai an den Tag legt, sind beide doch davon überzeugt, daß die Menschen sich auch in ihrer profanen Existenz in der modernen Gesellschaft der Abgründigkeit ihres Daseins bewußt bleiben. Diese Abgründigkeit und Transzendenz gegen den herrschenden Trend der Wissenschaften zu retten, sie in ihrer alltäglichen Gestalt so exakt wie nur möglich zu bestimmen, das ist das Interesse, welches Kolnai und Benjamin bei allen Differenzen untergründig vereint. Im Aufsatz über den Ekel kommt diese metaphysische Intention der Phänomenologie Kolnais freilich nur äußerst verhalten zum Tragen; im Zentrum steht sie hingegen in der kleinen Studie, die er dem Hochmut gewidmet hat.

In dem Rückblick auf seine frühen Arbeiten, den Kolnai seinem analytischen Publikum am Bedford College gegeben hat, bleibt das Thema des Hochmuts seltsamerweise ausgespart; es ist, als wisse der Autor nicht mehr so recht, wie er dieses Gefühl in dem dreistelligen Spektrum von Angst, Ekel und Haß unterbringen soll. Der Aufsatz ist direkt in den Jahren nach der Abfassung der Studie über den Ekel entstanden, veröffentlicht wurde er 1931, schon äußerlich die stärkere Wendung zum Katholizismus signalisierend, im *Philosophischen Jahrbuch der Görres-Gesellschaft*. Wieder beginnt Kolnai damit, daß er das behandelte Gefühl phänomenologisch zunächst von benachbarten Reaktionsformen der Distanzierung oder Aversion abgrenzt; war die Kontrastfolie des Ekels für ihn die Angst, so sieht er sie beim Hochmut naheliegenderweise im Stolz und in der Eitelkeit. Vom Stolz unterscheidet sich der Hochmut dadurch, daß er keines begründenden Bezugs auf irgendeine vermeintliche Leistung oder Eigenschaft bedarf: Man ist nicht aufgrund von etwas hochmütig, sondern weil man sich von allen geltenden Wertmaßstäben vollkommen unabhängig glaubt. In dieser kompletten Entwertung der Umwelt liegt auch die Differenz zur Eitelkeit, die nach Kolnai zwar auch eine gewisse Selbstüberhöhung kennt, dabei aber stets doch nach Bestätigung durch die Mitmenschen strebt: der Eitle wähnt sich in den Augen des Alter ego überlegen, während der Hochmütige den urteilenden Blick jedes Anderen schlicht ignoriert. Der kognitive Gehalt des Hochmuts, das, was in ihm mental intendiert wird, besteht für Kolnai daher zunächst in einer vollständigen Abschließung gegenüber der Umwelt: Der »Wertgehalt« und das »Wirklichkeitsgewicht des Außen-Ich« werden vollständig verneint, weil das eigene Ich sich ihm mit apriorischer Gewißheit übergeordnet weiß. Zwar verträgt diese kategorische Überhöhung gelegentlich auch eine gewisse »Veräußerlichung«, vermag sich also gegebenenfalls auf besondere Fähigkeiten oder Qualitäten zu berufen, nur müssen die dabei beanspruchten Merkmale so abstrakt, so allgemein sein, daß sie keine tatsächliche Vergleichbarkeit erlauben. Was aber den Hochmut auch in solchen Fällen der empirischen Außenstützung charakterisiert, bleibt der Apriorismus der Selbstgewißheit, jeder geltenden Wertordnung überlegen zu sein.

Wenn der Hochmut auch nicht denselben Reichtum an Verzahnungen mit körperlichen Reaktionsweisen besitzt wie der Ekel, so wird Kolnai doch darin fündig, einige physische Erscheinungen in ihm aufzuspüren. Der Intentionsgehalt dieses Gefühls kommt nach seiner Überzeugung nicht ohne Widerspiegelung im leiblichen Ausdrucksgebaren aus, das signalisieren muß, in welchem Maße die gesamte Umwelt der Verachtung oder Nichtbeachtung ausgesetzt ist: Jeder Hochmütige wird in seiner Mimik zu erkennen geben, daß er von der Meinung seiner Zeitgenossen prinzipiell nichts hält, keiner wird mit Gesten sparen, die den Abstand zwischen ihm und dem Rest der Welt zum Ausdruck bringen. Im Hochmut steckt auch körperlich immer der Impuls, sich von der Lebenswelt im ganzen abzustoßen, weil man sich ihr in jeder Hinsicht überlegen weiß. Der Unterschied zum Ekel besteht allerdings nicht nur in der relativen Armut an körperlichen Parallelvorgängen, sondern vor allem auch in der größeren Abhängigkeit von geschichtlich variablen Geisteshaltungen. Kolnai scheint der Überzeugung zu sein, daß der Hochmut kein festsitzendes Reaktionsmuster des Menschen ist, also nicht wie die Angst oder der Ekel zu seiner anthropologischen Ausstattung gehört; um hochmütig werden zu können, bedarf es aus der Sicht Kolnais vielmehr stets erst des geschichtlichen Hintergrundes einer Kultur, die Tendenzen prämiert, das Subjekt isoliert in den Mittelpunkt zu stellen. Während die Angst und der Ekel als negative Gefühlsreaktionen unausrottbar sind, stellt der individuelle Hochmut sich nur ein, wenn Haltungen der Selbstüberhöhung des Menschen kulturell gefördert werden. Anders als in dem vorangegangenen Aufsatz gibt Kolnai sich hier daher auch viel stärker zeitdiagnostischen Spekulationen hin: Zwischen der Einstellung des Hochmuts und gewissen Denkströmungen seiner Zeit sieht er insofern eine innige Verbindung, als dort nur individuell zum Ausdruck kommt, was hier kollektiv und massenwirksam prätendiert wird. Von besonderer Bedeutung ist für ihn in diesem Zusammenhang der Liberalismus, den er ganz wie der heutige Kommunitarismus als eine politische Weltanschauung beschreibt, deren Fixierung auf individuelle Rechte nur der Untergrabung von Gruppensolidaritäten dient und den Einzelnen in der Fiktion »autonomer Selbstherrlichkeit«[37] wiegt; werden solche Vorstellungskomplexe wirkmächtig, beflügeln sie die Selbstdeutung der Individuen, so entsteht nach Ansicht Kolnais auf breiter Basis die Bereitschaft, sich Gefühlen des Hochmuts hinzugeben. Dieselbe Wirkung geht für ihn freilich auch vom erkenntnistheoretischen »Subjektivismus« der Neuzeit aus, den er im »Welteroberungs-Ideal des naturwissenschaftlich-technischen Geistes« münden sieht: Auch dieses Denksystem verstärkt beim Einzelnen die Tendenzen, sich allen vorgegebenen Wertordnungen überlegen zu fühlen und damit einem Wahn der individuellen Einzigartigkeit zu verfallen. Nicht Eitelkeit, nicht Egoismus, sondern Hochmut scheint für Kolnai die affektive Einstellung zu sein, durch die der kapitalistische Geist der Moderne vor allem geprägt ist.

Von dem vorangegangenen Aufsatz unterscheidet sich der Beitrag zum Hochmut aber nicht nur dadurch, daß er eine Diagnose der zeitgenössischen Gefühlskultur enthält, sondern auch durch die wie selbstverständlich daherkommende Wendung zur Therapie der geschilderten Umstände. Weil der Hochmut eben im Unterschied zur Angst oder zum Ekel eine Gefühlsreaktion ist, deren Vorkommen historischen Wandlungen unterliegt, besteht nach Auffassung Kolnais die Chance, seiner Verbreitung kulturell entgegenzuwirken. Bei den Überlegungen, die er unternimmt, um solche möglichen Gegenkräfte auszuloten, macht er sich die sprachliche Tatsache zunutze, daß

---

37 Dieser Ausdruck stammt aus einem 1928 erschienenen Aufsatz Kolnais, in dem er sich mit den weltgeschichtlich bedeutenden »Machtideen« beschäftigt hat; unter diesen Ideen spielt für ihn der »Liberalismus« in der Moderne die entscheidende Rolle: Aurel Kolnai, »Versuch einer Klassifizierung der allgemein-sozialen Machtideen«, in: *Archiv für systematische Philosophie und Soziologie*, Band XXXI, 1928, S. 125-141, hier: S. 130.

dem Hochmut gewöhnlich die »Demut« kontrastiv entgegengesetzt ist: Besteht jenes Gefühl in der maßlosen Überhöhung des eigenen Ich, so zielt dieses gerade auf dessen Unterordnung unter ein vorgegebenes Wertgefüge. Nichts liegt für Kolnai daher näher, als die grassierenden Tendenzen individuellen Hochmuts mit der Propagierung einer demütigen Haltung zu bekämpfen: Nur die Kultivierung der Einsicht, daß das eigene Leben unvollkommen, zerbrechlich und letztlich unverfügbar ist, kann aus seiner Sicht die um sich greifende Selbstüberschätzung eindämmen. Allerdings ist Kolnai inzwischen ein zu gläubiger Katholik geworden, um es bei der Empfehlung einer bloß weltlichen Demut bewenden lassen zu können; dementsprechend ist es nur konsequent, wenn er seinen Aufsatz mit dem Hinweis beschließt, daß nur ein ehrfürchtiges Vertrauen in Gott jeder Anfechtung durch den Hochmut einen sicheren Riegel vorzuschieben vermag.

Vermutlich waren es diese stark weltanschaulichen Töne, die Kolnai davon abgehalten haben, im Kreis seiner analytischen Kollegen am Bedford College auf den frühen Beitrag zum Hochmut zurückzukommen. Überdies gab es natürlich die systematische Schwierigkeit, daß die damals verfertigte Analyse darauf hinauslief, gerade den Unterschied zwischen dem Hochmut und den anderen negativen Gefühlsreaktionen hervorzuheben: Im Gegensatz zum Ekel oder zur Angst fehlt ihm jede anthropologische Verwurzelung, ja, im strengen Sinn handelt es sich beim Hochmut nicht einmal um ein reaktives Gefühl, weil er keines äußeren Anstoßes bedarf, um sich einer Person zu bemächtigen. Im Ergebnis der phänomenologischen Analyse, die Kolnai vorgelegt hatte, entpuppt sich der Hochmut eher als eine relativ dauerhafte Einstellung oder Gesinnung, die mit anderen derartigen Haltungen die Eigenschaft verbindet, nur schwach mit körperlichen Vorgängen verkoppelt zu sein. Kolnai besaß also mehr als einen Grund, in seinem systematisch angelegten Rückblick auf jede Erwähnung des Hochmuts zu verzichten; nicht nur das deutliche Bekenntnis zum Christentum, sondern auch die leicht verschobene Thematik ließen den Aufsatz als ungeeignet erscheinen, in einem Kontext Erwähnung zu finden, der auf die Analyse der untergründigen Gemeinsamkeit aversiver Gefühlsreaktionen zugeschnitten war. Um so besser paßte in diesen Rahmen dann allerdings der dritte Beitrag, den Kolnai in seinen Wiener Jahren dem Studium negativer Gefühle gewidmet hatte; denn sein Thema, der Haß, teilt schon bei nur oberflächlicher Betrachtung mit dem Ekel und der Angst die Eigenschaft, eine stark reaktive Komponente zu enthalten.

Es ist nicht ganz auszuschließen, daß Kolnai auf die Relevanz seines neuen Gegenstandes erst aufmerksam wurde, als er sich mit den Hintergründen der nationalsozialistischen Machtergreifung in Deutschland zu beschäftigen begann; auf jeden Fall spielt in der faszinierenden Studie, die er einige Jahre später über die Ideologie der Nazis verfaßt hat, der Haß eine herausgehobene Rolle.[38] Die Arbeit an der phänomenologischen Analyse dieser Gefühlsreaktion fällt in die frühen dreißiger Jahre, der fertige Aufsatz wird 1935 wieder im *Philosophischen Jahrbuch der Görres-Gesellschaft* veröffentlicht. Beinahe überflüssig ist der Hinweis, daß Kolnai seine Untersuchung erneut mit dem Versuch einer Abgrenzung des Hasses von anderen Einstellungen der Abwendung oder Abwehr eröffnet. Erneut konzentriert er sich vor allem auf solche negativen Reaktionen, die dem analysierten Gefühl besonders nahezustehen scheinen, in diesem Fall auf den Zorn, die Wut und den Ekel. Nach seiner Auffassung unterscheidet sich der Haß von all den zuvor genannten Zuständen vor allem dadurch, daß er die betreffende Person viel stärker in das Geschehen involviert sein läßt: Die Wut und der Zorn verfliegen im allgemeinen recht schnell, ohne im Subjekt existentielle Spuren zu hinterlassen, der Ekel greift zwar in die »Tiefenschicht der Seele« ein, färbt aber nicht stark auf die weitere Lebensgestaltung ab, nur der Haß hat die Kraft und die Intensität, das individuelle Selbstverhältnis im ganzen zu erschüttern. Wer haßt, so ist Kolnai überzeugt, wird durch das beißende, kaum zu meisternde Gefühl in all seinen Weltbezügen ergriffen; daher kommt dem Haß dieselbe biographische Tragweite zu, die auch Geburtsumstände, Krankheiten oder Charakterformationen für den Einzelnen besitzen.

Mit diesen Abgrenzungen ist aber erst die Vollzugsqualität des Hasses umrissen, während sein intentionaler Gehalt und sein motivationaler Anlaß noch vollkommen im dunkeln liegen. Kolnai kreist sein Thema weiter ein, indem er zunächst der Frage nachgeht, auf welche Klasse von Objekten Haß überhaupt gerichtet sein kann. Hier gibt die zuvor geleistete Bestimmung schon insofern einen Schlüssel an die Hand, als sie indirekt klarmacht, daß nur etwas gehaßt werden kann, dem für das eigene Leben existentielle Bedeutung

---

38 Aurel Kolnai, *The War Against the West*, London 1938.

zukommt; mithin muß der Kreis der Haßobjekte auf solche Wesen eingeschränkt sein, die aufgrund ihrer »geistig-personalen Macht« die Fähigkeit besitzen, uns in ihren Bann zu schlagen und betroffen zu machen. Haß kann dementsprechend für Kolnai nur dort entstehen, wo es sich beim Gegenüber um andere Menschen oder menschengemachte Ideengebilde handelt. In den seltenen Fällen hingegen, in denen wir Tiere oder leblose Gegenstände hassen, handelt es sich um eine Beziehung, die mit Assoziationen aus dem zwischenmenschlichen Verkehr symbolisch aufgeladen ist. Auf der Grundlage dieses Zwischenergebnisses muß nun weiter geklärt werden, was jene anderen Menschen oder Ideengebilde dazu bestimmt, zum Anlaß einer so heftigen, tiefgreifenden Reaktion zu werden, wie sie der Haß darstellt; der bloße Verweis auf Untaten oder Konkurrenz kann hier kaum die richtige Antwort liefern, weil wir auf solche Vorkommnisse im allgemeinen mit Abscheu, Verachtung oder Neid reagieren, also mit Gefühlen, die eine weitaus geringere Energie und Intensität besitzen als der Haß.[39] Es ist an dieser Stelle seines Aufsatzes, an der sich wieder zeigt, daß Kolnai über eine einzigartige Begabung zur Deskription unseres Seelenlebens verfügt. Als könne er sich mit dem Geleisteten nie zufriedengeben, treibt er seine phänomenologische Analyse bis zu dem Punkt, an dem sich uns die Struktur eines Gefühls in all seinen Verästelungen und Schattierungen offenbart. Was den Haß anbelangt, so ist Kolnai der Überzeugung, daß es zu dessen Motivierung stets eines Zusammenkommens von zwei präsumtiven Eigenschaften im auslösenden Objekt bedarf: Der andere Mensch oder das fremde Ideengebilde muß immer zugleich als existentiell bedrohlich wie als unrechtmäßig, als potentiell schädigend wie als moralisch verwerflich wahrgenommen werden, um als Reaktion ein Gefühl des Hasses entstehen zu lassen. Nicht ausreichen würde es nach Kolnai, nur eine dieser beiden Komponenten in einem geistigen Objekt zu vermuten: Auf die bloße Bedrohung würden wir mit Furcht oder Panik, auf die moralische Untat allein mit Verachtung oder Empörung reagieren. Erst dort, wo beide Aspekte in einer einzigen Person oder einem Machtgefüge zusammenzukommen scheinen, entsteht in uns das reaktive Gefühl des Hasses. Übersetzt

---

39 Eine Analyse des Neids im Anschluß an Kolnai hat in einem schönen Aufsatz Ingrid Vendrell Ferran unternommen: dies., »Über den Neid. Eine phänomenologische Untersuchung«, in: *Deutsche Zeitschrift für Philosophie*, 54. Jg. (2006). H. 1, S. 43-68.

in eine Sprache, die uns heute näherstaht, müßte im Anschluß an Kolnai wohl gesagt werden, daß der Haß eine Kombination von zwei Überzeugungen voraussetzt: Das intentionale Wesen, das als hassenswert erscheint, muß erstens eine als gültig betrachtete Norm schändlich verletzt haben, und von dieser Normverletzung muß zweitens die Gefahr der Schädigung einer als wertvoll erachteten Existenz ausgehen. Wie fruchtbar es wäre, eine solche Analyse des Hasses auf die aktuellen Formen des Terrorismus anzuwenden, bedarf wohl nicht eigens der Erwähnung.

Der Hinweis auf den Terrorismus bildet schon die Brücke zum letzten Thema, das Kolnai in seiner phänomenologischen Analyse des Hasses umfassender behandelt. Nachdem die motivierenden Anlässe dieser Gefühlsreaktion geklärt sind, stellt sich für ihn nur noch die Frage, welche Art von Intention mit ihr innerlich verknüpft sein könnte. Auch wenn das Haßgefühl verschiedenste Stoßrichtungen kennt, mal stärker auf den physischen Tod des Gegners, mal stärker auf dessen psychisches Leiden hinauswill, besitzt es in der Vielzahl der Strebungen nach Kolnai doch stets eine einzige, zentrale Absicht: Das hassenswerte Objekt, ob nun die andere Person oder die feindliche »Machtidee«, muß vernichtet werden, weil nur auf solchem Wege die von ihm ausgehende Bedrohung endgültig auszuschalten ist. Kolnai läßt keinen Zweifel daran, daß ohne diese Ingredienz eines Vernichtungswillens der Haß nicht angemessen zu verstehen ist; wieder hätten wir es nur mit einer schwächeren, existentiell weniger tiefgreifenden Gefühlsreaktion zu tun, wenn wir davon absehen würden, daß jedes gehaßte Objekt letztlich zerstört werden soll. Die interessanteste Beobachtung an der Intention, die Kolnai »Vernichtungswillen« nennt, ist die, daß sie noch über die bloße Tötungsabsicht hinausgeht; denn in vielen Fällen bleibt der Haß auch dann noch bestehen, wenn die gehaßte Person gestorben oder die feindliche Machtidee untergegangen ist. Vielleicht läßt sich im Sinne von Kolnai sagen, daß jeder Haß von dem Wunsch umschattet ist, das betreffende Objekt möge niemals existiert haben.

Kolnai gibt sich nun allerdings in seinem Aufsatz mit der Verfertigung dieser Analyse noch längst nicht zufrieden. Vielmehr nutzt er das gewonnene Ergebnis, um zum ersten Mal im Rahmen seiner drei Beiträge Überlegungen anzustellen, die auf die anthropologische Sonderstellung der negativen Gefühlsreaktionen abzielen; in gewisser Weise kommt er damit auf ein Thema zurück, das ihn schon in seiner Dissertation beschäftigt hatte, als er gegen Scheler auf die vernachlässigte Bedeutung von solchen Gefühlen aufmerksam machen wollte, die auf »Unwerte« oder das »Böse« verweisen. Der nun folgenden Analyse fehlt freilich jede Bezugnahme auf wertontologische Prämissen, so daß von einem möglichen Reich negativer Objekte nicht mehr die Rede ist; statt dessen konzentriert sich Kolnai ausschließlich auf die Frage, welche Rückschlüsse sich aus der Struktureigentümlichkeit unserer negativen, aversiven Gefühle in bezug auf ihre anthropologische Rolle ziehen lassen. Den Ausgangspunkt seiner Überlegungen stellt die Beobachtung dar, daß der Haß ungleich weniger Abstufungen und Differenzierungen kennt als die entgegengesetzten positiven Gefühle: Während sich die Liebe in einer Vielzahl von Nuancierungen jeweils ihrem Gegenstand anzupassen vermag, sich gleichsam von diesem ihre Form vorgeben läßt, besitzen der Haß und die anderen negativen Gefühle stets nur eine einzige, im wesentlichen starre Ausdrucksgestalt. Wie zahlreich auch die Anlässe für ablehnende Empfindungsimpulse sein mögen, immer werden wir nach Auffassung von Kolnai mit einem Repertoire von relativ eintönig gefärbten Gefühlen reagieren, ohne ein größeres Spektrum von Schattierungen zur Verfügung zu haben. Daß es mehr Formen der Liebe als solche des Hasses gibt, mehr Gestalten der Zuwendung als solche der Ablehnung, bringt Kolnai nun im zweiten Schritt mit einem Strukturgesetz des menschlichen Lebens in Verbindung: Weil wir in seinen Augen Wesen sind, deren Dasein im allgemeinen die Richtung einer personalen Bereicherung und Differenzierung nimmt, können sich die positiven Gefühle an unsere Entwicklungsbahn gewissermaßen anschmiegen und sie unterstützend voranbringen, während die negativen Gefühle dazu nur in einem Verhältnis der Dysfunktionalität stehen. Der Haß, der Ekel und die Angst unterbrechen den Bewegungsfluß unseres Lebens, weil sie uns mit Objekten konfrontiert sein lassen, die keine Chance zur Bereicherung unserer Persönlichkeit enthalten; wir können daher in derartigen Situationen nicht anders, als uns ruckartig vor dem entsprechenden Gegenstand zu verschließen und zu einem punktförmigen Ich zu machen. Es ist diese Eintönigkeit ihrer Funktion, die nach Kolnai erklärt, warum die negativen Gefühle so wenig innere Plastizität und Farbigkeit besitzen: Zugeschnitten auf die eine Aufgabe, mißliebige, »wertwidrige« Objekte abzuwehren, können sie sich nicht mit der Persönlichkeit weiter ausdifferenzieren und bleiben auf ihre ursprüngliche, eindeutige Ausdrucksgestalt fixiert. Demgegenüber finden die positiven Gefühle, weil sie den Bewegungsfluß unseres Lebens unterstützen, immer wieder Gelegenheit, sich an neue Daseinssphären des Ich zu heften und ihre Tonlage entsprechend zu erweitern; am Ende besitzen unsere elementaren emotionalen »Bejahungen« so viele verschiedene Ausdrucksgestalten, wie wir »funktionale Beziehungen« zur Umwelt unterhalten.

Für Kolnai kommt diesem Ergebnis nicht bloß ein explanatorischer Charakter zu; ihm geht es um einiges mehr, als bloß zu erklären, wie sich die auffällige Asymmetrie zwischen unseren positiven und unseren negativen Gefühlen anthropologisch herleiten läßt. Zwar bricht der Gedankengang in seinem Text über den Haß schon kurz nach den zuletzt wiedergegebenen Bemerkungen ab, um sich wieder stärker dem ursprünglichen Thema zuzuwenden; und auch der späte Vortrag am Bedford College, in dem das »evolutionäre« Mißverhältnis zwischen positiven und negativen Gefühlsreaktionen sogar im Zentrum steht,[40] enthält kaum mehr an Überlegungen als der Aufsatz von 1935. Aber schon der Umstand, daß Kolnai in diesem Text in bezug auf den Verschließungscharakter des Hasses von einer »Tragik« spricht, verweist auf eine umfassendere, vielleicht erneut »metaphysisch« zu nennende Absicht. Für Kolnai besagt die Funktions- und Ausdrucksarmut unserer aversiven Gefühle nämlich nichts über das Maß ihrer Bedeutung für unsere Lebenspraxis, im Gegenteil, er scheint sogar überzeugt davon zu sein, daß ihre Eintönigkeit und Starrheit in einem proportional umgekehrten Verhältnis zur existentiellen Bedeutsamkeit dieser Gefühle stehen. Wie wir schon an der Angst und am Ekel gesehen haben, wird uns nach Kolnai im Erleben solcher Reaktionen schlagartig die Abgründigkeit unseres ganzen Daseins bewußt; es ist gerade die eherne, kaum dehnbare Wucht der darin erlittenen Zustände, die uns erfahrbar macht, daß das eigene Leben unverfügbar ist und nur auf Widerruf am seidenen Faden einer Vielzahl von glücklichen Umständen hängt. Im Haß vollzieht sich dieselbe Art von plötzlichem Perspektivenwechsel eines »Heraustretens aus sich selbst«, nur daß sie hier noch größere Eindringlichkeit besitzt: Sobald wir hassen, so ist Kolnai überzeugt, erleben wir »den unausweichlichen Druck des ganzen Universums« wie an einem Punkt, weil uns in der Fixiertheit des Reagierens die

---

40 Aurel Kolnai, »The Standard Modes of Aversion«, a.a.O., S. 93f.

Schwere unserer Existenz auf Erden gewahr wird. Alle diese negativen Gefühle legen mithin auf je spezifische Weise Zeugnis ab von der Imperfektibilität des menschlichen Lebens; inmitten unseres Daseins werden wir durch sie aus unseren profanen Handlungsvollzügen herausgerissen und mit der Einsicht konfrontiert, daß wir nichts anderes als kreatürliche Wesen sind. Zwar hält Kolnai sich in seinen Aufsätzen mit den Schlußfolgerungen zurück, die er als gläubiger Katholik aus der Summe seiner phänomenologischen Beobachtungen hätte ziehen können; aber an vielen Stellen, ausdrücklich in den Bemerkungen zur Demut, kommt doch zum Vorschein, daß er in der Mitgift unserer aversiven Gefühle die Schranke erblickt, die Gott den Menschen auf Erden gesetzt hat. Wir, die wir heute mit Bewunderung auf diese Texte zurückschauen, können darin jedoch getrost auch nur eine der eindringlichsten, komplexesten Analysen der Struktur unseres Gefühlslebens erblicken.

III.

In demselben Zeitraum, in dem Kolnai die ersten beiden der zuvor umrissenen Aufsätze verfertigt, entsteht ein weiteres Buch aus seiner Feder, das einem scheinbar ganz anderen Thema gewidmet ist. Unser Autor, noch nicht dreißig Jahre alt, nimmt sich zwischen all seinen anderen schriftstellerischen Betätigungen die Zeit, eine 400seitige Studie zur Sexualethik zu verfassen.[41] Der Ansporn zu diesem nicht ganz leichten Unterfangen geht wahrscheinlich in vorderster Linie auf das Bedürfnis zurück, die materiale Wertethik nach Möglichkeit auf einem Feld zu konkretisieren, welches in der damaligen Öffentlichkeit auf großes Interesse stößt. Obwohl Kolnai von seinen Zeitgenossen massive Zurückhaltung, ja Schüchternheit nachgesagt wird, besitzt er doch ein starkes Interesse daran, als politischer Intellektueller wirksam zu werden. Zudem scheint Kolnai zumindest bei der Arbeit an seinem neuen Buch der Überzeugung gewesen zu sein, daß es sich nahtlos in die Reihe seiner anderen Beiträge zur Phänomenologie einfügt; zu dieser von heute aus doch eher fragwürdigen Selbsteinschätzung konnte er gelangen, weil ein großer Teil der Argumentation in seiner Studie darin besteht, die negativen Gefühle zu analysieren, mit denen wir aus seiner Sicht auf abwei-

---

41 Aurel Kolnai, *Sexualethik. Sinn und Grundlagen der Geschlechtsmoral*, Paderborn 1930.

chende Formen sexuellen Verhaltens reagieren. Allerdings ist schon der Ausgangspunkt des Buches ein ganz anderer als der, an dem Kolnai seine großen Untersuchungen zum Ekel oder zum Hochmut hatte beginnen lassen: Während er dort das zu behandelnde Gefühl zunächst dadurch näher einzukreisen versuchte, daß er es von benachbarten Empfindungen schrittweise abhob, steht hier am Anfang des ganzen Unternehmens gar nicht die phänomenologische Annäherung an irgendein Gefühl, sondern eine direkt zugreifende Bestimmung des »Wesens« der menschlichen Sexualität.[42] Alle im weiteren Verlauf der Studie entwickelten Argumente hängen gewissermaßen an den Voraussetzungen dieser phänomenologischen »Wesensschau«; und auch die zahllosen Gefühle, mit denen wir positiv oder negativ auf gewisse Spielarten der Sexualität reagieren mögen, werden nicht etwa durch eine möglichst exakte Beobachtung erschlossen, sondern eher deduktiv aus der vorgeschalteten Strukturbestimmung gewonnen.

Nun wäre es sicherlich voreilig, schon in einem derartigen Verfahren als solchem die Bedingung für ein dubioses Ergebnis zu vermuten; wie gleichgerichtete seriöse Versuche aus der Gegenwart zeigen, läßt sich aus einer behutsam vorgenommenen Strukturbestimmung des erotischen Verhältnisses auf dem Weg des Abgleichens durchaus ein ernstzunehmender Begriff der sexuellen Perversion gewinnen.[43] Auch hieße es, den Philosophen in Kolnai zu unterschätzen, wollte man ihm einfach nur weltanschauliche Ambitionen unterstellen; sein Buch über die Sexualethik stellt alles andere dar als ein christlich-konservatives Pamphlet zum allgemeinen Sittenverfall. Aber schon in Kolnais Ausgangsbestimmung des Sexuallebens mischen sich neben höchst bedenkenswerte, erneut seine enorme Beobachtungsgabe demonstrierende Elemente auch Tendenzen, die verraten, daß er zu wenig auf bloß historische, kulturspezifische Gegebenheiten achtet: So werden als intentionaler Gehalt der sexuellen Vereinigung wie selbstverständlich der wechselseitige Wunsch nach Nachkommenschaft beschrieben, die sexuelle Lust dementsprechend funktional nur auf den Zeugungsakt bezogen und die beidseitigen Vollzüge konsequent aus dem »korrelativen Verhältnis« von Mann und Frau hergeleitet. Bei aller methodischen Vorsicht, die Kolnai sich anschließend

---

42 Vgl. ebd., Zweiter Abschnitt, Kap. II. und III.
43 Vgl. Thomas Nagel, »Sexuelle Perversion«, in: ders., *Letzte Fragen*, Bodenheim b. Mainz 1996, S. 65-82.

auferlegt, als er zu einer Einkreisung sexueller Abweichungen und Fehlformen zu gelangen versucht, kann bei dieser Ausgangsbestimmung dann natürlich nur eine äußerst vorurteilsbeladene Grenzziehung herauskommen: Die »Onanie« wird verurteilt, weil sie eine Ausübung »funktionsloser Lust« darstellt,[44] die Homosexualität verworfen, weil sie dem korrelativen Verhältnis beider Geschlechter Abbruch tut. Stets ist es dabei der leicht gereizte Ton, die Häufung der pejorativen Adjektive, die deutlich machen, daß hier der engagierte Katholik den Sieg über den Phänomenologen davonträgt. Kolnai erliegt, so läßt sich wohl sagen, seinen eigenen vorwissenschaftlichen Überzeugungen und überschreitet in dieser philosophischen Schrift die Grenze zum Weltanschaulichen.

Allerdings ist das Buch über die Sexualethik im intellektuellen Entwicklungsprozeß Kolnais nur eine Episode geblieben. Es scheint zwar keine Äußerungen zu geben, in denen er sich später davon offiziell distanziert hätte, doch tauchen weder das Thema sexueller Abweichungen noch benachbarte Fragen der Privatmoral in Kolnais weiteren Schriften noch einmal auf. In dem Augenblick vielmehr, in dem sich auch in Österreich erste Auswüchse der Nazi-Diktatur bemerkbar machten, begann er damit, sich mit seinen philosophischen Mitteln dem Phänomen der neuen Weltanschauung zuzuwenden; noch in der Zeit, als er mit der Fertigstellung seines Aufsatzes über den Haß beschäftigt ist, sammelt er das Material für eine Studie über das ideologische Programm des Nationalsozialismus. Kolnai scheint keine Mühe gescheut zu haben, sich all das populäre Schrifttum zu besorgen, welches Auskunft über das moralische Selbstverständnis und die politischen Zielsetzungen der Parteiführung gab; wie es heißt, saß er nächtelang in Wiener Caféhäusern, um Exzerpte zu erstellen und erste Skizzen einer Deutung zu verfertigen. Erstaunlicherweise schreibt Kolnai diese Entwürfe schon auf englisch, so als habe er vorausgeahnt, daß er seine zweite Heimat bald verlassen und ein angelsächsisches Land zur Stätte seines nächsten Exils machen würde.

Tatsächlich ergreift Kolnai 1937, ein Jahr vor dem Einmarsch der Truppen Hitlers in Österreich, die Flucht aus Wien, um über die Schweiz nach London zu gelangen. Hier erscheint 1938 das bereits erwähnte Buch, dessen Titel *The War Against the West* schon deutlich

---

44 Aurel Kolnai, *Sexualethik*, a.a.O., S. 253.

macht, daß Kolnai die ideologische Substanz der nationalsozialistischen Bewegung im Aufstand gegen die zivilisatorischen Errungenschaften des Westens erblickt. Die Studie ist eine ideengeschichtliche Arbeit im besten Sinn, die nicht die politische und ökonomische Struktur der NS-Diktatur untersucht, sondern sich deren Legitimierung in bestimmten Werten und Sozialutopien zum Gegenstand nimmt; noch heute erstaunt die Energie und die Disziplin, mit der sich der Autor durch eine Unmasse von teilweise widerlicher, teilweise fader und gedankenarmer Literatur gearbeitet hat, um den gewünschten Überblick über alle Aspekte des nationalsozialistischen Weltbildes zu erhalten. Angefangen mit dem nationalistischen Konzept der Volksgemeinschaft, gefolgt von der anti intellektualistischen Doktrin der heroischen Tat und des neuen Heidentums bis hin zu den Vorstellungen rassischer Reinheit läßt Kolnai keinen Bestandteil dessen aus, was die Nazis zur ideologischen Rechtfertigung ihrer totalitären Herrschaft an gedanklichen Konstruktionen zu bieten hatten.[45] Wahrscheinlich ist die Studie nicht nur die früheste, sondern auch die bis heute umfassendste und geschlossenste Darstellung der Ideen des Nationalsozialismus. Daß sie bislang noch keine Übersetzung ins Deutsche erfahren hat, verdankt sich offenbar nur der Tatsache, daß das Werk Kolnais hierzulande beinahe vollständig in Vergessenheit geraten ist.

Für Kolnai stellt der neue Totalitarismus offenbar eine so große Herausforderung dar, daß er auf seiner langgestreckten, von London zunächst nach Paris führenden Flucht vor den Nazis den phänomenologischen Strang seiner Arbeiten allmählich aus den Augen verliert. Statt dessen wendet er sich jetzt verstärkt der politischen Philosophie zu, die bislang nur ganz am Rande seiner breitgefächerten Interessen gestanden hatte – allein in seiner Kritik an Carl Schmitt, veröffentlicht 1933 in der *Zeitschrift für die gesamte Staatswissenschaft*,[46] war er auf diesem Feld zuvor schriftstellerisch tätig gewesen. Allerdings ist die Lebenssituation Kolnais nun so nachhaltig von den Zwängen der Existenz eines politischen Flüchtlings bestimmt, daß er vorläufig nur die Zeit zu Zeitungsartikeln und Kurzbeiträgen findet.

---

45 Mit der Aufzählung ist noch längst nicht alles erschöpft, was Kolnai in seiner Studie behandelt; einzelne Kapitel widmen sich auch der Aushöhlung des Rechtsstaats (»The Lawless Law«) und den wirtschaftspolitischen Plänen (»The Economis of State-Power«).

46 Aurel Kolnai, »Der Inhalt der Politik«, a.a.O.

In Frankreich wird er 1939, nicht anders als Walter Benjamin, zum »feindlichen Ausländer« erklärt und in einem Lager interniert; hier heiratet er ein Jahr später Elisabeth Gémez, eine ebenfalls zum Katholizismus konvertierte Jüdin, deren Entschlossenheit und wirtschaftlicher Tatkraft Kolnai in der anschließenden Zeit wohl sein Überleben verdankt. Beiden gelingt es, die notwendigen Dokumente für eine Ausreise in die USA zu besorgen, so daß sie im November 1940 von Lissabon aus die Schiffsreise nach New York antreten können. Das Ehepaar lebt bis zum Ende des Zweiten Weltkriegs in dieser Stadt, unterbrochen nur durch gelegentliche Aufenthalte in Boston, wo Kolnai mit Hilfe eines Forschungsstipendiums an einem Projekt über »Liberty and the Heart of Europe« arbeitet. Als die Alliierten sich allerdings schon im Vorfeld des bevorstehenden Sieges darauf einigen, ihre Einflußsphären im befreiten Deutschland untereinander aufzuteilen, läßt Kolnai das halbfertige Buch enttäuscht liegen, weil er sich von der Sowjetunion keinen Beitrag zu einer liberalen Reform erwartet. Neue Impulse zur Fortsetzung seiner philosophischen Arbeit erhält er erst durch die Aufforderung, sich auf eine Stelle an der katholischen University of Laval im kanadischen Quebec zu bewerben.

Mit dem Antritt dieser Stelle, die bald zu einer vollen Professur erweitert werden sollte, beginnt, was sich als zweite großen Schaffensperiode im Leben Kolnais bezeichnen läßt. In den acht Jahren, die zwischen der Flucht aus Wien und dem Neuanfang in Quebec verflossen waren, hatte Kolnai nicht nur seine Interessen von der Ethik auf die politische Philosophie verlagert, sondern sich auch vom letzten Rest seiner sozialistischen Überzeugungen gelöst; aus dem linksradikalen Intellektuellen, der für eine Demokratisierung des Wirtschaftslebens eingetreten war, war unter dem Eindruck der amerikanischen Massendemokratie ein konservativer Autor geworden, dem Tocqueville näherstand als Marx, Burke näher als Rousseau. Die Zweifel Kolnais gelten vor allem dem egalitaristischen Versprechen, jedem Staatsbürger nicht nur die gleichen liberalen, sondern auch die gleichen politischen Rechte einzuräumen; wie Tocqueville ist er davon überzeugt, daß mit einer solchen Gleichstellung in der politischen Entscheidungsbefugnis die Gefahr einer Aushöhlung der rationalen Substanz des Politischen verknüpft ist. Im Gegensatz zu Tocqueville freilich, der soziologisch viel zu neugierig war, um mit eiligen Empfehlungen daherzukommen, zieht Kolnai aus seinen Befürchtungen schnell restaurative Konsequenzen.[47] Kaum in Quebec angekommen und heimisch geworden, beginnt er mit der Abfassung einer Reihe von Aufsätzen, die Sympathien für die Wiedereinführung standesmäßiger Privilegien wecken sollen.[48] Auch diese Texte entbehren keinesfalls der argumentativen Stringenz und der philosophischen Substanz; es handelt sich um alles andere als um propagandistische Schriften, die ihr Publikum mit rhetorischen Mitteln für eine bestimmte Position gewinnen wollen. Kolnai macht sich vielmehr in nüchterner Form zentrale Elemente der politischen Lehre des Katholizismus zu eigen, um mit ihrer Hilfe zu zeigen, daß das liberale Gut einer möglichst breiten Meinungsvielfalt an die Voraussetzung ständischer Privilegien gebunden ist; aus seiner Sicht stellt nämlich nur eine solche erbliche Statusbevorzugung sicher, daß Einzelne die kognitiven Tugenden und Fertigkeiten entwickeln können, die für den Zufluß frischer Ideen, innovativer Überzeugungen und mutiger Empfehlungen die notwendige Basis darstellen. An der Frage, welchen Stellenwert diese deutlich antidemokratischen Gedanken im Gesamtwerk von Kolnai besitzen, scheinen sich heute in den angelsächsischen Ländern die Fronten in der Beerbung seiner Hinterlassenschaft zu spalten: Während diejenigen, die vor allem auf den phänomenologisch orientierten Moralphilosophen setzen, die Rolle der Schriften zur politischen Philosophie gering halten wollen, versucht eine wachsende, primär von seinen ehemaligen Schülern getragene Gruppe, das Werk für einen neuen, katholisch geprägten Konservatismus stark zu machen.[49]

Gegen diese Tendenzen der Vereinnahmung spricht freilich die Tatsache, daß Kolnai nach eigenem Bekunden die Atmosphäre an seiner Universität in Quebec schon bald als zu eng und dogmatisch

---

47 Zum Verhältnis von Kolnai und Tocqueville vgl.: Daniel J. Mahoney, »Liberty, Equality and Nobility: Aurel Kolnai and the Moral Foundations of Democracy«, in: Zoltán Balázs/Francis Dunlop (Hg.), *Exploring the World of Human Practice*, a.a.O., S. 193-206.

48 Aurel Kolnai, »The Humanitarian versus the Religious Attitude«, in: *The Thomist*, October 1944, S. 429-457; ders., »Privilege and Liberty«, in: *Université Laval Théologique et Philosophique*, V, 1 (1949), S. 66-110; ders., »The Meaning of the Common Man«, in: *The Thomist*, July 1949, S. 272-335; ders., »The Cult of the Common Man and the Glory of the Humble«, in: *Integrity*, VI, 2 (1951), S. 3-43.

49 Vgl. exemplarisch die Aufsätze von Lee Congdon, John Hittinger und Pierre Manent, in: Zoltán Balázs/Francis Dunlop (Hg.), *Exploring the World of Human Practice*, a.a.O.

empfunden hat. Zwar ist nicht mehr mit Sicherheit auszumachen, ob es dort primär die religiösen Beharrungskräfte waren, die ihm in seinem intellektuellen Freiheitsdrang so stark zusetzten, fest steht aber, daß er seine Professur im Jahr 1955 kündigt, um die eigenen Forschungsarbeiten von nun an in England fortzuführen. Mit dem Umzug nach London, ermöglicht durch ein stattliches Stipendium der Nuffield Foundation, das ihm auch in den folgenden Jahren zunächst das Auskommen sichert, ändert sich der Schwerpunkt der philosophischen Beschäftigung Kolnais ein weiteres Mal. Obwohl er einen nicht unerheblichen Teil seiner Energie darauf verwendet, ein aus Kanada mitgebrachtes, noch unfertiges Manuskript über das utopische Denken zum Abschluß zu bringen,[50] wendet er sich jetzt verstärkt systematischen Fragen der Moralphilosophie zu. Nicht, daß dieses Thema nicht schon von früh an einen roten Faden seiner weitverzweigten Bemühungen gebildet hätte, nicht, daß es nicht all seine phänomenologischen Studien ganz entscheidend geprägt hätte; aber das Projekt, das er nun in der neuen Atmosphäre seiner philosophischen Arbeit beginnt, ist doch insofern von ganz anderer Art, als Kolnai sich nun aus nahezu metaethischer Perspektive mit der Struktur des moralischen Handelns beschäftigt. Es steht wohl außer Zweifel, daß diese nochmalige Verlagerung des Arbeitsschwerpunktes sich vor allem dem analytischen Klima verdankt, in das Kolnai in London schnell gerät; auf Anregung von Harry Acton erhält er, nachdem das mehrfach erneuerte Forschungsstipendium ausgelaufen ist, eine halbe Stelle als »visiting lecturer« am Bedford College, wo sich mit Bernard Williams, Stuart Hampshire und David Wiggins die jüngere Elite der britischen Philosophie versammelt hat. Hier stößt Kolnai zum ersten Mal in seinem Leben auf ein starkes, vollkommen offenes und neugieriges Interesse an seinen Studien zur phänomenologischen Ethik; hier lernt er aber zugleich schnell, sich den analytischen Argumentationsstil der jüngeren Kollegen zu eigen zu machen, so daß auch seine eigenen Arbeiten zunehmend den Charakter von begrifflichen Erörterungen der Struktur und der Grenzen des Moralischen annehmen.

Allerdings verbleibt Kolnai in dieser letzten Phase seines Lebens nicht mehr allzuviel Zeit. Erst zu Beginn der 1960er Jahre hat er sich in seiner neuen Heimat so weit akklimatisiert, daß er zu seiner al-

---

50 Vgl. Aurel Kolnai, *The Utopian Mind and Other Papers*, a.a.O.

ten Schaffenskraft zurückfindet; in den anschließenden zehn Jahren schreibt er eine Unmenge von kleineren Vorträgen und Aufsätzen, die im wesentlichen zu bestimmen versuchen, was sich aus der Einsicht in die engen Grenzen des Moralischen an Erkenntnissen über die tatsächliche Verfaßtheit unserer Lebenswelt gewinnen läßt.[51] Von Freunden und Mitarbeitern gedrängt, macht Kolnai sich gleichzeitig an die Abfassung einer politischen Autobiographie, in der die Gefahren des modernen Totalitarismus im Spiegel seiner eigenen Lebensgeschichte dargestellt werden sollen. Da er gesundheitlich aber schon zu stark angegriffen ist, kann er selbst nicht mehr dafür Sorge tragen, daß dieses Buch erscheint, so daß es erst viele Jahre später aus dem Nachlaß herausgegeben wird.[52] Am 28. Juni 1973 stirbt Aurel Kolnai an einem Herzinfarkt in London. Was in England in den undogmatischen Zirkeln der analytischen Philosophie sofort als ein schmerzlicher Verlust und eine große Lücke empfunden wird, bleibt im deutschsprachigen Raum allerdings ohne jeden Widerhall; hier hat sich die Spur Kolnais verloren, nachdem er unter dem Druck des Nationalsozialismus die Flucht aus Wien angetreten hatte. Es ist zu hoffen, daß diese kleine Sammlung seiner phänomenologischen Aufsätze dazu beiträgt, ihm auch hierzulande zu der Aufmerksamkeit zu verhelfen, die er als eine der großen intellektuellen Figuren des 20. Jahrhunderts zweifellos verdient.

---

[51] Diese Aufsätze sind zum großen Teil gesammelt in: Aurel Kolnai, *Ethics, Value and Reality*, a.a.O., und Zoltán Balázs/Francis Dunlop (Hg.), *Exploring the World of Human Practice*, a.a.O.

[52] Aurel Kolnai, *Political Memoirs*, hrsg. von Francesca Murphy, Lanham/ Maryland 1999.

Nachweise

Der Ekel. Erstabdruck in: *Jahrbuch für Philosophie und phänomenologische Forschung.* 1929, S. 515-569.

Der Hochmut. Erstabdruck in: *Philosophisches Jahrbuch der Görres-Gesellschaft.* 44. Band, 2. Heft, 1931, S. 153-170 u. S. 317-331.

Versuch über den Haß. Erstabdruck in: *Philosophisches Jahrbuch der Görres-Gesellschaft.* 48. Band, 2./3. Heft, 1935, S. 147-187.